内容简介

本教材主要为对外汉语专业本科生编写，也可供其他对外汉语教学工作者、研究者参考，同时也可以作为大专院校语言文学类专业的课外参考书。

本教材系统介绍了第二语言习得研究的基本概念、学科性质、发端与发展，分专题阐述了对比分析与偏误分析、中介语研究、第二语言习得顺序研究、克拉申的语言监控模式、第二语言学习者语言系统变异研究、第二语言习得研究的社会文化模式、语言输入与互动研究、普遍语法与第二语言习得、多元发展模式、第二语言习得的认知模式、第二语言学习者个体差异因素研究。

本教材的编写思路和理论框架来源于主编王建勤教授的讲义，作者广泛参考了国内外已经出版的相关文献，甄别提炼，结合多年从事第二语言习得研究的心得和体会，力求用通俗易懂的语言全面介绍了第二语言习得研究的重要领域和新近的理论成果。兼具学术性、实用性和原创性。

主　编　王建勤
作　者　王建勤
梅　丽
闻　亭
陈　默
严　彦
郦　帅
李建成

前　言

对外汉语教学专业的设立已经有二十多年的历史了。早在1983年经教育部批准北京语言学院在外语系内就设置了对外汉语教学专业，以培养对外汉语教师为主要目标。不久，北京外国语大学、上海外国语学院和华东师范大学也相继开设了类似的专业。

此后几年，该专业一直踽踽独行，没有名目。直至1988年，教育部颁布《普通高等学校本科专业目录》和《普通高等学校本科专业设置规定》，在一级学科中国语言文学类(学科代码0501)下，设"对外汉语"(学科代码050103)二级学科，这一专业才正式确立。

当初，设置这一专业，是为招收第一语言为汉语的中国学生，培养目标是将来能从事对外汉语教学及中外文化交流等工作。故该专业特点是，根据对外汉语教学对教师知识结构和能力的要求设计课程和确定教学内容。在1989年"对外汉语教学专业会议"(苏州)上，进一步明确了这个培养目标，并规定专业课程应分为三类:外语类、语言类和文学文化类。1997年召开"深化对外汉语专业建设座谈会"，会议认为，根据社会需要，培养目标可以适当拓宽，要培养一种复合型、外向型的人才，既要求具有汉语和外语的知识，又要求有中国文化的底蕴；既要求懂得外事政策和外交礼仪，又要求懂得教育规律和教学技巧。这一切只能靠本专业的独特的课程体系、有针对性的教材以及特定的教学方法才能完成。

近年来，世界风云变幻，中国和平崛起。随着汉语加快走向世界，对外汉语教学事业获得蓬勃发展。目前开设对外汉语专业的高等学校已有一百三十多所。大发展带来了丰富多彩,也伴随着不规范。对外汉语作为一个专业,既无统一的教学大纲,也无标准的课程设置,更无规范的教材。在业内对对外汉语教学的学科内涵,也还存在着不同的认识。目前,设立本专业的院校只能本着各自的理解,依据本单位的教学资源与教学条件设置课程,自编或选用一些现成的教材。

有鉴于此,在国家汉办的指导下,商务印书馆以其远见卓识,决定组织全国各高校对外汉语教学资深人士,跨校协商,通力合作,在初步制订专业课程大纲的基础上,编写一套对外汉语专业系列教材,以适应目前本专业对教材的迫切需求。

本教材以赵金铭、齐沪扬、范开泰、马箭飞为总主编,教材的编者经多次协商讨论,决定本着下列原则从事编写:

一、总结以往的经验,积成多年来对外汉语教学成果,以课程在教学计划中的地位、性质、任务和作用为依据,规定课程的基本内容,划定教学范围,确立教学要求。

二、密切关注语言学、特别是汉语语言学研究的最新进展,全面吸取汉语作为第二语言/外语教学研究的最新成果,着重体现语言规律、语言教学规律和语言学习规律。

三、教材的教学内容力求贯彻"基础宽厚,重点突出"的原则,注重基本理论、基本知识和基本技能,既要加强基础理论的教学,更要加强实践能力的培养。对课程的实践性教学环节应有明确、具体的要求,并有较强的可操作性。

四、教材要全面显示汉语作为第二语言/外语教学的性质、特点和规律,为加快汉语走向世界,为汉语国际推广,培养外向型、复合型的人才。

五、谨守本科系列教材的属性,注意教材容量与可能的课时量相协调,体现师范性,每一章、节之后,附有思考题或练习题。特别要注意知识的阶段性衔接,为本—硕连读奠定基础,留有空间。

基于上述考虑,我们对对外汉语专业的教学内容作了权衡与取舍。本着培养目标所要求的内涵,教材内容大致围绕着四个方面予以展开,即:基础知识、专业知识、教学技能和教师素质。我们把拟编的对外汉语专业本科系列教材组成五大板块，共 22 册。每个板块所辖课程及教材主编如下：

一、语言学、应用语言学和汉语

1.现代汉语　齐沪扬(上海师范大学)
2.古代汉语　张　博(北京语言大学)
3.语言学概论　崔希亮(北京语言大学)
4.应用语言学导论　陈昌来(上海师范大学)
5.汉英语言对比概论　潘文国(华东师范大学)

二、中国文学文化及跨文化交际

6.中国现当代文学　陈思和(复旦大学)
7.中国古代文学　王澧华(上海师范大学)
8.中国文化通论　陈光磊(复旦大学)
9.世界文化通论　马树德(北京语言大学)
10.跨文化交际概论　吴为善(上海师范大学)

三、汉语教学理论、第二语言习得理论与实践

11.对外汉语教学导论　周小兵(中山大学)
12.第二语言习得研究　王建勤(北京语言大学)
13.对外汉语本体教学概论　张旺熹(北京语言大学)
14.对外汉语教学课程论　孙德金(北京语言大学)
15.双语与双语教育概论　关辛秋(中央民族大学)
16.华文教学概论　郭　熙(暨南大学)
17.世界汉语教育史　张西平(北京外国语大学)

四、对外汉语教材、教学法与测试评估

18.对外汉语教学法　吴勇毅(华东师范大学)
19.对外汉语教材通论　李　泉(中国人民大学)
20.语言测试概论　张　凯(北京语言大学)
21.对外汉语教学模式概论　马箭飞(国家汉办)

五、现代教育技术在对外汉语教学中的应用

22.对外汉语教育技术概论　郑艳群(北京语言大学)

本系列教材主要是为对外汉语专业本科生编写，也可供其他对外汉语教学工作者、研究者参考，同时也可以作为大专院校语言文学类专业的课外参考书。

目前，汉语国际推广正如火如荼，汉语作为第二语言/外语教学也面临着巨大的机遇与空前的挑战。我们愿顺应时代洪流，为汉语国际推广尽绵薄之力。大规模、跨地区、跨学校地组织人力进行系列教材的编写，尚属首次，限于水平，疏忽和不妥之处在所难免，敬祈专家、读者不吝指正。

赵金铭　齐沪扬

2007 年 6 月 5 日

目　　录

商务馆对外汉语专业本科系列教材
总主编　赵金铭　齐沪扬　范开泰　马箭飞
审　订　世界汉语教学学会

第二语言习得研究

主　编　王建勤

商務印書館

图书在版编目(CIP)数据

第二语言习得研究/王建勤主编. —北京:商务印书馆,2009(2025.3 重印)
(商务馆对外汉语专业本科系列教材)
ISBN 978-7-100-06661-7

Ⅰ.①第… Ⅱ.①王… Ⅲ.①对外汉语教学—教学研究—高等学校—教材 Ⅳ.①H09

中国版本图书馆 CIP 数据核字(2009)第 068646 号

DÌ-ÈR YŬYÁN XÍDÉ YÁNJIŪ
第二语言习得研究
王建勤 主编

商 务 印 书 馆 出 版
(北京王府井大街36号 邮政编码100710)
商 务 印 书 馆 发 行
北京市白帆印务有限公司印刷
ISBN 978-7-100-06661-7

2009 年 8 月第 1 版　　开本 710×1000 1/16
2025 年 3 月北京第 16 次印刷　　印张 22½
定价:80.00 元

第一章　第二语言习得研究概述

第二语言习得研究作为一个独立的研究领域至今已有40年的历史。40年来，第二语言习得理论从产生到发展，并逐渐走向成熟。成熟的标志主要表现在以下几个方面：一是第二语言习得研究的领域不断扩大，从最初的学习者语言系统的研究到第二语言学习者自身的研究，以及学习者第二语言习得过程和机制的研究；二是第二语言习得研究涉及的领域越来越宽，如语言学、心理语言学、认知与神经科学以及社会语言学等相关领域；三是第二语言习得研究从最初的理论假设发展成为一系列的理论模式，如语言学模式、心理语言学模式、社会语言学模式以及社会与文化模式等。此外，在研究方法上，第二语言习得研究也得到了长足的发展。从最初的经验式描写，发展到今天的以理论为导向的实证研究。总之，第二语言习得研究通过40年的发展，已经成为一个相对独立的学科。

在进入相关理论的探讨之前，为了使读者对第二语言习得研究有一个概要的了解，本章主要介绍以下三个方面的内容：(1)第二语言习得研究的基本概念；(2)第二语言习得研究的学科性质与特点；(3)第二语言习得研究的发端及历史回顾。

第一节　第二语言习得研究的基本概念

要了解第二语言习得研究，我们首先应该从与这个学科相关的基本概念入手。所谓基本概念，是理解和讨论这个学科理论问题的基础。因此，弄清楚这些基本概念是非常必要的，因为这是了解这个学科的起点。另外，弄清楚这些基本概念可以避免在讨论中产生概念上的混淆。由于第二语言习得研究涉及的概念比较多，我们不可能也没必要将这些概念罗列在一起一一介绍，有些概念将在介绍有关理论时顺便谈到。

一、“母语”与“目的语”

对于学习者来说，“母语”与“目的语”是一对相关的概念。“母语”通常是指学习者所属种族、社团使用的语言，因而也称作“本族语”。一般情况下，母语通常是儿童出生以后最先接触、习得的语言。因此，母语通常也被称作“第一语言”。

然而，事情并非我们想象的那么简单。近些年来，随着全球人口流动性的加剧，世界各国移民的增加使这种情况变得越来越复杂。许多情况下，我们很难简单地根据上述定义来确定学习者最初学习的语言究竟是哪一种语言。比如，对大多数出生后移居国外的学习者而言，我们可以说，他最初接触的语言是他的母语或本族语，也是他的第一语言。但是对于在美国出生的汉族儿童而言，他最先接触和习得的可能是英语，而不是汉语。但英语并不是他的母语或本族语。他的本族语是汉语。在这种情况下，我们把英语称作他的第一语言，汉语依然是他的母语。随着各国移民的增加，这种情况也越来越多。另外，随着不同国籍和民族通婚情况的增加，父母来自说不同语言的民族，这种情况下，很难简单地确定究竟哪种语言是家庭子女的母语，或第一语言。如果我们非要打破沙锅问到底的话，我们只能说，来自不同民族的父母的语言都是他的母语。至于哪种语言是他的第一语言要根据他出生后家庭语言使用的情况而定。

“目的语”的概念相对简单。“目的语”，也称“目标语”，一般是指学习者正在学习的语言。这种语言可以指他正在学习的母语或第一语言，也可以指他正在学习的第二语言、第三语言甚或第四语言。它强调的是学习者正在学习的任何一种语言，与学习者的语言习得环境无关。比如，美国学生无论在美国学习汉语，还是在中国学习汉语，其目的语都是汉语。如果他们同时在学习法语，那么法语也是他们的目的语。对第二语言学习者而言，母语对其目的语的习得具有重要的影响。因而，这两个概念是密切相关的。

二、“第一语言”与“第二语言”

“第一语言”与“第二语言”也是一对相关的概念。上面我们已经谈到，“第一语言”通常是就学习者的母语或本族语而言的。尽管有些时候，学习者的第一语言并不是他的母语或本族语。但是，大多数学习者的母语就是他的第一语言。此外，当我们说“第一语言”这个概念的时候，通常是就语言习得的时间顺序而言的。因此，“第一语言”是指儿童幼年最先接触和习得的语言。那么，在此之后习得的语言就是“第二语言”。

按照 Ellis (1994)的观点，“第二语言”是相对于学习者习得的第一语言之外的任何一种其他语言而言的。这就是说，“第二语言”自然包含第三、第四或更多的其他语言，如果这种情况发生的话。应该指出的是，第二语言的概念强调的是语言习得的先后顺序，与语言习得的环境无关。比如，美国儿童习得母语之后学习的任何一种语言，无论是汉语还是法语，无论是在美国学还是在法国学，都是第二语言。因为，这些语言之所以被称为第二语言，都是相对于学习者的第一语言而言的，而不是相对于习得环境而言的。

然而，在海外华人社团，区分第一语言和第二语言，情况要更复杂一些。比如，对在海外出生的华裔而言，汉语是作为母语还是作为第二语言来习得的呢？如果海外出生的华裔儿童幼年首先获得的是汉语，即其本族语，那么他后续习得的汉语仍然是母语，母语就是他的第一语言；如果华裔儿童幼年最先获得的不是汉语，即汉语不是他的第一语言，那么他后续习得的汉语依然是他的本族语或母语。但是，按照 Ellis 的观点，他后续习得的汉语，相对于他习得的第一语言而言，应该是第二语言。这似乎有些自相矛盾。事实上，我们是从两个不同的角度来定义海外出生的华裔习得汉语的性质。我们认为，如果从种族的角度讲，无论海外华裔儿童的汉语是先习得还是后习得，其基本性质还是其母语。不应因其习得的先后顺序而改变其母语的性质。但对海外不会说汉语的华裔而言，其汉语习得过程的确具有第二语言习得的某些特点。

三、“习得”与“学习”

在第二语言习得研究中，“习得”(acquisition)和“学习”(learning)是一对对应的概念。学者们用这一对概念来区分两种不同的语言获得的过程和方式。我们可以从不同的角度来定义这一对概念。

克拉申(Krashen,1981，1982)认为，成年人通过两种不同的、独立的方式获得第二语言。一种方式是通过“习得”，即类似于儿童母语的获得方式，另一种是通过“学习”的方式。因此，就语言获得的方式而言，“习得”是指“非正式”的语言获得(informal learning)。儿童大都是通过这种方式来获得母语的；“学习”是指“正式”的语言规则学习(formal learning)，即通过课堂教学的方式来获得第二语言。大多数成人第二语言学习者都是通过这种方式获得第二语言的。

就语言获得的心理过程而言，“习得”通常是指在自然状态下“下意识”的语言获得(subconscious learning)，而“学习”一般是指“有意识”(conscious learning)的语言知识的获得。心理学界一般称前者为“内隐学习”(implicit learning)，后者为“外显学习”(explicit learning)。内隐学习是通过无意识或下意识的方式来获得语言知识，而外显学习则是在有意识的状态下通过规则学习来获得语言知识。

就语言获得的知识类型而言，通过“习得”方式获得的是“隐性语言知识”(implicit knowledge)，通过“学习”方式获得的是“显性语言知识”(explicit knowledge)。所以，学者们通常用“picking up a language”来描述语言习得，就像儿童那样下意识地、毫不费力地获得一种语言。而语言学习，学者们认为是“knowing about a language”，即学习一种显性的语言知识，而不是“language learning”，即获得一种语言。

上述描述从不同角度揭示了“习得”与“学习”这两个概念的区别和特点。那么，这两种获得方式是不是截然分开的呢？学者们怎样看待这两种不同语言获得方式之间的关系呢？

克拉申认为，通过习得获得的是“隐性知识”，通过学习获得的是“显性知识”，这是两种不同类型的知识，两种类型的知识是互相独立的。通过学习获得的“显性知识”不能转化为“隐性知识”。这就是所谓“无接口观点”（non-interface position）①。有学者认为，这种“强势观点”（strong version）割裂了两种知识的联系，因而提出许多批评和质疑，并提出了“有接口的观点”，认为显性知识通过操练可以转化成隐性知识。Ellis（1985a，1994）认为这两个过程在实践中是难以区分的，而且人们对“习得”这一概念的理解也大不一样。因此，他一直把“习得”和“学习”作为两个可以交互使用的概念。第二语言习得在他看来，既包括下意识过程也包括有意识过程，既包括自然的语言习得也包括课堂环境下的语言学习。

四、“第二语言习得”与“外语习得”

Ellis（1985a：5）最初并没有区分“第二语言习得”（second language acquisition）与“外语习得”（foreign language acquisition）这两个概念，因为他认为，“第二语言习得”与“外语习得”不是一对对应的概念。后来，Ellis（1994：12）明确地将第二语言习得与外语习得的概念区分开来。他认为，第二语言习得是指学习者在目的语国家学习目的语。学习者所学的目的语在目的语国家是公认的交际工具，当然也是学习者用来交际的工具，如学习者在英国或美国学习英语。英语在这种环境下应该称作第二语言。相反，如果中国人或俄国人在本国学习英语，这种情况下，英语是作为外语来学习的。原因是，学习者所学的语言在本国不是作为整个社团的交际工具，而且学习者所学的语言主要是在课堂学习的。

Ellis 主要是依据学习者语言习得的环境来区分第二语言习得和外语习得。但是，有学者认为，“第二语言习得”与“外语习得”指的是两种不同的语言习得环境，而不是两种不同的语言。VanPattern（2003：9）对“语言习得”与“语言习得的环境”作了明确的区分。他指出，语言习得环境的区分主要涉及两个因素，一是在语言习得的国家是否说这种语言；二是是否有课堂学习的经历。

① 这种理论强调两种知识不能转换。但后来 Krashen 的理论有所改变。详见 Krashen（1989）。

“外语环境”(foreign language context)是指学习者所学的语言在课堂之外,即在语言习得发生的环境中不作为交际语言。比如,学习者在美国学法语就是外语习得环境。“第二语言环境”(second language context)指学习者所学的语言在语言习得发生的环境中作为交际语言。如在美国、澳大利亚学英语就是第二语言习得的环境。显然,VanPattern 区分语言习得环境的标准与 Ellis 是一致的。但是,VanPattern 认为,“第二语言习得”与“外语习得”的概念与语言习得的环境无关。因为,“第二语言”是相对于学习者的母语或第一语言而言的,不是根据语言习得发生的环境来定义的。因此,美国人在法国学法语,法语是作为第二语言来习得的,同样,美国人在美国学法语,法语依然是学习者的第二语言,只不过是在外语习得环境下发生的。但并不能因为法语习得是在外语习得环境下发生的,原本是学习者的“第二语言”因为环境变化而变成“外语”了。因此,“第二语言”的定义与语言习得环境无关。

当然,区分“第二语言习得环境”和“外语习得环境”还是很有必要的。因为在两种环境下的语言习得,学习者在学什么、怎么学这两方面会有很多差别。

五、“自然的第二语言习得”与“有指导的第二语言习得”

“自然的第二语言习得”(naturalistic SLA)与“有指导的第二语言习得”(instructed SLA)是一对对应的概念。按照 Ellis (1994:12)的观点,二者的区别在于第二语言是以何种方式、在何种环境下发生的。从习得方式的角度来看,二者的区别在于,第二语言是以交际的方式获得的还是通过教学指导的方式获得的;从习得环境的角度看,二者的区别在于,第二语言习得是在自然的社会环境下发生的还是在课堂教学环境中进行的。因此,从上述两个角度出发,“自然的第二语言习得”是指以交际的方式获得第二语言,而且语言习得通常是在自然的社会环境下发生的;“有指导的第二语言习得”顾名思义是以教学指导的方式获得第二语言,语言习得通常是在课堂教学环境中发生的。

Klein(1986)则从心理语言学的角度把习得分为“自然发生的习得”(spontaneous acquisition)和“有指导的习得”(guided acquisition)。Klein 认

为，“自然发生的习得”指学习者在自然的习得过程中注意力集中在交际方面而不是语言形式方面，因而是一种不经意的或下意识的学习；“有指导的习得”指学习者在有教学指导的条件下学习第二语言，精力主要集中在语言系统的某些方面，如语音、词汇、语法等项目上。

Ellis 认为，最好还是从社会语言学的角度来划分这两个概念。因为它反映了学习者参与习得过程的环境和活动。如果从心理语言学的角度来划分，似乎自然习得就是下意识的，有教学指导的习得就是有意识的。这好像不完全符合实际情况。但是，无论从什么角度来划分这两种不同类型的语言获得方式，我们关心的是，在两种不同的语言获得方式和环境下发生的第二语言习得过程有什么不同。在这个问题上，学者们的观点不尽相同。

按照通常的理解，在自然的社会环境下，通过交际获得的是隐性语言知识，而在有指导的课堂教学环境下，学习者获得的是显性语言知识。这意味着在这两种不同的环境、不同的语言获得方式下发生的第二语言习得的过程也是不同的，所获得的知识类型也是不同的。但 VanPattern(2003:10)认为，第二语言习得无论发生在课堂教学环境还是非课堂教学环境都没有差别。Ellis 则认为，这依然是一个悬而未决的问题。

六、“语言能力”与“语言表达”

“语言能力”(competence)与“语言表达”(performance)是第二语言习得研究中经常遇到的两个基本概念。按照乔姆斯基(Chomsky,1965)的观点，语言能力是由交际双方内在语法规则的心理表征构成的。简单地说，语言能力是一种反映交际双方语言知识的心理语法。这种语法是一种“隐性的”(implicit)而不是一种“显性的”(explicit)语言知识。母语使用者对句子的合语法性的直觉判断依据的就是这种隐性语言知识。凭借这种隐性语言知识，或者说内化的语法知识，母语使用者可以理解并说出合法的句子，包括他从来没有听过的句子。依据这种知识，他能够判断出“我吃饭在饭馆”是不合法的句子，“我在饭馆吃饭”则是合法的句子。

Performance 的译法目前还不统一，我们译为“语言表达”。按照乔姆斯基的理论，语言表达指的是交际双方在语言的理解与生成过程中对其内在语法的运用。换句话说，语言能力是关于语言的知识，语言表达是关于语言运用的知识。作为理想的母语者，他可以根据内在的语法规则，如递归规则生成下面这种无限递归的句子：

The man saw the dog which bit the girl who was stroking the cat which had caught the mouse which had eaten the cheese which ……

问题是英语母语者在具体的语言表达中，由于各种非语言因素，如疲劳、注意力不集中以及记忆的限制，不可能生成这样的句子。英语母语者在实际的语言运用中所生成的语言仅仅是整个话语的一部分，而且这些实际生成的话语有些可能是不合语法的。也就是说，这些实际运用的话语并不一定能够反映那种理想的语言能力。由于这种理想的语言能力无法直接观察到，第二语言习得研究只能通过学习者的语言表达对其潜在的语言知识进行描写，并最终对学习者的语言能力作出解释。通常，研究者需要通过收集和分析学习者在言语表达过程中的实际话语来推理和检验学习者的语言能力。然而，心灵学派并不重视学习者的实际语言分析，在他们看来，如果普遍语法具有普遍性，那么那些普遍原则就适用于所有的学习者。因此，检验一个学习者的语言直觉能力就足够了，而不必要去检验言语表达中的语言材料。

上面我们介绍了第二语言习得研究中要涉及的最基本的概念。当然仅仅了解这些基本概念是远远不够的。这只能作为我们学习这门课程的入门概念。还有一些概念，我们将在后续的各章节中陆续介绍。

思考和练习

1. 如何区分“母语”与“第一语言”、“第二语言”与“第二语言习得环境”？
2. 如何区分“自然的第二语言习得”与“有指导的第二语言习得”？
3. 什么是语言能力？什么是语言表达？

第二节　第二语言习得研究的学科性质

第二语言习得研究随着学科理论的发展与成熟,其学科性质似乎是不言自明的,或者至少应该是越来越明确。但事实上并非如此。

Ellis (1994:2) 在评价第二语言习得研究的学科发展时指出,"作为理论发展的结果,第二语言习得研究已经成为涉及领域非常广泛的学科。与此同时,这个学科由于界限的伸缩性,在某种程度上成为一个非常模糊的研究领域。"按照 Ellis 的看法,第二语言习得研究由于和某些学科的关系越来越密切,甚至是融合,因而使得自身的学科性质越来越模糊。这为我们探讨第二语言习得研究的学科性质带来一定的困难。但是,尽管如此,我们认为,至少到目前为止,第二语言习得研究仍然是一个相对独立的学科。为了使大家对第二语言习得研究的学科性质有一个基本的了解,这一节,我们将通过学科之间的相互关系来探讨第二语言习得研究的学科性质和特点。

一、第二语言习得研究与语言学

相比较而言,语言学是一个古老的学科,第二语言习得研究则是一个年轻的学科。但是,第二语言习得研究从诞生那天起就与语言学有一种天然的联系。随着两个学科的不断发展,语言学理论对第二语言习得研究的影响越来越大。第二语言习得研究也越来越关注语言学研究。在第二语言习得研究领域,有些理论模式就是建立在当代语言学理论的基础之上的。然而,这种相互影响使二者之间的界限似乎有些模糊。尽管如此,我们通过下面的分析,依然可以比较清晰地看出第二语言习得研究与语言学的区别和相互关系。

首先,就研究对象而言,语言学家通常把母语者的语言系统作为自己的研究对象,他们所关注的是这种语言系统本身的结构和规律。第二语言习得研究者虽然也关注母语系统本身规律的研究,但是,他们更为关注的是"学习者语言系统"(learner language system)的规律。所谓"学习者的语言系统"是指学习者在目的语习得过程中产出的语言。学习者的语言是有系统性的，它既不同于学习者的母语系统，也不同于学习者的目的语系统。这种不同表现在学习者用第二语言表达的语音、词汇、语法等各个层面。学习者的语言系统，从母语者的角度来看，是不符合或者偏离学习者的目的语规则的。我们来看下面几个例句：

(1)那位老大娘拉着大夫的手说："我生了他，现在你再一次生命他。"

(2)我学完专业一回去，她就结婚我。

(3)她很高高兴兴地回去了。

(4)孩子们把故事听高兴了。

(5)我被老师教中文了。

汉语作为第二语言的学习者在汉语学习之初经常会造出这样的句子。这些不符合汉语规则的句子对汉语教师来说是司空见惯的。通常，我们把这些不符合学习者目的语规则的句子叫做第二语言学习者的"语言偏误"(language errors)。当然，学习者的语言系统不仅仅是由这些偏误构成的，还包括学习者正确的语言表达。另外，我们不能用母语者的眼光来评判"学习者的语言系统"。因为这是两个不同的语言系统，他们各有各的特点和规律。第二语言习得研究关注的正是这种学习者的语言系统。

其次，语言学家和第二语言习得研究者研究的目的不同。大家知道，有些语言研究是语言学家和第二语言习得研究者共同关心的话题。比如，乔姆斯基的语言学理论对第二语言习得研究产生了深刻的影响。上世纪 80 年代他提出的"原则与参数"(principles and parameters)理论不仅是语言学家关注的理论，而且也是第二语言习得研究者关注的理论。但是，语言学家们关注的是普遍语法的"原则"是否可以解释所有人类语言的普遍性问题，"参数"是否能够解释不同语言之间的差异。这显然不是第二语言习得研究者的主要目的。第二语言习得研究者关注的是如何用原则和参数理论来解释第二语言学习者语言习得的规律。因此，第二语言习得研究者在原则与参数理论的基础上，提出了"参数重设"(parameter resetting)的理论假设。这些研究者试图通过"参数重设"的理论解释第二语言学习者在母语参数设定之后，如何根据第二语言输入重新设定参数的机制和过程。所以,有学者认为,语言学家是理论的生产者,第二语言习得研究是语言学理论的消费者。事实上,语言学家有语言学家的任务,第二语言习得研究者有第二语言习得研究者的任务,二者的研究目的不同。

第三,语言学家和第二语言习得研究者在分析和解释学习者语言系统的方法上也有所不同。近些年来,越来越多的语言学家开始关注汉语作为第二语言的学习者语言系统的研究,但是,语言学家们主要是通过描写的方法研究学习者语言结构本身的问题,解释的依据是学习者的目的语规则。而第二语言习得研究者更为关注的是学习者语言系统产生的心理过程和心理机制问题,描写与解释的依据不仅仅是语言规则,而且更多地采用实证的方法。

上述分析表明,第二语言习得研究是一个与语言学密切相关但又不同于语言学研究的独立学科。正如 Ellis (1994:2) 指出的那样,第二语言习得研究与语言学是一种相依共生的关系,二者彼此借鉴。在这个意义上说,第二语言习得研究不仅仅是语言学理论的消费者,而且是一个贡献者。

二、第二语言习得研究与心理学

第二语言习得研究与心理学的密切关系是不言而喻的。这主要是因为第二语言习得研究与心理学在某些领域有共同关注的问题。比如,语言与语言获得就是两个学科共同关注的研究领域。也就是说,语言与语言获得既是第二语言习得研究关注的研究领域,也是心理学关注的研究领域。但是,尽管如此,两个学科无论在研究目的、研究范围还是在研究方法上都有一些不同之处。

就研究目的而言,心理学研究语言和语言获得是为了揭示人类心理现象的特点和规律。对心理学研究来说,语言和语言获得心理机制的研究,只不过是揭示人类心理现象的普遍规律和特点的手段而已,并不是心理学研究的直接目的和最终目的。然而,第二语言习得研究的主要目的是研究第二语言学习者是如何获得第二语言的。换句话说,第二语言习得研究的最终目的是描写第二语言学习者的习得过程,揭示第二语言学习者的习得机制。按照 Ellis

的观点，第二语言习得研究的目的是描写和解释学习者的语言能力和交际能力。由此可见，心理学研究的目的与第二语言习得研究的目的有所不同。

就研究范围而言，心理学研究要比第二语言习得研究宽泛得多。心理学作为研究心理现象的科学，主要研究人类个体的心理动机、心理过程和心理特性。就心理过程的研究范围而言，心理学主要研究人类个体的感觉、知觉、理解、记忆以及儿童母语习得的心理过程。然而，第二语言习得研究却很少涉及这些研究领域。综观第二语言习得研究的历史发展和研究传统，第二语言习得研究的范围主要包括三个方面：一是关于学习者语言系统的研究，二是关于学习者习得过程的研究，三是关于学习者本身的研究。显然易见，第二语言习得研究与心理学研究既有共同关心的研究领域，也有各自的研究范围和研究传统。

此外，这两个学科在研究方法上也有一些不同之处。心理学研究的方法有很多种，例如，观察法、心理测验法、实验法、个案法等。第二语言习得研究虽然有时也采用心理学研究的一些方法，如观察法、个案法甚至实验法等，但第二语言习得研究长于学习者语言系统的描写，而心理学研究则更长于实验研究。Meara(1992:109)在分析心理学与应用语言学在研究传统上的差别时曾经指出，"直到那时(1990)，心理学关于双语辞典的研究与第二语言词汇习得研究成为两个完全分离的研究传统，二者之间几乎没有什么接触点。某些教学研究的文献只是口头上关注心理学的研究，但是，关注的问题则完全不同；心理学研究的文献中，则很少引用根植于应用语言学研究传统的学术著作。近些年来，两个领域之间的隔阂仍然没有丝毫改变的迹象。"Meara 认为，造成这种隔阂的原因之一是，这两个研究领域属于两个完全不同的研究传统，语言学家和心理学家思考语言的方法完全不同。其中一个主要的差别是，在心理学界，长期以来有按照"形式化模式"(formal models)来思考心理语言学问题的传统。但是，这种传统在应用语言学领域却没有很好地建立起来。第二语言习得研究领域的文献中有许多关于词汇习得的描述性研究，但是解释性、基于模式的研究却很少。Meara 谈论的是心理学和第二语言习得研究这两个领域缺少借鉴与合作，同时也说明了两个研究领域在研究方法上的重要差别。但近些年来，这种情况已有了很大改观。两个研究领域在研究方法上的借鉴使二者在研究方法上的差异逐渐缩小。此外，第二语言习得研究除了借鉴心理学和心理语言学的一些研究方法外，还借鉴了社会语言学以及认知科学等相关学科的研究方法，因而在研究方法上不断完善。

三、第二语言习得研究与心理语言学

关于第二语言习得研究与心理语言学的关系，学者们有不同的看法。有人认为，语言获得研究属于心理语言学的一部分。或者说，是属于心理语言学的一个分支，即发展心理学。也有人把第二语言习得研究称作应用心理语言学。这些看法使这两个学科之间的界限似乎显得更加模糊了。

把第二语言习得研究看作心理语言学的分支，从心理语言学的角度来看，似乎不无道理。因为，从研究对象来看，心理语言学研究的确包括语言习得研究。但是这种观点忽视了一个重要的事实，即第二语言习得研究作为应用语言学的一部分，从一开始就有其自身发生、发展的历史，而不是作为心理语言学的附庸。语言习得是许多学科关注的研究对象，如认知心理学、社会语言学、教育学等。但是，并不能因此把第二语言习得研究分属上述不同的学科。事实上，第二语言习得研究与其十分相近的学科——心理语言学仍然有很大的分别。把第二语言习得研究划归“应用心理语言学”似乎也没有什么理论依据，也不符合第二语言习得研究这个学科发展的历史。那么，第二语言习得研究与心理语言学究竟是什么关系呢？我们不妨先来看看心理语言学家是怎样定义心理语言学的研究对象和研究范围的。

David W. Carroll（1994：6）认为，心理语言学的研究对象是与语言运用相关的心理过程。这些过程包括的首先是语言的理解，即学习者如何感知和理解口语、书面语；第二是语言的产生，即学习者如何由概念生成话语或完整的句子；第三是语言的获得，即儿童是怎样获得语言的。从学科的归属来看，他认为，心理语言学是认知科学的一部分。从研究方法来看，心理语言学是从心理学的角度来研究语言。从 David W. Carroll 的观点，我们可以看出，第二语言习得研究与心理语言学有以下不同点：

1. 从研究对象上看，第二语言习得主要研究第二语言学习者的语言系统、习得过程和习得机制，注重对第二语言学习者语言系统及习得过程的描写和解释。心理语言学过去对第二语言学习者的语言系统本身的研究关注不多。学者们关注最多的是儿童母语获得的心理过程和心理机制，尽管现在这个领域的研究目前已经不限于儿童母语获得的研究。

2. 从学科的归属来看，至少在第二语言习得研究这个领域，学者们一般认为，第二语言习得研究属于应用语言学。尽管学者们对“应用语言学”这个说法有不同的看法，但是这个研究领域的学者们在使用“应用语言学”这个术语时，自然包括第二语言习得研究。这一点在理解上似乎不会产生争议。心理语言学，按照 David W. Carroll 的观点，属于认知科学。

3. 在研究方法上，心理语言学研究基本上是采用心理学或实验心理学的研究范式，长于实验室研究，主张通过实验方法检验理论假设。第二语言习得研究虽然也吸取相关学科的研究方法，比如实验室研究，但是从第二语言习得的研究传统来看，这个学科主要从四个角度来描写和解释第二语言学习者的语言系统、习得过程和习得机制：一是从语言学的角度，二是从认知的角度，三是从社会语言学的角度，四是社会与文化角度，在研究方法上显然要比心理语言学宽泛得多。

4. 学者们的研究兴趣也有很多不同。无论是心理学界还是心理语言学界的学者们都对人类个体的感觉、知觉、理解、记忆、思维等心理过程感兴趣；第二语言习得研究者们则对学习者的语言系统、习得过程以及学习者自身的研究感兴趣，如学习者的偏误分析、习得顺序、普遍语法与习得机制、学习者的语言变异、学习者的个体差异等方面进行描写与解释。因此，尽管第二语言习得研究与心理语言学有着极为密切的关系，但是二者之间依然是同中有异。无论从研究对象还是研究的范围以及研究方法上来看，第二语言习得研究仍然表现出本学科的许多特点。

四、第二语言习得研究的跨学科特点

从上述讨论中，我们看到，第二语言习得研究与语言学密切相关，但在学科的划分上，它并不属于语言学；同样，它与心理学和心理语言学也密切相关，但它既不属于心理学也不属于心理语言学。与此同时，我们也看到，尽管它并不属于上述学科，但由于研究对象的某些共性，使得这些学科的某些研究领域彼此互相关联。这充分表明了第二语言习得研究的跨学科特点，或者说，它是一个交叉学科。为了明了起见，我们将第二语言习得研究和语言学、心理学以及心理语言学三者之间的交叉关系图解如下：

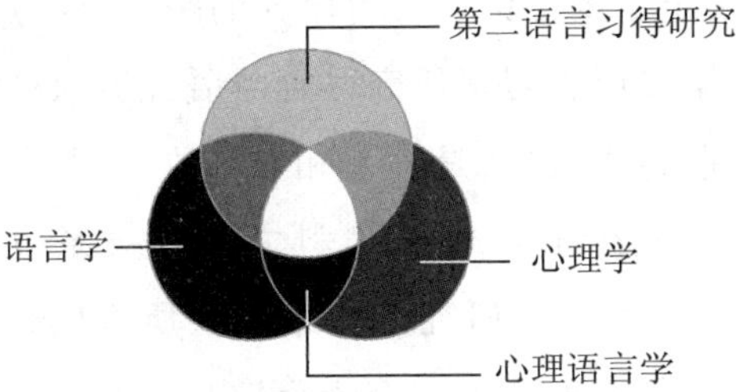

图 1-1 第二语言习得研究与其他学科的关系图

从上图可以看出，语言学与心理学的交叉与重合部分构成了心理语言学。正如 David W. Carroll (1994:7) 指出的那样，“心理语言学基本上是心理学和语言学两个学科的结合”。图中未重合部分是语言学和心理学各学科自身特点的体现。第二语言习得研究与语言学、心理学和心理语言学的交叉和重合构成了三重关系：第二语言习得研究与语言学的交叉反映了第二语言习得研究中的语言学视角(linguistic perspective)，如从普遍语法的角度描写和解释第二语言学习者的语言习得机制，就是从语言学的角度研究第二语言习得；第二语言习得研究与心理学的交叉反映了第二语言习得研究中的认知心理学视角(cognitive perspective)，如运用信息加工的理论来描述和阐释第二语言学习者语言加工的心理过程，就是从认知的角度研究第二语言习得；第二语言习得研究与心理语言学的交叉，实际上是上述四个学科共同研究领域的重合。很显然，这四个学科共同关心的研究领域远小于各自研究的范围。这四个学科的交叉关系，既反映了上述学科在研究对象和研究范围上的共性，同时也反映了彼此间的差异。这是所有交叉学科的特点。

第二语言习得研究的跨学科性质是由其研究对象的性质决定的。第二语言习得研究首先涉及学习者语言系统的研究，因而与语言学研究相关；然而，第二语言习得研究不仅仅是语言系统的研究，它还涉及语言获得的一系列心理过程，因而必然涉及心理学的某些研究领域；此外，学习者自身的研究包括学习者的个体差异因素，如年龄、性别、情感、认知风格以及学习策略等方面。这些方面的研究与心理学以及心理语言学关系更为密切。第二语言习得研究与这些学科的关系决定了第二语言习得研究的跨学科特点。

上述分析表明，第二语言习得研究尽管与语言学、心理学和心理语言学联系非常密切，但到目前为止，仍然是一个相对独立的学科。但是，随着这些学科的未来发展以及学科之间的融合，学科之间的关系也会发生变化。正如Ellis (1994:3)对第二语言习得研究的未来发展所作的描述那样："从某种意义上说，第二语言习得研究正处于一个十字路口。它也许会继续作为一个独立的学科延续下来，也许会分裂为一系列的下位学科，在有些情况下，它也许会被合并到上位学科中去。"学科的分合常常是不以人的意志为转移的。Ellis的预言也是因为看到了这个学科本身的跨学科特点，但发展的路径目前还无法确定。

思考和练习

1. 第二语言习得研究与语言学研究的对象、目的和方法有何不同?
2. 如何看待第二语言习得研究与心理学和心理语言学的关系?
3. 第二语言习得研究的学科性质和学科特点是什么?

第三节　第二语言习得研究的发端与发展的简要回顾

第二语言习得研究，作为应用语言学的一个分支，与其他分支相比仍然是一个比较年轻的学科。作为一个相对独立的研究领域，第二语言习得研究由发端到发展经历了不同的历史发展阶段。本节将对这一研究领域的发展历程作一简要回顾。

一、第二语言习得研究的发端

第二语言习得研究的发端可以追溯到 20 世纪 60 年代末。Patsy M. Lightbown (1985:173) 在谈到这个研究领域的发端时指出,“在这个领域,学者们大都把 Corder 1967 年发表的《学习者偏误的意义》(The significance of leaners' errors) 以及 Selinker 1972 年发表的《中介语》(Interlanguage)这两篇文章看作这个领域的发端。”学者们之所以把这两篇文章作为这个学科建立的标志,是因为 Corder 和 Selinker 在各自的文章中先后明确了第二语言习得研究的研究对象,创建了相似的理论假说,指明了第二语言习得研究的方向,为后来的第二语言习得研究奠定了坚实的理论基础。因此,Corder 和 Selinker 这两篇文章被学者们称作“开山之作”(seminal articles)。

Corder 作为第二语言习得研究的创始人发表了许多理论著述,在第二语言习得研究领域享有很高的声誉。为了对他的理论贡献表示敬意,在他退休时,一些欧美学者在爱丁堡大学以“中介语研究的现状”为题召开了研讨会。会上,Selinker(1992:149)在评价 Corder 的理论贡献时指出,“从 Corder 1967 年发表的文章算起,中介语研究将近 25 年了。我查阅了几个世纪前的文献,从未有过任何关于学习者语言的系统研究。”这就是说,关于“学习者语言”(learner language)的系统研究始于 Corder。换句话说,Corder 明确地提出了第二语言习得研究的对象,这标志着第二语言习得研究已经成为一个相对独立的研究领域。

Selinker 1972 年发表的文章,系统地阐述了“中介语”理论假设。这一假设更加明确地提出了第二语言习得研究的对象,即“学习者的语言系统”。这在当时具有里程碑的意义。如果回顾一下 20 世纪 60 年代对比分析盛极一时的历史背景,我们就会真正理解中介语的理论假设的提出对第二语言习得研究这个学科发端的重要意义。对比分析的宗旨是将学习者的母语和目的语进行对比,以预测学习者的难点。问题在于,在对比分析的理论框架中,不存在学习者的语言系统。因此,学者们认为,对比分析不属于第二语言习得研究领域。[①] 从这个意义上讲,第二语言习得研究的对象在学科建立之前并不很明确。Selinker 在 1972 年发表的文章中,把学习者的语言系统作为与其母语和目的语系统相对应的、独立的语言系统,从而使第二语言习得研究的对象更加明确。此外,Selinker 在这篇文章中系统地分析了第二语言学习者语言系统产生的心理过程和心理机制,为第二语言习得研究奠定了心理语言学基础。因此,这两篇文章作为这个学科建立的标志是当之无愧的。

第二语言习得研究这个学科的确立,反映了当时第二语言教学领域教学观念的历史变革。上世纪 60 年代,乔姆斯基对行为主义学习理论的批判对第二语言教学领域曾经产生过巨大的影响。正像 Corder(1967:6)指出的那样,这种影响之一就是第二语言教学领域以教学为中心向以学习为中心的转变。大家知道,传统的语言教学是以教学为中心的。教学研究关注的是"教什么,怎么教"的问题。但是随着第二语言教学理论与实践的发展,语言教师们发现,第二语言教学不仅要研究教什么、怎么教的问题,而且还要研究学习者学什么、怎么学的问题。第二语言教学领域这种观念的转变使越来越多的学者关注第二语言习得研究,促进了第二语言习得研究的发展。

但是,在 20 世纪 80 年代,学者们注意到一个现象,即随着学科的发展,第二语言习得研究与第二语言教学研究逐渐分离。Lightbown (1985:184) 曾对这两个学科的分离作过说明。她指出,"在过去的几年里,第二语言习得研究的学者们自己组织的学术会议越来越多,而远离 TESOL[②] 学术会议。"因为学者们逐渐认识到,"第二语言习得研究这个领域本身还有许多研究方法、理论分析与解释等方面的问题。这些问题需要这个领域的学者们在一起来研讨。只有这样,第二语言习得研究才能取得真正的进展。"我们知道,第二语言

① Lightbown 1985 年在回顾第二语言习得研究的历史发展时指出:"这个研究领域是一个新领域,如果排除 50 年代和 60 年代所作的工作,即所谓'对比分析'(preventive contrastive analysis),这个研究领域的历史还不到 20 年。"(详见 Lightbown,1985:173)因此,严格地说,对比分析不属于第二语言习得研究。

② TESOL 是 Teaching English to Speakers of Other Languages 的首字母缩写词。

习得研究最初附属于第二语言教学研究领域，现在这个学科逐渐从语言教学研究领域中独立出来。这是学科发展的必然结果。作为一个独立的学术研究门类，第二语言习得研究必须要有本学科的研究对象，并逐步建立和完善本学科的理论基础和研究方法，借此来分析和阐释这个领域所面临的理论问题。这是学科建立和发展的前提。

二、第二语言习得研究发展的路径

第二语言习得研究从发端到现在走过了40年的历史。有学者将这40年的发展历程大致分为三个阶段，即20世纪50—60年代为第一个阶段，70年代为第二个阶段，80年代中期至今为第三个阶段。(Mitchell and Myles, 2004:29)这三个发展阶段比较清晰地描述了第二语言习得研究的发展路径。

上世纪五六十年代是第二语言习得研究的理论初创阶段。在这个时期，第二语言习得研究与第二语言教学研究尚未分离。当时占主导地位的是以行为主义为心理学基础的"对比分析"方法。由于行为主义学习理论遭到乔姆斯基的激烈批评，对比分析本身在理论和实践上存在许多问题，60年代后逐渐衰落。

上世纪70年代，第二语言习得研究已经发展成为一个独立的研究领域。这个时期是第二语言习得研究理论大发展的阶段。对比分析衰落之后，偏误分析应运而生。第二语言习得研究开始关注学习者的语言偏误，而不是学习者的母语和目的语。此外，第二语言习得研究不仅关注学习者的语言偏误，而且开始关注学习者的整个语言系统，由此产生了"中介语"理论假设。中介语理论把学习者的语言系统看作一个独立的语言系统，这个系统既不同于学习者的母语系统，也不同于其目的语系统。作为一个独立的语言系统，中介语有其自身发展的规律。中介语理论假设的提出，使第二语言习得研究向前迈进了一大步。

在70年代还有两个重要的理论研究和创建，一是以Dulay和Burt为代表的第二语言习得顺序研究(Dulay and Burt, 1973, 1974b)，二是克拉申的"监控模式"(Monitor Model, Krashen, 1977, 1978)。受Roger Brown(1973)

关于儿童英语习得顺序研究的启发，Dulay 和 Burt 将习得顺序研究引入第二语言习得研究领域，引发了一系列的第二语言习得顺序研究。这些研究在当时的第二语言习得研究领域影响非常大，这些研究的结论至今仍然是第二语言习得研究领域争论的话题。克拉申的“监控模式”在他上世纪 80 年代初发表的一系列文章中不断丰富，在此基础上形成了他关于第二语言习得的“五个假设”，即习得与学习的假设、监控假设、自然顺序假设、输入假设和情感过滤假设。(Krashen，1981，1982，1985)克拉申的理论假设在第二习得研究领域引起了激烈的争辩和讨论，尽管如此，他的理论假设在当时仍然被看作是最全面、系统的第二语言习得研究理论模式。

在 70 年代还有一个理论值得一提，即 Schumann(1978a)的“文化适应模式”(acculturation model)。Schumann 关于第二语言习得的基本假设是，第二语言学习者的语言是一种“洋泾浜化”(pidginization)的语言。这种洋泾浜化语言与学习者文化适应的程度有关，即语言习得是文化适应的一部分，文化适应的程度在某种程度上决定了第二语言习得水平发展的程度。Schumann 的文化适应模式反映了第二语言习得研究的社会语言学视角。

上世纪 80 年代，第二语言习得研究作为一个独立的学科开始逐渐走向成熟。在这个时期，第二语言习得研究受到许多其他学科的影响，由于这些学科的影响，第二语言习得研究形成了不同的发展路径。这些不同的发展路径反映了第二语言习得研究不同的理论视角，构成了第二语言习得研究的跨学科特点。所谓第二语言习得研究的不同发展路径主要体现在以下几个方面：

1. 语言学理论对第二语言习得研究的影响，构成了第二语言习得研究的语言学视角。Ellis(1994：1)在评价第二语言习得研究的发展趋势时指出，“第二语言习得研究的学者们更加关注语言学理论。最为明显的是，许多第二语言习得研究建立在乔姆斯基普遍语法理论模式的基础之上。有些研究则建立在语言功能模式以及语言类型学的基础之上。”在上述语言学理论中，乔姆斯基的普遍语法理论对第二语言习得研究产生的影响最大。在这一理论的影响下，基于普遍语法理论和研究范式的第二语言习得研究形成了鲜明的研究特色。

2. 社会语言学及其研究范式对第二语言习得研究的影响，构成了第二语言习得研究的社会语言学视角。早期的第二语言习得研究主要是从心理语言学的角度研究第二语言学习者的语言系统。而在上世纪 80 年代，由于社会语言学理论的影响，第二语言习得研究越来越关注社会因素对第二语言学习者语言习得的影响。比如，在 Labov 语言变异研究范式的影响下，Torane (1983)对第二语言学习者语言变异现象进行了系统的研究，提出了第二语言学习者的中介语“风格连续体”(stylistic continuum)的理论模式。此外，还有 Schumann(1986)“文化适应”理论模式，以及 Giles 等(1982)“社会身份理论”(social identity theory)等研究。虽然这三项研究模式所依据的理论和研究方法不尽相同，但共同点都是从社会语言学的角度探讨社会因素对第二语言习得的影响。

3. 认知科学对第二语言习得研究的影响构成了第二语言习得研究的认知视角。第二语言习得研究的认知视角，主要是指那些基于认知加工理论框架的第二语言习得研究。近些年来，认知科学对第二语言习得研究领域的影响越来越大。基于认知理论的第二语言习得研究主要包括 Anderson(1983b)提出的“思维适应性控制模型”(adaptive control of thought，简称 ACT*)、McLaughlin(1983)提出的“信息加工模式”(information processing)和 MacWhinney(1986)提出的“竞争模式”(competition model)。与基于语言学视角的第二语言习得研究不同的是，这些研究基于这样一个理论前提，即不承认在人的大脑中存在一个抽象的、特定的语言习得机制。这些学者们认为，语言习得机制与人的一般认知机制没有什么区别。因此，基于认知视角的第二语言习得研究与基于语言学视角的第二语言习得研究在理论方法上有很大的不同。

近些年来，其他学科对第二语言习得的影响越来越大，在这些学科的影响下，第二语言习得研究出现了一些新的研究领域。比如，“联结主义理论”(connectionist model)是上世纪 80 年代复兴的、基于神经心理学框架的一种新的认知理论。这种理论将人的心理比作大脑，而不是比作计算机。因此，联结主义是从神经层面来解释人大脑的认知机制。在理论取向上与信息加工理论完全不同。在这一理论的影响下，基于联结主义人工神经网络的语言习得与认知的模拟研究方兴未艾。

4. 第二语言习得研究的社会文化视角。“社会文化学习理论”（socio-cultural learning theory）是苏联心理学家维果茨基（Lev Semenovivh Vygotsky，1896—1934）提出的。他的学说被译成英文后在语言习得研究领域产生了很大的影响。社会文化学习理论强调社会文化与交际在语言习得与认知过程中的重要作用。按照这种理论，第二语言习得被看作在社会交际中由“系统发生”（phylogenesis）到“个体发生”（ontogenesis）的过程。换句话说，第二语言习得过程是由社会化到学习者个体内在心理机能获得的过程。与社会文化视角相关的第二语言习得研究还包括 Bakhtin 的“对话理论”（dialogic perspective）以及“批评理论”（critical theory）。这些理论视角的共同点都是强调社会文化环境在语言习得与认知发展中的重要作用，强调语言习得的社会性和交互性。

上述第二语言习得研究的不同视角，构成了第二语言习得研究发展的不同路径。这些学科的影响使第二语言习得研究成为一个多学科、多视角的研究领域。从不同的理论视角探索第二语言习得的过程和机制，将使第二语言习得研究的理论创建更加丰富，从而进一步推动跨学科的第二语言习得研究的理论发展。

三、汉语作为第二语言的习得研究

汉语作为第二语言的习得研究作为整个第二语言习得研究领域的一个分支，建立相对比较晚，历史也比较短。学者们一般认为，汉语作为第二语言的习得研究始于 20 世纪 80 年代初。1984 年，鲁健骥在《中介语理论与外国人学习汉语的语音偏误分析》这篇文章中，将第二语言学习者的语言“偏误”和“中介语”的概念引入对外汉语教学领域。之后，汉语作为第二语言的习得研究成为对外汉语教学研究的一个新领域。这个新领域从发端到现在已经走过 20 多年的历史。20 多年来，汉语习得研究的发展，概括地说，经历了“三个阶段”：即 80 年代的汉语习得研究、90 年代的汉语习得研究、90 年代后的汉语习得研究。这三个时期的汉语习得研究呈现出不同的特点。此外，汉语习得研究现在是“两条战线”，即国内的汉语习得研究和海外的汉语习得研究。这两条战线的汉语习得研究交织在一起，互相促进，呈现出蓬勃发展的局面。

（一）80年代的汉语习得研究

80年代初，汉语习得研究还没有引起对外汉语教学界足够的重视。在1985年召开的第一届国际汉语教学讨论会上提交的170余篇论文中，几乎没有涉及汉语习得研究的文章。直到80年代中期，鲁健骥发表的关于外国学生汉语偏误分析的研究报告，引起了对外汉语教学界学者们的关注。此后，来华留学生汉语偏误分析成为汉语习得研究的第一个研究领域。这个时期的偏误分析主要是零散的研究报告（鲁健骥，1984，1987；梅立崇，1984；王建勤，李珠，1987）。这些研究针对来华留学生汉语习得过程中出现的语言偏误进行描写和分析。偏误分析主要涉及留学生习得汉语语音、词汇、语法以及阅读理解等方面的偏误。汉语偏误分析为观察汉语学习者汉语习得过程打开了一个窗口。尽管观察的范围有限，但仍然可以发现某些规律性的现象。1986年佟惠君编著的《外国人学汉语病句分析》出版。该书收集了七个母语背景的留学生汉语习得的病句2020句，并按问题的性质分门别类进行了梳理和分析。这是当时最为全面、系统的汉语偏误分析专著。然而，80年代的偏误分析，基本上是建立在学习者的偏误与目的语之间对比的基础上，这种基于结果的偏误分析难以系统考察学习者的习得过程，难以解释学习者汉语偏误产生的复杂原因。

（二）90年代的汉语习得研究

90年代，汉语习得研究引起了对外汉语教学领域学者们的高度重视。1992年5月，《世界汉语教学》编辑部、《语言教学与研究》编辑部以及《语言文字应用》编辑部联合召开了“语言学习理论研究座谈会”。会议邀请了语言学、心理学、语言教学各个领域的专家共同探讨汉语习得研究问题。这次座谈会旨在推动国内汉语作为第二语言的习得研究。会后，三个杂志连续发表了学者们关于第二语言习得研究理论探讨的学术报告，极大地促进了汉语作为第二语言的习得研究的发展。这个时期，汉语习得研究主要集中在三个方面：即偏误分析、中介语研究、习得过程研究。

90年代，汉语偏误分析是汉语习得研究成果最丰富的研究领域。与80年代相比，90年代偏误分析的范围进一步拓宽。偏误分析不仅涉及汉语的语音、词汇、语法层面（鲁健骥，1994；李红印，1995；田善继，1995；王秀珍，1996；陈小荷，1996；李大忠，1996），而且还涉及汉语的语用层面、话语分析层面（鲁健骥，1993；高宁惠，1996）。因此，90年代汉语偏误分析是汉语习得研究最密集的研究领域。相比较而言，这一时期的汉语偏误分析主要是语法偏误分析。李大忠（1996）的《外国人学汉语语法偏误分析》一书集中地体现了这一时期外国学生汉语语法偏误共时研究的特点。这些共时研究的着眼点主要是为汉语教学提供参考，而不是系统考察学习者的习得过程。

90年代汉语习得研究的另一个研究领域是中介语理论的引介与理论探讨。1992年"语言学习理论研究座谈会"之后，学者们发表了一系列的引进与介绍中介语理论的文章（孙德坤，1993a；王建勤，1994）。这些文章对中介语理论进行了比较深入的探讨。中介语理论的引进，推动了对外汉语教学领域基于中介语理论的研究（李晓琪，1995；朱川，1996；王珊，1996；叶步青，1997）。中介语理论的引进与探讨，拓宽了汉语习得研究的理论视野，汉语习得研究从此逐渐成为一个独立的研究领域。

随着国外第二语言习得研究理论的不断引进以及汉语习得研究的发展，90年代的汉语习得过程研究逐渐形成了一个新的研究领域，即基于汉语本身特点的习得过程研究。如，汉语动态助词"了"的习得过程研究（孙德坤，1993a；赵立江，1997；杨素英，黄月圆，孙德金，1999；等）；汉语否定结构的习得过程研究（王建勤，1997）等。这一时期的汉语习得过程研究主要集中在语法层面，与此同时，汉语语音习得过程的研究也崭露头角，如，基于实验语音学方法的汉语声调习得研究（王韫佳，1995），以及不同国别的汉语学习者习得汉语语音难点与中介音类型的系统研究（朱川，1997）。总之，90年代汉语习得过程研究成为汉语习得研究独具特色的研究领域。到目前为止，这仍然是汉语习得研究的主要研究领域。

（三）90 年代后的汉语习得研究

90 年代后，特别是近 10 年，是汉语习得研究大发展的时期。这个时期的汉语习得研究成果无论在数量还是质量上都要超过 90 年代前的研究，在研究的深度与广度上也都是 10 年前的研究所不能比拟的。2006 年商务印书馆出版的汉语习得研究专辑《汉语作为第二语言的学习者语言系统研究》、《汉语作为第二语言的学习者习得过程研究》、《汉语作为第二语言的学习者与汉语认知研究》（王建勤主编，2006）集中地体现了这一时期汉语习得研究的新成果和新发展，同时也反映了这一时期汉语习得研究的主要研究领域。

关于第二语言学习者的语言系统研究，主要包括两个方面，一是偏误分析，二是关于中介语的研究。90 年代后，偏误分析的研究领域仍然是汉语语音、词汇、语法、语篇这些层面。此外，汉语学习者汉字偏误分析成为这个时期偏误分析的一个热点。这个时期偏误分析主要有三个特点：一是，偏误分析研究的范围不断扩大，涉及汉语研究的所有层面；二是汉语偏误分析的理论视野不断开阔；三是汉语偏误分析在研究方法上有所创新，即偏误分析与语料库和实证方法相结合，在某种程度上弥补了偏误分析本身在研究方法上的不足。这一时期的另一方面研究是关于中介语的研究。相比较而言，这一时期的汉语中介语研究虽然在研究领域上有所拓宽，但研究的水平仍然停留在国外早期中介语理论研究的阶段。这主要是因为，第二语言习得理论的大量引进，中介语理论不再是汉语习得研究的热点。

90 年代后的汉语习得过程研究依然是汉语习得研究的主要研究领域。这个时期的汉语语法习得过程研究仍然是研究的热点（孙德金，2000；黄月圆，杨素英，2004；杨德峰，2004b）。与 90 年代相比，这个时期汉语习得过程研究的新进展主要表现在汉语语音和汉语词汇习得过程研究领域（梅丽，2005；鹿士义，2001；钱旭菁，2004；孙晓明，2005）。这两个研究领域有两个特点：一是以理论为导向；二是基于实验研究。这些研究不再是简单的过程描写和基于经验的、枚举式的过程阐释。这表明汉语习得研究质量的提高。

90 年代后的汉语习得研究的另一新领域是关于学习者本身的研究。这个研究领域在 90 年代前几乎是空白。关于学习者本身的研究主要包括两个方面：一是汉语学习者的策略研究，如汉语学习者的学习策略和交际策略研究（江新，2000；徐子亮，2000；吴勇毅，陈钰，2004；罗青松，2000），汉字学习策略研究（江新，赵果，2001）；二是关于汉语学习者汉语习得个体差异因素的研究，如第二语言学习者态度、动机的研究（高海洋，2001；陈郁，2000），学习者语言能力倾向研究以及学习焦虑因素研究（钱旭菁，1999；江新，1999；等）。

除上述研究外，汉语认知研究是90年代后汉语习得研究一个重要领域。由于认知科学，特别是认知心理学对第二语言习得的影响，第二语言学习者的汉语认知研究取得了许多重要成果。这个领域的研究主要包括汉语语音认知研究、汉语词汇认知研究和汉字认知研究。其中，汉字认知研究的成果最为丰富。关于第二语言学习者的汉字认知研究主要包括三个方面：一是关于第二语言学习者心理词典表征结构的研究（高立群，2003）；二是形音信息在第二语言学习者汉字认知过程中作用的研究（郝美玲，舒华，2005；江新，2003；高立群，孟凌，2000）；三是关于第二语言学习者正字法意识发展的研究（鹿士义，2002；王建勤，2005；冯丽萍，卢华岩，徐彩华，2005）。总之，汉语认知研究成为汉语习得研究最能体现汉语习得研究特色的研究领域。

在90年代后的汉语习得研究中，海外汉语习得研究成为汉语习得研究领域的一个重要的组成部分。海外汉语习得研究虽然起步比较早，但其发展和繁荣也是近20年的事。纵观海外汉语习得研究的发展历程，海外汉语习得研究与国内的汉语习得研究在研究领域上有许多共同之处。首先，海外汉语习得研究比较集中的研究领域是海外汉语学习者汉语语音、词汇、语法以及语用的习得研究。在语音习得研究领域，学者们主要关注的是汉语声调的习得（Miracle，1989；Chen，1974；Shen，1989；McGinnis，1996；Kiriloff，1996）。汉字习得研究领域也是海外汉语习得研究最为关注的领域，主要包括汉语学习者汉字识别机能发展的研究（Hayes，1987，1988，1990；Sergent and Everson，1992）；汉字部首与汉字学习关系的研究（Shen，2000）；汉字识别与汉字书写的关系研究（Ke，1996）；词语读音与识别词语意义的关系（Everson，1998）；汉语学习策略与汉字学习成效的关系（Ke，1998a）；汉字识别与书写能力的关系研究（Ke，1998b）。汉语语法习得研究也是一个重要的研究领域，主要包括汉语中那些与印欧语系有较大差别的语法现象，如话题结构研究（Jin，1994；Wen，1994），零型代词习得研究（Polio，1995），动态助词习得研究（Wen，1995，1997；Teng，1999），还有“把”字句、量词、语气词以及语序习得研究（Jin，1992；Kuo，2000；Bourgerie，1996；Li，1999）。近十几年来，海外汉语习得研究成果颇丰，海外汉语习得研究学者的加盟，大大推进了汉语习得研究的发展进程。

综上所述，汉语习得研究从初创到发展，短短的二十几年，发展迅速。特别是近10年的汉语习得研究蓬勃发展。有学者认为，近10年汉语习得研究呈现出一些新特点，一是东西合流，汉语习得研究形成合力；二是关注理论建树，关注学科发展；三是注重实验研究，促进研究方法创新。（王建勤主编，2006c：13）我们期望在不久的将来，海内外汉语习得研究将成为整个第二语言习得研究的重要组成部分。

思考和练习

1. 为什么第二语言习得研究领域的学者把Corder和Selinker发表的文章作为第二语言习得研究的起点？

2. 80年代后的第二语言习得研究都受到哪些学科的影响？在这些学科的影响下，第二语言习得研究形成了哪些研究视角？

3. 90年后的汉语习得研究与90年代前的汉语习得研究有哪些不同？

4. 90年代后的汉语习得研究（包括海外汉语习得研究）都涉及了哪些研究领域，取得了哪些研究成果？

第二章　对比分析与偏误分析

在第二语言教学过程中，经常困扰语言教师的问题是，第二语言学习者经过一段时间的语言训练后，在语言表达中仍然常常出错，无论是语言教师还是第二语言学习者都会产生一种挫折感。因此，语言学家们试图为语言教师提供一种比较的方法来预测和预防学习者在语言表达中经常出现的错误。对比分析方法正是基于这一期望应运而生的。然而，第二语言教学的实践证明，语言学家们的良好愿望与第二语言教学的效果相距甚远。上世纪 60 年代末、70 年代初，乔姆斯基的语言学理论对第二语言教学领域产生了巨大的影响。其中一个重要的影响是，第二语言教学由“以教学为中心”转向“以学习为中心”。(Corder, 1967)在这一影响下，偏误分析方法产生，替代了对比分析方法，同时也开启了第二语言习得研究的源头。本章将集中介绍这两种理论假设及其研究方法，并对两种分析方法在第二语言习得研究中的意义和历史局限作简要评价。

第一节　对比分析

“对比分析”(Contrastive Analysis)产生于 20 世纪 50 年代，兴盛于 60 年代。然而，由于对比分析的初衷是为了在第二语言教学中预测学习者的难点，预防学习者的语言偏误，从而提高第二语言教学的效率，因此，严格地说，对比分析不属于第二语言习得研究。① 但是，对比分析反映了当时的语言学家们对第二语言习得过程

① 详见本书第一章第三节脚注①。

的一种理论假设，对早期的第二语言习得研究产生了重要的影响，所以，阐述早期的第二语言习得研究自然要从对比分析说起。

一、对比分析产生的背景

早在1945年，Charles Fries在《作为外语的英语教学与学习》(*Teaching and Learning English as a Foreign Language*)一书中就提出了对比分析的思想。他认为，最有效的教材应该建立在对学习者的母语和目的语进行科学描写和仔细对比的基础上。1957年，Robert Lado在《跨文化语言学》(*Linguistics Across Culture*)中，系统地阐述了对比分析的内容、理论依据和分析方法。Lado认为，在第二语言习得过程中，学习者会把母语的特征迁移到目的语中，因此，对两种语言及其文化进行系统对比，可以预测和描写可能引起和不会引起困难的地方。这就是"对比分析假设"最初的表述。

对比分析关于第二语言习得的一个基本假设，就是所谓"母语负迁移"。这一假设的实质是母语在第二语言习得中的作用问题。主张对比分析的学者认为，学习者的母语对第二语言习得将产生极大的影响。比如，第二语言学习者学习外语大都带有母语"口音"(accent)。这种母语负迁移现象在语音层面表现得最为明显。在词汇和语法层面也存在负迁移现象。此外，主张对比分析的学者还认为，母语对第二语言习得将产生"干扰"(interference)，这种干扰表现为，第二语言学习者将某些母语特征迁移到第二语言表达过程中。因此，第二语言学习者的任务就是克服母语对第二语言习得的干扰。在"母语迁移"假设的影响下，语言教师们开始进行大量的语言对比，通过对比把学习者的母语和目的语的不同之处列入教学大纲，并作为教学的重点。

对比分析这一基本假设并非凭空而来，而是建立在当时的行为主义心理学和结构主义语言学基础之上的。

以Watson、Skinner为代表的行为主义学习理论认为，行为的产生是刺激—反应的结果，言语行为也是在外界语言输入的刺激—反应—强化过程中形成的"习惯"(habit)，并最终达到遇到某一语言情景便会自动作出正确的语言反应。行为主义学习理论认为，"习惯形成"的理论不仅适用于第一语言而且适用于第二语言的习得。不同之处在于,学习第二语言时是用新的习惯代替旧的习惯,在此过程中,旧的习惯会“干扰”新习惯的形成,因而产生了语言偏误。上述分析表明,对比分析的核心思想和理论假设都是建立在行为主义心理学的基础之上的。

对比分析的另一个理论基础是当时在语言学界占统治地位的结构主义语言学。两种语言的对比有赖于对两种语言系统进行科学的描写,而这种描写必须建立在系统的语言学理论基础之上。结构主义语言学恰好为对比分析提供了语言描写的理论基础,对比分析与结构主义语言学结为“伙伴”。结构主义语言学注重结构和分布,强调对语言特征进行客观、静态的科学描写,对比分析采用结构主义的语言分析方法,对学习者的母语和目的语进行系统的描写、比较,目的是预测学习者的难点,并以此作为第二语言教学的依据。然而,两种语言的比较涉及两个不同语言系统的语言范畴的描写,那么不同语言范畴如何进行比较?这个问题在当时被忽略了,因为当时在美国对比分析都是在相同语族之间进行的。因此,建立在语言表层结构描写基础上的对比分析受到学者们的质疑。

二、对比分析的基本内容

对比分析假设的理论阐述包括三个方面,即对比分析的基本假设、分析方法以及对比分析的两种观点。

对比分析的基本假设是语言迁移。这一假设的基本含义包括三方面:(1)学习者在第二语言习得中会把母语的语言形式、意义及其分布,连同与母语相联系的文化迁移到第二语言系统中去(Lado,1957)。(2)当学习者的目的语与母语结构特征相似时,就会产生正迁移,学起来比较容易;当目的语与母语结构特征有差异时,就会产生负迁移,也就是母语干扰,学起来就比较困难。母语干扰是引起困难和偏误的主要原因或者唯一原因。(3)差异(difference)=困难(difficulty),差异与困难相对应,差异越大困难越大,这种差异构成了语言习得的难度等级。

对比分析的分析方法,顾名思义是对比和分析,系统对比学习者的母语系统和目的语系统。其中，Lado提出的对比研究体系包括音位、语法、书写、文化等方面，但在实践中，文化对比在当时并没有引起学者们的关注。对比的内容主要是学习者的母语和目的语的语言系统，而且语音、语法的对比较多。

基于上述假设，主张对比分析的学者认为，对两种语言体系进行系统对比，可以预测和描写学习者在第二语言习得过程中可能引起或不会引起困难的地方，或者对学习者的偏误作出解释。这就是说，对比分析的目的可以是预测学习者的难点，也可以是对学习者的偏误进行解释。由于对比分析的目的不同，对比分析分为"强势说"（strong form）和"弱势说"（weak form）两种观点（Wardhaugh，1970），两者最大的差别是目标不同。"强势说"强调对比分析的预测功能，认为母语干扰是造成第二语言学习者语言习得困难和错误的主要原因，甚至是唯一原因。有些学者的观点更为激进。Banathy，Trager，Waddle（1966，转引自王建勤，2003）曾十分明确地指出，学习者的难点可以等同于学习者的母语、文化与其目的语及文化之间的差别，语言学家的任务就是要鉴别这些差别，教材编写人员的任务就要在这些差别描写的基础上编写教材，外语教师的任务是把这些差别作为重点进行教学，学习者的任务是要学习这些差别。但是，"强势说"强调"预测"，过于绝对，是一种比较极端的观点。后来的实证研究证明，第一语言不是造成学习者偏误的唯一原因或主要原因，对比分析很难准确地预测学习者可能的难点。有些根据对比分析预测的可能出现的问题在教学中并没有出现，而有些预测的问题是语言教师们凭经验就知道学习者可能出现的问题。因此，"强势说"逐渐被学者们放弃。

"强势说"过高估计了对比的预测功能，然而，学生出错是难免的，所以有学者认为，与其预测，还不如面对现实，即把重点放在事后错误的分析上，通过对比来解释偏误产生的原因，这就是对比分析"弱势说"的基本观点。所以，"弱势说"的目的是在偏误出现后通过对比来解释学习者产生偏误的原因。

三、对比分析的步骤和难度等级

对比分析包括描写、选择、比较、预测四个步骤。"描写"（description）是对学习者的母语和目的语两个语言系统进行细致描写；"选择"（selection）是结合偏误找出造成学习者学习困难的语言项目;“比较”(comparison)是对选择好的语言项目进行细致的分析和对比,找出共同点和不同点;“预测”(prediction)是在对比的基础上对学习者在学习过程中可能在哪些方面出现错误进行预测。

根据对比分析方法,如果对母语为英语、汉语为第二语言的学习者习得汉语的难点进行预测,我们要做的是:(1)对学习者的母语和目的语规则进行系统、客观的描写;(2)发现学习者母语与目的语之间的差异,作为选择的项目,如汉语有声调,英语没有声调只有语调,二者的差异便可成为对比的重点;(3)对英语的语调系统和汉语的声调系统进行细致的对比;(4)通过比较可以预测,英语母语者在习得汉语声调时会遇到什么困难,会出现何种偏误。通过上述步骤,我们似乎可以发现学习者习得汉语声调的难点,但是英语为母语的学习者在习得汉语声调时究竟会遇到什么困难,会出现什么问题还需要在教学实践中观察和验证。

在对比分析中,最初的对比步骤只限于找到两种语言的相同点和不同点,但学者们很快意识到相同与不同都存在程度上的差异,并且认为,差异的大小对应不同的习得难度。所以,学者们根据学习者母语和目的语之间的相同点和不同点对学习难度进行了分级,形成难度等级列表,表 2-1 翻译了 Ellis (1985a:62)总结的两种语言系统对应的难度等级,同时为了便于理解,我们增加了汉语和英语的例子。

表 2-1 第二语言学习者的母语与目的语对应的难度等级

难度等级	母语和目的语的关系	举 例
1	两种语言里语言成分相同	汉语和英语的语序都是“S+V+O”
2	母语中两项在目的语中合并为一项	英语的 borrow、lend 在汉语都是“借”
3	母语中的某个语言项目在目的语中没有相对应的形式	英语有“格”,如主格(I)、宾格(me),汉语没有

续表

4	母语中的某个语言项目在目的语中虽有相对应的项目,但在形式和分布上均存在差异	英语和汉语都有被动句,英语是有标记的,而汉语存在有标记和无标记两类
5	目的语中的某个语言项目在母语中没有相对应的形式	汉语有声调,英语没有
6	母语中的一个语言项目在目的语中分成两个以上的语言项目	英语的动词 visit 在汉语中对应参观、访问、看望

难度等级列表还有不同的版本,Stockwell 等人(1965),Practor(1967)都曾设计过(Ellis,1985a),但实质相同,都是把“差异”等同于“难度”,差异越大难度越大,反之亦然。但是,有学者对这种假设提出质疑,因为差异是语言学问题,而难度是心理学问题,不能简单地将二者等同起来,已有的研究和语言教学实践也证明难度等级存在问题。这也是后来学者们对对比分析提出批评的原因之一。

四、对比分析的局限

对比分析提供了一种语言比较的方法和程序,让我们可以看到语言间的一些不同,当时的听说法、视听法等教学法都受到了它的影响,国内外学者采用对比分析的方法作过大量的对比研究,并试图将对比的结果应用到语言教学当中去。限于篇幅和本研究的范围,在此不再详细介绍这些具体研究。

尽管对比分析在 60 年代曾经盛极一时,但是,对比分析在理论上和教学实践中都存在一些问题,所以从 70 年代初开始走向衰落,并逐步被偏误分析取代。对比分析在理论上的局限主要表现在以下几个方面:

首先,对比分析的心理学基础是行为主义心理学,它的核心思想“刺激—反应”理论已经受到乔姆斯基的激烈抨击和批判。人有语言学习的能力,语言的产出是创造性的,语言学习是一个能动的过程,而行为主义学习理论将人的语言习得等同于动物通过刺激形成反映的机械学习过程,忽视了人作为语言获得的主体的主观能动性,另外,将语言的获得过程等同于建立在刺激—反映基础上的习惯的形成过程也是不符合实际的。

其次，结构主义语言学并没有为对比分析找到解决问题的出路。正如Ellis(1985a:25)指出的那样，对比分析与结构主义语言学结成了“奇怪的伙伴”。如果进行比较的语言系统之间不存在共同的语言范畴，那么有效的对比从何谈起呢？结构主义语言学本身强调对不同语言范畴进行科学描写的重要性，但是基于语言表层结构的描写和对比往往不具备可比性。汉语中有而英语中没有的语言现象，是否具有可比性？如汉语中有“把”字句，英语中没有，反之亦然；两种语言中相似但实则不同的语言现象是否具有可比性？如英语中的卷舌音和法语中的小舌音，表面上看起来相似，实际上属于两个完全不同的音位系统。因此，尽管结构主义语言学为对比分析提供了语言描写的工具，但是正如布龙菲尔德指出的那样，语言间的差异太大，以致使我们无法建立任何适用于各种语言的分类系统。(Bloomfield,1933)所以，基于两种语言系统表层结构的对比是难以奏效的。

第三，对比分析将两种语言系统的“差异”等同于语言习得的“难度”是不符合逻辑的。简单地说，“差异”属于语言学问题，而“难度”是心理学问题。显然，语言差异和心理上感觉的难易不能简单地画等号。语言教学和语言习得的经验告诉我们，当两种语言或语言特征存在很大差异的时候并不是很难学，相反，越是差异不大的语言特征越容易混淆，难度更大。比如，日语和汉语有一些看起来相同的汉字，但是有些细小的差别，如汉语的“气”和日语的“気”，日本学习者在书写时常常会出错；但有的汉字是日语没有的，如汉语的“我”，日本学生在书写这类汉字时，出错率常常低于前者。这些例子说明，语言差异与语言习得的难度往往不是完全对应的。因此，有学者认为，对比分析是用语言学方法解决心理学问题。

对比分析除了上述理论局限之外，其理论假设也受到来自实验研究和教学实践的挑战和质疑。比如，对比分析假设认为，第二语言学习者语言偏误产生的原因主要是母语负迁移。研究表明，这是不符合实际的。

1960年，Brooks提出了四种导致偏误的原因，Dulay和Burt通过1973年和1974年的实验也总结了四种偏误类型。第一类是由母语干扰形成的偏误，也就是对比分析认为是最主要或者唯一的偏误类型；第二类是第一语言发展类型偏误，这种偏误在第一语言习得中同样存在；第三类是类型混淆的偏误，是指既不能归在第一类又不能归在第二类的偏误；第四类是特殊类型的偏误，指那些不能反映第一语言特征同时在第一语言习得中也没有的偏误。Dulay 和 Burt 在 1973 年的实验中统计了其中三类偏误的比例，第一语言发展类型偏误占 85%，特殊类型偏误占 12%，最少的是由母语迁移带来的偏误，仅为 3%。

除了 Brooks，Dulay 和 Burt 以外，还有一些类似的研究，尽管这些研究的统计结果并不相同，但是，从这些研究，我们至少可以得出这样的结论，即母语干扰并非造成学习者语言习得困难和偏误的主要原因，更不是唯一原因。

表 2-2　不同研究关于第二语言学习者母语迁移类偏误的统计(Ellis,1985a:29)

研　究	由母语干扰造成错误的百分比	学习者类型
Grauberg(1971)	36%	高级水平的德国成人
George(1972)	33%(approx)	不同国家的成人、大学毕业生
Tran-Chi-Chau(1974)	51%	不同水平的中国成人
Mukattash(1977)	23%	阿拉伯成人
Flick(1980)	31%	不同水平的西班牙成人
Lott(1983)	50%(approx)	意大利成人、大学生

此外，第二语言教学研究和实践表明，对比分析对学习者语言习得的难点的预测并不完全可靠。表现之一为，有些通过对比预测的难点在实际教学中并未出现，而实际出现的难点有些并没有被预测到。比如，汉语有声调，英语没有声调，所以，汉语的四个声调对英语学习者来讲，难度应该是相同的。如果按照"难度等级"汉语四个声调的难度等级均为五级。但是研究表明，四声中阳平、上声较难习得，阴平、去声容易习得。(王韫佳，1995)所以对比分析很难准确地预测四个声调的难度。再比如，英语中没有汉语 j、q、x 的发音，难度是五级，难度大，英语中有和 zh、ch、sh 发音相似的[dʒ][tʃ] [ʃ]，按照对比分析的难度等级，是四级，但是在教学中 zh、ch、sh 的难点要大于 j、q、x，这也是对比分析没有预测到的。所以，Kleinmann(1978)提出一个与对比分析相反的观点，两种语言间的差异越显著越能引起学生的注意，因此反而更容易习

得，即“新现象效应”(novelty effect)。

五、对对比分析的重新评价

母语迁移是否存在？母语干扰是不是造成错误的主要原因？对于对比分析的争论主要集中在它的理论假设，也就是第一语言对第二语言的影响上。一系列的争论使对比分析陷入危机，并一度被全盘否定。从70年代末到80年代初，学者们重新审视了对比分析。

首先，经过系统的探讨，学者们给予“对比分析”较为公正的评价：作为一种分析方法，对比分析我们不可全盘否定，也不可全盘肯定，对比分析仍然是观察和分析学习者的语言系统的一个良好起点。(Selinker，1992)所以，之后的许多理论，如偏误分析、中介语理论，都将它作为一种分析手段。

其次，学者们也进一步探讨了对比分析关于母语迁移的假设，并形成以下共识：(1)语言迁移并非或有或无(all-or-nothing)的现象，否定母语迁移是不符合实际的；(2)我们要探讨的是母语在什么时候，什么条件下，如何影响第二语言习得；(3)语言迁移不是简单的行为过程，而是有人主动参与的心灵过程；(4)学习者的语言偏误是由多种原因引起的，母语干扰只是其中的一个原因；(5)语言迁移在两种语言比较相近的情况下更容易发生；(6)第一语言是学习策略的一部分。学习者在第二语言知识不够的时候，会利用第一语言的知识来了解第二语言，以达到交际目的。(Corder，1978)由此可见，学者们对母语迁移假设的看法，相对于60年代，更为客观、更为全面。

思考和练习

1. 对比分析的理论基础是什么？

2.“强势说”和“弱势说”有什么不同？

3. 对比分析关于划分难度等级的理论假设是什么？

4. 对比分析有哪些局限？

第二节 偏误分析

从 20 世纪 60 年代末开始，对比分析的假设及其分析方法不断受到挑战和批判。在这样的背景下，“偏误分析”(Error Analysis)作为一种新的分析方法取代了对比分析方法。偏误分析产生于 20 世纪 60 年代，兴盛于 70 年代。70 年代后期，偏误分析因为在研究方法和研究范围上的问题开始衰落。但是，有学者认为，80 年代末 90 年代初，有迹象表明，偏误分析开始复苏。现在，学者们依然把偏误分析和其他分析方法结合在一起，分析第二语言学习者的语言系统，并对学习者语言偏误产生的原因进行解释。

这一节，我们将从四个方面介绍偏误分析，即偏误分析产生的背景、偏误分析的五个步骤、偏误分析的相关研究，以及偏误分析的意义和局限。

一、偏误分析产生的背景

上世纪 60 年代，偏误分析的产生，主要是因为对比分析仅仅对学习者的母语和目的语系统进行对比，忽视了对学习者的语言系统的研究。与对比分析不同，偏误分析是第一个关注学习者语言系统的理论，并提出了对学习者语言系统进行描写和分析的系统方法。因此，学者们认为，偏误分析，而不是对比分析，是第二语言习得研究恰当的起点。

对学习者的偏误进行分析的方法并不是什么新理论。从上个世纪 40 年代末开始，由于第二语言教学的需要，语言教师们就已经采用偏误分析的方法。(French，1949；Lee，1957)但是，传统的偏误分析缺少严格的分析方法，而且缺少分析学习者语言偏误的理论框架。从 60 年代中后期开始，Corder 发表了一系列偏误分析的文章(Corder，1967，1974 等)，偏误分析成为研究学习者习得过程的重要手段和方法，成为观察学习者习得过程的窗口。因此 Corder 关于偏误分析的文章成为第二语言习得研究的起点，偏误分析也成为应用语言学研究领域公认的一部分。

Corder(1967)的《学习者语言偏误的意义》(*The significance of learners' errors*)是开启第二语言习得研究的经典之作。在这篇文章中,Corder 对"失误"(mistakes)和"偏误"(errors)进行了区分。失误指口误、笔误等语言运用上偶然的错误,像我们不小心把"小张"说成了"小王",是偶然发生的,和语言能力无关。偏误是系统性的,像"我把杯子碰"这样的句子反映的是第二语言学习者语言能力的不足。这种偏误不是偶然发生的,是有规律的系统性偏误。

Corder 这篇文章的重要意义在于,他指出了学习者偏误的重要作用:(1)语言教师通过偏误可以了解学习者对目的语掌握的程度;(2)研究者可以透过偏误看到第二语言是如何习得的;(3)学习者能通过偏误验证他们对第二语言规则的理解正确与否。Corder 关于学习者语言偏误的见解改变了人们以往排斥语言偏误的看法,学习者的语言偏误进入第二语言习得研究的视域。

二、偏误分析的具体步骤

1974 年,Corder 提出了偏误分析的具体步骤和方法,大大地促进了偏误分析的发展。根据 Corder 提出的偏误分析程序,偏误分析一共包括五个步骤:收集资料、鉴别偏误、描写偏误、解释偏误、评价偏误。

(一)收集资料

收集资料是进行偏误分析的第一步,目标是收集第二语言学习者在自然条件下产出的语料。从以往研究来看,做到这一点比较难,因为自然习得条件下语言收集受到各种因素的影响。因此,自然语料的收集通常要考虑三个问题:收集方式、收集范围、影响偏误的因素。

一是偏误的收集方式。按照收集时间长短,收集方式分为横向、纵向两种。横向语料收集是共时的语料收集方法,这种收集方式效率高,但语料不能反映学习者的习得过程。纵向语料收集是通过个案研究的方式收集语料,通常是在比较长的一段时间里追踪一些人或一个人,每隔一段时间收集一次资料。通过纵向方式收集的语料能体现学习者语言系统的历时变化,但花费的时间长,被试有时还会流失。除按时间长短收集语料外,学者们常常采取诱导的方法收集语料,一种是比较自然的方法,像面谈、作文等方式;另一种是实验的方法，如“双语句法测量”(Bilingual Syntax Measure)①等。

二是偏误的收集范围。收集范围按大小分为大规模、特定规模、个案三种。作为偏误分析，希望收集资料的范围是大规模的，但很难做到，一般的研究范围都是特定规模。一些时间很长的纵向研究有时候是个案追踪，收集的范围是单个学习者。

三是影响偏误的因素。偏误的产生受到很多因素的影响，所以在收集学习者语言偏误时要考虑学习者的母语背景，学习者的偏误是口语的还是书面语的，是自由交谈中出现的偏误还是书信中的偏误，会话的主题和内容等等；此外，还包括被试语言水平、语言习得环境、学习经历等。注意偏误的来源很重要，实验中，资料的混杂常会影响结论的准确性。

上述三方面是收集偏误分析的语料时应该注意的问题。但是，上世纪六、七十年代的偏误分析并没有注意到这些因素。有学者指出，当时的绝大多数语料都是通过在课堂进行纸笔测验获得的，也没有控制影响学习者语言偏误的潜在因素。(Ellis，1994)因此，偏误分析在语料收集方法上存在一定的局限。

(二)鉴别偏误

鉴别偏误很重要，但常被忽视。在对偏误进行鉴别时，学者们遇到了四个问题。首先是偏误的标准问题。偏误是根据目的语进行鉴别的，但目的语有不同的形式，比如汉语有普通话和方言，有书面语和口语，所以需要确定偏误对照的标准。其次是偏误和失误的辨别问题。前面说过偏误和失误的不同，但是在实际操作中常会遇到理论上解决不了的困难。比如，对于第二语言的某一特征，学习者有时使用对了，有时使用错了。在这样的情况下，我们不能直接推断学习者是否已经习得了这一特征，他可能只习得了一部分。Ellis(1994:51)认为，偏误和失误的辨别问题产生的主要原因是，学者们对学习者的“语言能力”的认识是一种“单质”(homogeneous)的观点，因而无法解释学

① 见 Dulay，H.，M. Burt and E. Hernandez. Bilingual Syntax Measure. New York：Harcourt Brace Jovanovich. 1973。

习者语言偏误中出现的“变异”(variation)现象。第三是隐性偏误和显性偏误的鉴别问题。有些偏误一眼就能看出来,有些偏误要和学习者沟通才能知道。比如“麦克把玛丽推倒了”这句话,表面上看起来是对的,但如果学习者想表达的意思是“玛丽把麦克推倒了”,这种隐性偏误就难以鉴别。第四是“得体性”问题。语言不但包括形式和意义,还涉及使用得是否得体。比如,“你多大?”问小孩子可以,问成年人就欠妥。这类偏误涉及目的语使用得恰当不恰当、得体不得体的问题。

针对上述问题,Corder 提出了一套鉴别偏误的程序。(Corder,1971,1974)这套程序为学者们提供了鉴别偏误的操作方法。但是,偏误的标准问题、偏误和失误的辨别问题仍然没能得到解决。另外,这套程序在操作中也会遇到一些问题。

(三)描写偏误

“描写偏误”是对可以观察到的偏误现象进行语言表面特征的描写。凌乱地描写每一个偏误价值不大,重要的是在描写的基础上为偏误分类,归纳各类偏误的特征。对偏误进行归类的方法主要有三种。

第一种方法是“表层特征分类”(surface feature of errors)。表层特征分类法是指按照目的语范畴对学习者的偏误进行描写和分类。比如,汉语可分为语音、词汇、语法三个范畴,各范畴下又有子范畴,像语音可分为声、韵、调,声调又可以分为阴平、阳平、上声、去声。如果是考察声调偏误,就要根据汉语声调的表层特征进行描写,从而发现偏误产生的原因。目前汉语习得研究领域的偏误分析,大都采用这种偏误描写的方法。

第二种方法是“表层策略分类”(surface feature of strategy)。表层策略分类法是根据学习者偏误产生的方式对偏误进行描写和分类,包括“省略”(如“She sleeping.”)、“附加”(如“We didn't went there.”)、“类推”(如“The dog ated the chicken.”)、“错序”(如“What daddy is doing?”)(Dulay,Burt,Krashen,1982)。有学者认为,这种方法反映了学习者在语言表达中改变语言表层结构的方式,是学习者对语言的操作策略,所以在某种程度上反映了学习者的认知策略和认知过程。但是,也有学者对此提出质疑,因为如果表层策略法不能反映实际的认知过程，它的价值就值得怀疑。比如，有学生给“哭”字加了三点水，因为哭和流泪有关。从学习者的表层策略的角度分析，好像属于类推，但是我们不能就此断定学习者用的就是类推策略。因此，“表层策略分类”的方法也有一定的局限性。

第三种方法是由 Corder 提出的。Corder(1974)认为，学习者的偏误可以分为三种类型：“前系统偏误”(presystematic errors)、“系统偏误”(systematic errors)和“后系统偏误”(postsystematic errors)。“前系统偏误”指学习者还没有意识到目的语的特定规则时发生的偏误，是凌乱无序的，学习者也不知道为什么选择了这种特定的规则形式；“系统偏误”指学习者能够发现一些特定的规则，但这些规则往往是错的，而且学习者不能纠正错用的规则；“后系统偏误”是学习者了解了正确的规则，但在运用时出现了偏误。Corder 的分类方法需要研究者对学习者进行访谈，才能知道他们的偏误是什么时候出现的，以及他们是如何运用目的语规则的，这种描写方法比较笼统，操作性不强，因而用得很少。

(四)解释偏误

解释偏误是要对偏误的来源进行分析。在偏误分析的五个步骤中，这一步与第二语言习得的关系最为密切，因为找到偏误的来源需要从偏误的形成过程分析，而这一过程也是学习者第二语言习得过程的一部分。

从偏误的来源和过程看，偏误的形成可能有不同方面的原因。有心理语言学方面的，有社会语言学方面的，有认知方面的，或者是语篇方面的。(Taylor,1986)从 70 年代偏误分析的研究来看，主要是从心理语言学方面解释偏误产生的原因，但偏误的具体来源，不同的学者有不同的分类方法。

Richard(1971)将偏误分为三类：“干扰偏误”(interference errors)，主要由母语干扰形成；“语内偏误”(intralingual errors)，指过度使用目的语规则，也称过度泛化；“发展偏误”(developmental errors)，指因为语言知识有限所以建立了错误的假设。

Schachter and Celce-Murcia(1977)认为没有必要区分“语内偏误”和“发展偏误”，所以对 Richard 的分类进行了合并，将偏误分成“迁移偏误”和“语内偏误”两类。也就是后来学者们归纳的“语际偏误”(interlingual errors)和“语内偏误”(intralingual errors),前者发生在两种语言之间,由学习者的母语对目的语的干扰造成,后者发生在目的语内部,因为对目的语规则掌握得不完整或者归纳错误造成。

虽然,学者们对偏误来源的分类有所不同,但都是试图通过对学习者偏误产生的来源和过程对偏误产生的原因作出解释。

对偏误解释的研究很多,其中一大类是探讨偏误来源的比例。Ellis(1994:61)对这些研究进行了归纳。他认为,第二语言学习者的语言偏误的来源包括:(1)大量的偏误是语内偏误,而不是语际偏误;(2)初级学习者的语际偏误多于中高级学习者,中高级学习者的语内偏误多于语际偏误;(3)语内偏误和语际偏误的多少和任务有关,比如,在翻译中出现的语际偏误会多于在自由写作中的偏误;(4)语际偏误在语音和词汇中的出现比例多于语法,在语法教学中,也有一些项目更容易发生语际偏误;(5)成人比儿童更容易发生语际偏误;(6)偏误不只有一个来源,一个偏误可能是由语内偏误和语际偏误同时造成的。

(五)评估偏误

评估偏误是偏误分析的最后一步。上面的四步都是从学习者的角度分析偏误,这一步是对偏误分析的标准进行评估。评估主要涉及三个方面:

第一,哪类偏误问题更严重。有研究表明(Burt,1975;Tomiyana,1980;Khalil,1985),母语者一般会觉得词汇偏误比语法偏误更严重;整体偏误(比如语序混乱和连接词错误)比局部偏误(像单个词的错误)更影响对句子的理解(Ellis,1985a)。但也有学者不同意这个观点。

第二,作为评估者,从目的语的角度来看,可以分为母语者和非母语者,他们对偏误的评估是否相同。研究表明,从总体上看,非母语者比母语者更严格,尤其在语法上,但在词汇和语言表达整体上,母语者会更苛刻。

第三,评估标准问题。有学者(Khalil,1985)提出了三个标准:“可理解程度”(intelligibility),即一个有偏误的句子能不能被理解;“可接受程度”(acceptability),即句子的接受者认为偏误有多严重;“冒犯程度”,主要是从语用上来说的，指的是存在偏误的句子会不会让接受者在心理上感觉不舒服。在评估标准上，学者们发现母语者和非母语者有所不同，母语者认为偏误会不会影响对句子的理解更重要，而非母语者认为语法更重要。

以上的三个方面是研究者在对学习者的偏误评估时面临的难题，另外，偏误评估始终没有一个客观的标准，而造成这一问题的主要原因是，早期的偏误分析没有完整的理论框架支撑，因此也就难以建立一个偏误评价的客观标准。这也是偏误分析的局限之一。

三、偏误分析研究

国外学者从上个世纪60年代末开始进行偏误分析研究，文章数量多，涉及范围广泛，70年代是国外偏误分析研究的高潮阶段。但是，从国外目前的研究来看，偏误分析已经不是第二语言习得研究的重心，而是作为第二语言习得的一种研究手段，而且由于偏误分析自身的局限，学者们常常把偏误分析和其他的分析方法一起使用。

国内的偏误分析研究始于1984年鲁健骥发表的《中介语理论与外国人学习汉语的语音偏误分析》，这篇文章也被视为汉语作为第二语言习得研究的开端。此后，鲁健骥又发表了《外国人学习汉语的词语偏误分析》(1987)、《外国人学习汉语的语法偏误分析》(1994)，和吕文华一起发表了《外国人学汉语的语用失误》(1993)。鲁健骥的文章是我国偏误分析早期研究的代表，同时也引发了之后我国一系列的偏误研究，使偏误分析始终成为汉语第二语言习得研究中最密集的研究领域(王建勤主编，2006a)。

从我国近十几年的偏误分析研究来看①，研究可以分为语音、词语、语法、语篇、汉字五个领域。在语音偏误研究中，研究对象包括两类，一是汉语语音要素偏误分析(蔡整莹，曹文，2002等)，二是汉语声调偏误分析(王韫佳，1995等)。词语偏误分析比较少，已有的研究主要是从构词角度和语言对比角度分

① 参见王建勤主编《汉语作为第二语言的学习者语言系统研究》一书综述，商务印书馆，2006年。

析汉语学习者的词汇习得偏误(邢红兵,2003;全香兰,2004)。语法偏误是国内学者研究的重心,成果比较多,一类是通过对学习者的语法偏误类型的详尽描写发现规律,(肖奚强,2000 等)一类是从不同角度分析语法偏误的来源。(赵金铭,2002 等)关于语篇的偏误研究最少,语篇衔接(肖奚强,2001;曹秀玲,2000 等)和语篇连贯(陈晨,2002 等)是语篇分析研究的主要领域。汉字的偏误研究可以分为汉字书写偏误类型及认知策略研究(施正宇,2000 等)和汉字认知策略研究(江新,柳燕梅,2004 等)。(王建勤主编,2006a)

国内的偏误研究近十年取得了较大进展①,偏误分析的研究范围不断扩大,理论视野不断开阔,研究方法也有所创新。但是也存在一些问题,主要是缺少深入的理论分析,在研究方法上也存在一些问题。(王建勤主编,2006a)

四、偏误分析的意义和局限

(一)意义

偏误分析对第二语言习得研究的贡献主要在三个方面:

第一,偏误分析是第一个关注学习者的语言系统的研究方法,它并非探讨学习者的母语语言系统或目的语系统本身的规律,而是探讨第二语言学习者的语言系统的规律。通过分析学习者的语言偏误来观察和分析第二语言学习者的习得过程和习得机制,因此偏误分析成为第二语言习得研究的起点。

第二,偏误分析为 70 年代心灵学派与行为主义理论进行的论战提供了有力的证据。偏误分析证明了语际偏误,即母语负迁移,不是造成偏误的唯一原因。

第三,偏误分析提出了一套系统地描写和分析第二语言学习者语言偏误的程序和方法,为偏误分析的发展奠定了基础。

(二)局限

尽管偏误分析为第二语言习得研究作出了贡献,但是依然存在一定的局限。这些局限主要体现在研究方法和研究范围两个方面。70 年代后,偏误分析也因此开始衰落。

---

① 参见王建勤主编《汉语作为第二语言的学习者语言系统研究》一书综述,商务印书馆,2006 年。

偏误分析在研究方法上的问题是，偏误分析资料的收集常常不是在自然的第二语言习得环境中获得，而是通过测试取得，不能准确地反映学习者的习得情况。在研究范围上，偏误分析有四个问题：第一，偏误分析只考察了学习者的偏误，而忽视了学习者语言系统中正确的部分，对学习者第二语言习得过程的了解不完整；第二，从目前的偏误分析研究来看，纵向研究少，多是横向研究和静态分析，很难看到学习者在不同阶段出现的偏误，不能了解学习者习得过程的全貌；第三，研究发现（Schachter，1974；Kellerman，1977；Kleinmann，1978；Dagut and Laufer，1985），学习者对于觉得困难的语言项目会采取回避策略，由于偏误分析关注的是偏误，因此无法采集到被回避的语言项目的使用情况；第四，偏误分析的五个步骤都还存在问题。

总的说来，学者们对偏误分析的评价基本符合事实，但也有很多学者指出，对偏误分析的批评有不当之处。比如，Ellis 认为，Corder 已经清楚地认识到检验学习者第二语言习得全过程的重要性。此外，偏误分析在研究范围和研究方法上的弱点并不是本身固有的，而且，偏误分析仍然可以作为研究学习者语言的一种方法，可以和其他的分析方法结合在一起，从而弥补其分析方法上的不足。

70 年代末 80 年代初，有迹象表明，偏误分析开始复苏。

思考和练习

1. 偏误分析是如何产生的？
2. 偏误分析包括哪几个步骤？
3. 偏误分析的意义和局限有哪些？

第三章　中介语研究

本章将主要介绍早期的中介语研究及中介语语用研究。早期中介语研究指的是20世纪60年代末70年代初由Selinker等人提出的关于"第二语言学习者的语言系统"的理论假设(Ellis，1985a：47，1994：351)。后续的中介语研究虽然对早期的理论有所发展(Ellis，1994：351)，但是有些理论模式，例如Schumann的"第二语言文化适应模式"(The acculturation model of second language)，Long的"语言输入和互动模式"(The input and interaction model)等，由于借鉴了社会语言学、心理语言学等学科的成果，和早期的中介语研究在理论导向和研究方法上已经有很大的不同，因而并不能看成是对早期中介语理论的发展。(王建勤，2000b)所谓的早期的"中介语理论"研究指的是Selinker等学者提出的关于中介语的假设，而后续的中介语研究是指"关于中介语的研究"，已经不再局限于Selinker等人的理论假设了。

第一节　中介语理论产生的历史背景

早期中介语理论的提出和发展是有其必然性的。20世纪50年代是行为主义心理学和结构主义语言学的兴盛时期，反映在语言教学和研究上就是对比分析一统天下的局面。然而到了60年代后期，人们发现对比分析作为一种理论方法无论在理论还是在实践上都面临着严重的挑战。究其原因，就是对比分析试图用简单的语言学方法来解决复杂的心理学问题。此外，从上一章的讨论中我们不难看出，对比分析，尤其是其"强势说"，从根本上来说是站在

“教学中心”而非“学习中心”的立场上的，它忽略了学习者作为语言学习的主体这一基本事实，同时也忽略了学习者的学习过程。在这种情况下，人们开始把眼光投向学习者本身，因而大家在放弃对比分析“强势说”的同时，越来越倾向其“弱势说”。“弱势说”的解释性使其演变为偏误分析的一部分。

1967 年，Corder 发表了题为《学习者偏误的意义》的文章，将人们的注意力引到学习者身上。Corder 在文章中试图改变人们对于学习者“偏误”的负面的看法，即认为偏误作为一种学习障碍需要彻底根除。Corder 认为，人们可以从学习者的偏误入手观察学习者所具有的语言系统，而偏误实际上反映了学习者主体在学习过程中对于目的语体系的一种判断和推测。虽然对比分析的“弱势说”强调解释，而其解释还是从母语和目的语两种语言系统的对比中得来，而偏误分析则在此基础上主要将学习者的语言系统和目的语语言系统进行对比，从心理语言学、社会语言学、篇章分析等角度出发在更广阔的范围内解释学习者产生偏误的原因，而不仅仅局限于从母语和目的语两种语言系统的差异中寻找解释。虽然偏误分析有力地推动了第二语言习得的研究，但是其作为一种研究方法本身有着难以回避的缺陷。除了其操作上的困难之外，偏误分析在研究内容上只是将人们的注意力集中在学习者的偏误身上，而不顾及学习者正确的方面 —— 仅仅用观察到的偏误去推测学习者的整个语言系统难免以偏概全。在认识到偏误分析的局限之后，人们试图寻找一种新的理论来全面地反映和解释学习者的语言系统。在这样的情况下，Selinker (1972)，Corder (1967，1971) 以及 Nemser (1971)三位学者几乎在同一时间提出了大致相似的理论。他们三个人的理论主张构成了早期中介语理论。

在对三位学者的理论贡献进行介绍之前，有必要澄清对比分析、偏误分析和中介语三者之间的关系问题。由于历史局限，早期的中介语理论和对比分析及偏误分析有着千丝万缕的联系。① 因此人们很容易认为对比分析、偏误分析、早期中介语理论这三者之间是一种承继发展的关系，但是这是一种误

① 例如，Corder 的中介语理论源于其偏误分析，而 Nemser 和 Selinker 的中介语理论则都是通过语音或者语法对比之后提出来的。

解。尽管从时间上来看,三者有着前后相承的关系,但是在理论基础和研究方法上三者有着明显的区别。对比分析是建立在行为主义心理学和结构主义语言学的基础上的,它试图从语言学习者外部寻找描写和解释学习者内部学习过程的方法,其做法是将母语和目的语进行对比,而两者差异即是学习中的问题。偏误分析则试图从分析学习者自身的但却是片面的语言系统出发,解释其学习过程。从这一点来说,偏误分析是对对比分析的一种否定。在方法上,偏误分析并不排斥对比,但是其对比是建立在学习者的偏误和目的语两者之间的,这显然与对比分析不同。再来看早期的中介语理论和对比分析、偏误分析的关系。从下面的介绍中可以发现,Selinker, Corder 和 Nemser 三位学者关于中介语的理论假设有一点是共同的,即把学习者的语言系统看成一种不同于其母语和目的语的、独立的、完整的语言系统,并且将其置于研究的核心地位。在这一点上,早期的中介语理论显然与对比分析及偏误分析不同:对比分析没有把学习者的语言看成是一个独立的系统,而偏误分析虽然对这一点有所认识,但对学习者语言系统独立性的认识没有达到早期中介语理论的水平。这一差异导致了早期中介语研究在研究方法上与前两者的区别:首先,早期中介语研究并不排斥对比,例如 Selinker 的研究就是建立在语音和语法对比的基础上的,然而其对比是建立在三种语言系统对比的框架上的(母语,目的语,中介语),这和对比分析有很大的不同;另一方面,早期中介语研究也不排斥把偏误分析作为一种描写和分析的工具,但其分析手段并不仅限于偏误分析。由此我们可以看出,从理论基础和研究方法上对比分析、偏误分析以及早期中介语理论是不相同的,不能简单地认为三者是继承和发展的关系。

在理清了对比分析、偏误分析和早期中介语理论三者的关系之后,接下来将较为详细地介绍 Corder,Nemser 和 Selinker 这三位第二语言习得研究先驱的主要理论贡献。

思考和练习

1. 什么是早期的中介语理论?

2. 如何看待中介语理论与对比分析、偏误分析之间的关系？

第二节 早期的中介语理论研究

上世纪70年代，中介语理论的提出，从根本上改变了第二语言习得研究的方向，奠定了第二语言习得研究的理论基础。然而，中介语理论并非Selinker一个人建立的，尽管Selinker被称为“中介语之父”。早期的中介语理论还应该提及另两位先驱，即Corder和Nemser。他们几乎是同时提出了与Selinker相似的理论假设。这一节将分别介绍Corder，Nemser和Selinker三位学者关于中介语理论的研究。

一、Corder关于中介语的理论假设

虽然“中介语”(interlanguage)这个词不是由Corder所提出，然而Corder对于中介语研究的开创是具有重大贡献的。其理论主张主要有以下几点：

(一)“过渡能力”和“过渡方言”

Corder (1967, 1971) 把学习者的语言系统称为“过渡能力”(transitional competence)系统或“过渡方言”(transitional dialect)。所谓的“过渡能力”指的是学习者现时的心理规则系统。“过渡”这个词说明这种规则系统是处于逐渐的变化之中的，而这种变化是由学习者对目的语规则不间断地进行假设检验，从而逐步更新这个系统所造成的。然而这种心理规则并非肉眼可及，所以Corder认为，我们可以通过观察学习者在习得过程中的“系统偏误”(systematic error)来推测其内在的心理规则系统。换句话说，偏误是学习者在习得过程中的“过渡能力”的表现。

如果说“过渡能力”是从单个学习者所具有的心理规则系统来说的话，那么“过渡方言”则是从第二语言学习者的群体出发来描述其语言系统。诚然，学习者的语言并不是我们通常意义上说的方言，因此Corder也将其称为“特异方言”(idiosyncratic dialect)。然而，大量母语背景相同、学习同一种目的语

的学习者很可能因为处于习得过程的同一阶段而具有大致相同的心理规则系统，从这个意义上来说，他们语言可以看成是目的语的一种“特异方言”。但是不论怎么说，“过渡方言”强调的是学习者心理规则系统的动态性。

（二）“假设检验”

刚才提到学习者的“过渡能力”处于一种不断变动的状态之中。问题是，是什么东西使得“过渡能力”不断变化呢？在Corder看来，这涉及“假设检验”的问题。那么“假设检验”又是怎样的一个过程呢？Corder认为，学习者进行假设检验的前提是其内部有一个“系统生成器”(system-builder)，这个系统生成器对学习者接触到的语言材料进行处理，从而建立起“过渡系统”(transitional system)，即包括一系列“假设”的规则系统。在学习过程中，学习者会接触到新的语言材料，而“系统生成器”将新的语言材料和原有的“假设”进行比较，当两者不一致的时候，“系统生成器”便会对“过渡系统”作出相应的调整，从而引导其不断更新。例如，当留学生接触到“一个月”，“一个星期”这样的语言材料时，系统生成器便会建立一个关于数量结构的规则。在此基础上，学习者不但会产出上述的正确形式，还可能会产出类似“一个年”这样的用法。而当学习者不断地接触到正确的目的语形式“一年”后，系统生成器便会将“一年”和“一个年”进行比较，从而生成一个新的规则，而“一个年”这样的过渡形式将会消失。

需要注意的是，“系统生成器”并不是一旦发现差异就会对已有的规则系统进行调整。有时候对外汉语教师会发现甚至一些中级水平的留学生还经常说类似于“吃饭在饭馆”这样的偏离目的语形式的结构。问题是，留学生接触到的语言材料不可能有“吃饭在饭馆”这样的形式，而且一旦他们产出了这样的形式，教师通常在课堂教学中会给予纠正。那么为什么留学生还会有这样的问题呢？这就涉及我们下面要讲的“内在大纲”的问题。

（三）“内在大纲”

“大纲”这个词很容易让我们联想到“教学大纲”。事实上，“内在大纲”(built-in syllabus)的提出正处于当时第二语言教学领域单凭主观构想的理论而不顾学习者需要和习得过程而设置教学大纲这样一种背景下。所谓的

"内在大纲"指的是学习者具有的一种控制学习目的语规则的程序化序列,它控制着学习者的目的语学习过程。换句话说,学习者在什么时候学会哪一项规则并不是由外在的教学大纲所决定的,而是由其"内在大纲"决定的。在Corder看来,只有在"内在大纲"使学习者处于一种"准备好"(ready)的状态的情况下,即教学大纲和"内在大纲"相吻合的情况下,教学才会有效。过早地教授某项规则只能是浪费时间。如果从Corder的观点出发,留学生"吃饭在饭馆"这样的形式是很好解释的:留学生的"内在大纲"并没有使其处于准备接受汉语中动词状语前置这样一种规则。

(四)"输入"和"吸纳"

与"内在大纲"的观点相呼应,Corder提出需要区分"输入"(input)和"吸纳"(intake)。所谓的"输入"指的是外在的环境所能提供给学习者的语言材料,而"吸纳"则是由学习者的内在大纲决定的从外在的语言材料中真正"吸收的东西"(what goes in)。按照Corder的观点,只有在"输入"吻合学习者"内在大纲"的时候才会转变成"吸纳"。

(五)"失误"和"偏误"

Corder认为并不是所有偏离目的语的形式都可以用作考察学习者的"过渡系统",因而有必要区分"失误"(mistake)和"偏误"(error)。前者是和乔姆斯基所说的"语言表现"(language performance)相关,而后者是与乔姆斯基的"语言能力"(language competence)相关。失误的产生是偶然的,例如由于疲劳,遗忘等原因产生。母语使用者也会有失误,因而并不能反映学习者现时的"过渡能力"。然而"偏误"是系统性的,是学习者现时心理规则系统的外在表现,因此对于研究习得过程有着重大的意义。

需要注意的是,Corder的中介语假设是建立在其偏误分析的基础上的,因而带有较强的偏误分析的色彩。事实上,如果我们按照Selinker(1969,1972)的看法而真正地把学习者的语言系统看作一个独立的系统,那么就没有所谓的"偏误"的说法。因为学习者不可能对自己的系统产生"偏误"。"偏误"这样的提法还是没有能够真正地把学习者的语言看成一个独立的系统。

二、Nemser 关于中介语的理论假设

在早期的中介语理论构建时代，Nemser 留给我们的文献虽然为数不多，但是很有意义。他的理论假设与 Selinker 对于中介语的假设有颇多相似之处。其主要观点如下：

（一）“近似系统”

1971 年，Nemser 提出并采用“近似系统”（approximative system）这个概念来描述学习者的语言系统。根据 Nemser 的说法，“近似系统”指的是“学习者在试图使用目的语时实际运用的偏离的语言系统”。Nemser 的“近似系统”有如下几层含义：

首先，“近似系统”是不同于源语言（the source language）系统和目的语（the target language）系统的。换句话说，学习者的语言系统是一个独立的系统。

其次，“近似”说明“近似系统”是以目的语为参照的。Nemser 用 La 代表近似系统，用 La_1，La_2……La_n 表示近似系统的不同发展阶段。这些处于不同发展阶段的近似系统构成一个不断进化的连续统。在学习者不断地对目的语输入进行加工的基础上，其近似系统也越来越远离源语言系统而向目的语系统靠拢，最后达到重合（merger）①。而在整个过程中，母语充当了一个干扰源的角色，它使学习者的语言系统偏离目的语系统。

最后，“近似系统”的不断演化说明这是一个动态发展的系统。造成其动态性的原因有二：一方面，母语和目的语的差异会促使学习者向目的语系统靠近；另一方面，学习者不可能在短时间内接触到整个目的语系统，因而也必须有一个逐渐变化的过程。

（二）“近似系统”的本质

根据 Nemser 的说法，学习者的近似系统是一个内部结构化的（internally structured）系统，有其自身内在的规律性和系统性。这实际上就是说“近似系统”是一个独立的语言系统。Nemser 认为学习者的言语正是这种近似系统

① Nemser 认为对于成人学习者来说，达到重合是非常困难的。

在特定时间的"定型产物"(patterned product),他列举了三种"定型产物"的表现:(1)移民语言(immigrant speech):这指的是这样一种情况,即目的语使用者已经达到一定的水平,但是显然没有继续进步。于是产生了一些偏离目的语规则的形式。(2)个体方言(idiolect):这是由语言实际运用中的"实用系统"(utility system)构成的,其特点为有限的词汇、语法及语义功能。例如出租车司机,饭店服务员等的语言,这些人的共同特点是与目的语社团成员有频繁然而范围有限的交往。(3)学习者的洋泾浜(learner pidgin):这是指已经达到一定的语言水平但是还没有完全掌握目的语基本语言规则的学习者在实际交流中由于注重交际内容而非目的语形式而产生的言语。

除了上述定型产物的表现之外,Nemser 还发现在学习者的近似系统中存在着既不同于目的语又不同于母语的"自主结构"(structural autonomy)。例如前面所举的学习汉语的留学生说出的"一个年"和"一个半年"这样的例子。Nemser 在自己的语音实验中发现这种"自主结构"不但大量存在,而且具有规律性。这种"自主结构"的存在充分说明了近似系统的独立性。

(三)"稳定的中介系统"

Nemser 也把"稳定的中介系统"(stable intermediate system)称作"永久的中介系统和次系统"(permanent intermediate system and subsystem)。这其实说的就是 Selinker 的"僵化"(fossilization)现象。这种僵化现象主要表现在相同母语背景下的学习者在理解和生成目的语时所产生的带有固定模式的错误。这种带有固定模式的错误构成了学习者的"洋腔洋调"。针对僵化现象,Nemser 认为有效的教学能够预防或者推迟僵化的出现。

三、Selinker 关于中介语的理论假设

Selinker(1969, 1972)提出了"中介语"的概念之后,这一术语很快得到了广泛的认同。可能正是由于其应用范围的广泛,Ellis(1994:354)指出"中介语"这个术语已经被赋予了诸多的含义以至于几乎成了一个中性的概念。正是因为如此,我们才有必要了解这个概念的最初提出者的说法。除此之外,在这里我们还将介绍 Selinker 关于中介语系统的描述。

(一)"中介语"的定义

Selinker 给"中介语"(interlanguage)下的定义是:"中介语可以用作从语言学上描写的数据,即可观察到的语言输出……我们认为,这种语言行为是高度结构化的。在语言迁移的综合研究中,在我看来,我们不得不承认中介语的存在,而且必须作为一个系统而不是作为一个孤立的错误的集合来看待。"(Selinker, 1992: 231)Selinker(1992:231)在回顾当年的定义时认为有两个方面非常重要:一是"学习者可观察到的言语输出是高度结构化的";二是"中介语必须作为一个系统而不是作为一个孤立的错误的集合来看待"。从 Selinker 所强调的内容中,可以看出其关于中介语的定义包括三个方面:

首先,中介语是可观察到的言语输出。Sharwood Smith (1994: 35)指出,"中介语"这个术语的含义具有模糊性,一方面它可以指中介语产出(product),另一方面它也可以指中介语过程(process)。前者是人们可以实际观察到的学习者的言语行为和表达,而后者是潜藏在学习者言语行为之后的心理过程。从 Selinker 的定义来看,他首先是把中介语当做一种产出而非过程。当然,这不是说产出和过程没有关系,相反,我们正是通过对学习者言语行为的测量和分析来推测其内在心理过程的。事实上,学习者的心理过程在 Selinker 的中介语假设中具有非常重要的地位,这在后面的段落中将会具体介绍。

其次,中介语是高度结构化的。所谓的"结构化"其实指的就是中介语内在结构的系统性。这种结构的系统性表现为学习者的言语行为是建立在其已有规则的基础上的,因而是可以分析和预测的。

最后,中介语是独立的语言系统。中介语系统高度结构化的性质事实上就是说中介语和其他任何自然语言一样,自成体系,这个系统既不同于母语也不同于目的语,因而是一个独立的语言系统。

(二)中介语产生的心理机制

Selinker 对中介语产生的心理机制进行了阐述,他认为大部分(95%)成年第二语言学习者是依靠一种普通的认知结构来学习第二语言的,他把这种认知结构称为"潜在的心理结构"(latent psychological structure)。只有少数(5%)成年学习者能够通过激活一种"潜在的语言结构"(latent language structure)来获得第二语言能力。这种“潜在的语言结构”和乔姆斯基所说的“语言习得机制”(language acquisition device)有关。乔姆斯基认为人类大脑中存在一个专门为学习语言而设的“语言习得机制”(Language Acquisition Device,简称 LAD)。通过激活“潜在的语言结构”学习第二语言的学习者可以像儿童学习母语一样,把普遍语法转换成目的语语法,从而达到母语使用者的水平;而通过激活“潜在的心理结构”获得的语言能力是不完整的。这就解释了为什么大部分人的第二语言学习是不成功的,但是也有少量的学习者能够成功习得第二语言。

(三)“僵化”

Selinker(1972:36)认为“僵化”(fossilization)是存在于“潜在的心理结构”中的一种机制,表现为某种母语背景的第二语言学习者会在目的语习得的某个阶段上停滞不前,无论学习者年龄大小,也无论其是否继续学习。僵化的一个典型表现就是所谓的“回退”(backsliding)现象,即在早期出现的错误又重复出现。需要指明的是,僵化并不局限于指学习者中介语系统的整体情况。根据 Selinker(1972:36)的说法,发生僵化的可以是一个语言项目(linguistic),例如一个特定的声调;一条语言规则(rule),例如学习者用-ed 表示所有英语动词过去时;或者是一个次系统(sub-system),例如整个语音系统。从这个意义上说,僵化可以发生在学习过程中的任意一个阶段,同时,僵化也会产生于中介语系统的各个层面,例如语音、词汇、语法、语用,等等。关于僵化产生的原因,Selinker 认为是因为大部分学习者在习得第二语言时激活的是一种“潜在的心理结构”而非“潜在的语言结构”。问题是,这种“潜在的心理结构”到底是怎么样的呢?下面将详细介绍。

(四)“潜在的心理结构”及五个“中心过程”

Selinker(1972)用五个“中心过程”(central processes)来描述这种“潜在的心理结构”:语言迁移、由训练造成的迁移、目的语语言材料的泛化、第二语言学习策略以及第二语言交际策略。其中前三个过程是中介语产生的直接因素,而后两个过程则属于另一种类型的心理过程,Selinker 称之为“策略”(strategy)。Selinker 提出的五个心理过程事实上为解释第二语言学习者语言系统提供了一个心理语言学的理论框架。

1. 语言迁移(language transfer)。按照Selinker的观点,语言迁移的产生需要两个条件,一是母语和目的语的相互作用构成"跨语言情境"(interlingual situation),这是产生语言迁移的前提;二是学习者在接触目的语时产生的语际识别(interlingual identification)效应,也就是说,尽管母语里的某个项目与目的语的某个项目之间相似但并不相同,但是学习者却认为两者是相同的。例如汉语的"个人主义"和英语的"individualism"两个词的含义并不相同,但很多中国的英语学习者把英语的"individualism"当成汉语的"个人主义"来用。

2. 由训练造成的迁移(transfer of training)。Selinker认为造成这种迁移的原因主要是教学过程中训练方法不当。具体说来就是教师或者教材强调和练习某些目的语规则而忽略其他一些相对应的规则,从而导致了学习者中介语系统中某些规则的僵化。例如在学习英语的过程中,如果老师在给出例句时一直用"he"而不用"she",则很可能造成学生在说英语的时候只是说"he"而不说"she"。

3. 目的语语言材料的过度泛化(overgeneralization of target language linguistic material)。这指的是第二语言学习者在习得第二语言的过程中将某一目的语的规则推广到超越所能接受的范围之外。例如学习汉语的留学生会把汉语的量词"个"泛化而导致诸如"一个椅子"这样的情况。再比如留学生在学习了表示完成意义的"了"之后,会把"了"用到所有表示过去的句子中,例如"他昨天没有来了"。需要注意的是,泛化在处于某个习得阶段的学习者看来是正确合理的,其原因就是泛化是学习者中介语系统内部规则的体现。泛化的原因主要有三:一是对目的语规则错误的概括,二是对目的语规则掌握得不完整,三是不了解目的语规则的适用条件。

4. 第二语言学习策略(strategies of second language learning)。这是指学习者在学习过程中为了解决学习问题所采用的策略。其中的一种策略就是简化目的语的规则系统。例如印第安学习者要么把所有的英语动词都当成及物动词,要么都当成不及物动词,要么在所有的动词后面加-ing,从而生成"I

am feeling thirsty.”这样的句子。

5. 第二语言交际策略(strategies of second language communication)。这是指学习者运用目的语表达意义遇到困难时采取的策略,其目的是为了解决交际问题。例如为了保持意义表达的连贯性,英语学习者可能会一直使用现在时,或者根本不顾时态的正确与否。

思考和练习

1. Corder,Nemser 的中介语理论与 Selinker 的中介语理论有何异同?
2. Selinker 是如何描述中介语产生的过程的?
3. 如何理解 Selinker 提出的“潜在的心理结构”?
4. 举例说明僵化现象。

第三节 早期中介语理论的基本假设及后续研究

一、早期中介语理论的基本假设

Sharwood Smith (1994: 30) 认为 Corder, Nemser 和 Selinker 三位学者理论有三个基本的共同特征:第一,学习者内部存在一个复杂的、创造性的学习机制;第二,学习者的语言系统具有内部连续性;第三,学习者的语言系统具有独立性。当然,以上三位学者的观点并不能完全涵盖早期中介语理论的假设。王建勤(2000b)从中介语的本质、中介语的系统性、中介语的动态特征、“僵化”的心理机制、学习者的策略五个方面概括了早期中介语理论的基本假设。在此基础上,我们把早期中介语理论的基本内容可以归纳为以下几点:

1. 中介语具有独立性。三位学者首先都认为中介语系统是一个独立于母语和目的语的系统。Corder 认为学习者存在一个“内在大纲”;Nemser 认为学习者的语言是一种“内部结构化的”(internally structured)系统;Selinker

把中介语和母语及目的语放在同一个平台进行比较，反映出他对中介语系统独立性的立场。需要指出的一点是，中介语的“独立性”是就其内在规则系统不同于母语和目的语，并不是说它与母语及目的语完全没有关系。Nemser强调中介语系统以目的语为参照不断发展，而母语则充当干扰源的角色。在Selinker描述的“潜在的心理结构”中，“语言迁移”和“目的语规则的过渡泛化”是两个非常重要的心理过程。这些都说明中介语系统和母语及目的语有着千丝万缕的关系。

2. 中介语是可观察到的语言系统。三位学者都认为中介语是一个可观察到的语言系统。Corder强调通过考察学习者的“系统偏误”从而窥测其“内在大纲”；Nemser认为“近似系统”是学习者在试图使用目的语时“实际运用的”偏离的语言系统；Selinker更为直接，认为中介语是“可观察到的语言输出”。

3. 中介语具有系统性。Corder强调学习者“系统偏误”对研究学习者内在大纲的重要性；Nemser认为学习者语言系统中存在大量有规律可循的“自主结构”；Selinker所说的系统性是建立在他所建构的心理语言学基础上的。他认为潜在的心理结构是大部分(95%)成人第二语言学习者所激活的心理机制，因而它包含的五个中心过程也具有相当的普遍性。当学习者运用这几个中心过程生成第二语言时，我们所观察到的言语特征能够系统地反映这五个中心过程的影响。例如英语的地点状语常常是放在句子末尾的，所以学汉语的英语母语者会说出“我吃饭在饭馆”，“他看书在教室”这样的话，这反映出了母语迁移这一心理过程系统地影响学习者的实际生成的言语。再例如目的语规则泛化，汉语学习者学习汉语“了”的时候，发现“了”与过去发生的事情相关，误以为“了”适用于所有表过去的语言环境，所以会说出类似“他昨天没买了一本书”这样的句子。从上面这些例子可以看出学习者实际生成的中介语的语言规则具有系统性。当然，学习者实际生成的言语在很大程度上受到不止一个心理过程的影响，而且要找出其间的对应关系是比较困难的。(Selinker, 1972)因此，中介语的系统性首先表现为可观察到的语言规则的系统性，而在深层次上这种语言规则的系统性则反映了学习者心理过程的普遍性。

4. 中介语具有动态发展的特征。Corder（1967，1971）的“过渡方言”或者“过渡能力”强调学习者语言系统动态发展的特征，即学习者通过不断地增删某些语言规则而重构整个中介语系统。Nemser（1971）用“近似系统”强调阐述学习者语言系统不断向目的语系统靠拢的过程。Selinker(1972)提出的五个中心过程均是引发中介语系统发展的潜在动因。此外，Adjemian 认为中介语系统具有“可渗透性”(permeability)，这种“可渗透性”包括两个方面：一是母语规则向中介语系统“渗透”，表现为带有母语特征的中介语规则；二是目的语规则的过度泛化，表现为目的语规则的扭曲。从以上的论述可以看出，早期中介语理论把中介语系统的动态性理解为两个方面：一是“可塑性”，即学习者的整个语言系统是变化发展的；二是“开放性”，即中介语系统内部的语言规则会同时受到母语和目的语的影响。（王建勤，2000b）

5. 关于“僵化”产生的心理机制。虽然 Corder，Nemser 和 Selinker 三位学者都强调中介语的“动态性”，他们之间的区别也是显而易见的。根据 Selinker(1992：225)的说法，Corder 所说的“过渡性”和 Nemser 的“近似体系”均强调学习者中介语系统的不间断变化的过程，而忽视了普遍存在的僵化现象。Selinker(1972)认为任何关于第二语言学习的理论都不能不对僵化现象作出解释，而他所提出的心理语言学框架代表了他所作出的努力。Selinker 把僵化产生的原因归于学习者激活的“潜在的心理结构”，即一般意义上的认知结构。大多数第二语言学习者依靠这种潜在的心理结构学习第二语言，因而无法达到母语者的语言水平。

6. 关于学习者的策略。在早期中介语理论研究中，Selinker（1972）提到了两个“策略”，即学习策略（learning strategy）和交际策略（communication strategy）。Selinker 把这两个策略和其他三个“中心过程”相提并论，同属于“潜在心理结构”所包含的心理过程，学习者运用这两个策略实际上能够促进或者阻碍其中介语发展。然而，Selinker 在讨论交际策略和学习策略时没有将它们与“学习者的策略”(learner strategy）加以明确的区分。按照 Ellis（1994：712）的说法，“学习者的策略”指的是学习者所从事的旨在学习和运用第二语言的行为（behaviors）或行动（actions），这些行为通常是学习者有意或至少是潜在有意而为。学习者的策略大致包括三个方面（Ellis，1994：37）：认知（cognitive）策略、原认知（metacognitive）策略以及社会性（social）策略。从后续的研究来看，学习者的策略不仅包括了 Selinker 的学习策略和交际策略，还有其他内容。

二、中介语研究的发展

在首次提出中介语假设 20 年之后，Selinker（1992：246—247）对中介语的看法是这样的："当（第二语言学习者）试图用第二语言表达意义，或者试图和母语者抑或其他第二语言学习者交流时，下面这些情况将会发生：学习者创造一个（部分）独立的语言系统；在这个语言系统里，语际识别和语言迁移处于中心地位；至少有一部分中介语会发生僵化；僵化具有选择性，同时也会根据语言水平和语域（discourse domain）发生变化；学习者所创造的中介语易受到多种语言普遍性因素（language universals）以及中介语普遍性因素（interlanguage universals）的影响；学习者所创造的中介语易受到教学和学习策略的影响；学习者所创造的中介语易受到简化（simplification）和复杂化（complexification）策略的影响。"可以看出，中介语假设的主要内容自 Selinker（1972）提出以来没有根本的改变。后续的"关于中介语的研究"，是学者们从不同的理论基础和角度出发来研究中介语，并不能看作是在早期中介语理论的基础上的发展。后续的"关于中介语的研究"与早期的中介语理论研究在诸多方面已经有所不同，Tarone（1998）把这些变化和发展归纳为以下几个方面：

1. 研究对象的扩大。Selinker（1972）的中介语假设是针对成人第二语言学习者的。然而在后来的研究中学者们（Selinker，Swain and Dumas，1975）发现儿童在习得第二语言时同样存在僵化现象。例如在加拿大法语沉浸式项目里学习的儿童的法语表现出僵化的特征，同时，他们的中介语存在大量的母语影响。尽管这一现象可以从其他原因得到解释，例如这些儿童仅在老师上课时得到目的语输入，而他们之间的交际大多是用非目的语完成，但是这种现象促使研究者们思考儿童在习得第二语言过程中是否真正依赖"潜在的语言结构"，还是他们也像成人学习者一样激活"潜在的心理结构"。

2. 关于中介语本质的讨论。如前所述，早期中介语理论认为中介语是可观察到的语言系统。这一点与后期中介语理论对中介语本质的看法存在差异。虽然后期中介语理论仍然相信学习者的语言系统是独立的，但是却认为学习者的中介语系统是“抽象的语言规则系统”，它“是学习者理解和生成第二语言的基础”，这种抽象的语言规则系统构成了学习者的“心理语法”（mental grammar），而中介语指的就是这种“心理语法”（Ellis，1997：33）。显然，后期中介语理论对中介语的理解已经不再是“可观察到的、以语言输出为基础的语言系统”了；此外，“心理语法”的提法也说明后期中介语理论受到了心灵学派观点的影响。

3. 关于中介语可变异性研究。关于中介语可变异性的研究在 Selinker 1972 年的假设中没有涉及。但是研究者们发现，同一个学习者在某些情境中的中介语比另外一些情境中的中介语说得流利，也更加符合目的语语法，同时更少受到母语迁移的影响。例如一个研究生在用目的语讨论其研究领域范围内的问题时可能会比其讨论不熟悉的话题说得流利。这种语言变异现象在中介语当中是大量存在的，而早期的中介语理论大多对学习者的语言能力持“单一语言能力”（homogeneous competence）的看法。这种观点无法对学习者语言变异现象给出合理的解释，因而语言变异的研究对深化我们对于学习者语言能力的认识有着重要的理论意义。其理论意义在于：即使是在同一阶段的学习者的语言能力也并非是一成不变的，而应该看成是一个可变的能力连续体。与此相连的问题就是如何描写学习者的这种可变能力连续体，还有就是在哪种情境下学习者表现出来的语言能力最能够真实地反映其语言能力。从这个意义上讲，语言变异研究具有方法论上的意义。关于语言变异的研究将在第六章详细介绍。

4. 关于僵化是否不可避免以及僵化的成因的讨论。Selinker 认为僵化对大部分（95%）的成人第二语言学习者来说是不可避免的。然而研究者们并不完全同意这一观点。持相反意见的研究者不但认为僵化不是不可避免的，同时他们对于僵化的成因也提出了不同的看法。前面已经说过，Selinker 认为学习者产生僵化是因为其激活的是“潜在的心理结构”，显然 Selinker 的解释是从心理语言学的角度出发的。从社会语言学角度解释僵化的学者们相信僵化并非完全不可避免;相反,如果学习者能够对目的语社团产生认同感,或者如果他们学习的需要足够大,那么这些学习者们就能够继续学习直到其对第二语言的感知和产出与目的语母语使用者无异为止。由此看来,对于僵化及其成因学者们还没有达成共识,然而这也从一个侧面反映出第二语言习得研究视角的多样性。

5. 关于语言迁移以及学习策略的研究。语言迁移和学习策略是 Selinker 的"潜在的心理结构"当中的两个重要心理过程。随着研究的深入,学者们对其认识也发生了一些改变。对语言迁移来说,人们发现母语迁移具有选择性,也就是说,并不是所有的母语规则都会影响中介语系统的发展。因而,进入 20 世纪 90 年代以来的核心问题是:到底什么会发生迁移,以及人们是否能够预测母语的哪些特征会影响中介语而哪些特征则不会。语言迁移显然不是单凭目的语和母语之间的异同就可以预测和解释的,除了母语之外,造成语言迁移的可能还有第二或者第三语言的影响。另外,其他因素(例如语言的标记性因素、学习策略因素等等)也会增加语言迁移的发生几率。因此,语言迁移的研究范围比最初 Selinker 的定义要更加宽泛。

早期中介语理论对于学习策略的定义是比较模糊的。根据 Selinker 的说法,学习策略是一个心理过程,而研究者需要通过可观察到的实际生成的中介语来推测学习者所用的学习策略。不难看出,这是一种"间接"的研究方法。后续研究者们主张直接地观察学习者在完成学习任务时所使用的学习策略,因而在研究方法上采用诸如口头报告(verbal report)等方法。

6.研究领域的扩展。早期的中介语研究大部分集中于语音、形态、句法、词汇等层面,而后续的关于中介语的研究突破了这个范围,对于中介语语用层面的研究也越来越多,这是第四节将要介绍的内容。

三、汉语学习者中介语研究

国内汉语中介语研究始于上个世纪 80 年代。1984 年鲁健骥发表《中介语理论与外国人学习汉语的语音偏误分析》,第一次引进"中介语"和"偏误分析”的概念，此后出现了一系列关于学习者语言系统描写的研究，其中主要是偏误分析。王建勤(1997)认为，国内关于汉语学习者语言系统描写的研究有两个特点：一是从开始就有一定的中介语理论支撑，并非是对偏误类型的简单罗列，例如鲁健骥(1984，1987，1994)对于汉语学习者语音、词汇、语法偏误分析的报告大体上是建立在中介语的理论框架之上的；二是涉及的内容涵盖了汉语研究的诸多方面，包括语音、词汇、语法、汉字、语用以及语篇等层次。

1992年召开的语言学习理论研究座谈会使国内研究者们真正开始关注汉语作为第二语言的习得研究。此次会议的中心议题之一是关于中介语理论的探讨。此次会议前后学者们进行的理论探讨主要涉及以下三个方面：

首先，关于“中介语”这个概念，学者们的主要观点有三。第一种观点认为中介语是学习者对目的语规律所作的不正确的归纳和推论而产生的语言系统，这个系统不同于母语系统也不同于目的语系统(鲁健骥，1984，1993)。这种看法指出了中介语的系统性和独立性，然而把中介语的成因归结于“对目的语规律所作的不正确的归纳和推论”则显得不够全面。如果对比 Selinker 的五个中心过程则不难发现中介语的成因显然不止于此。第二种观点认为中介语是第二语言学习者“特有的一种目的语系统”，这个系统在语音、词汇、语法、文化、交际等方面不同于学习者母语系统和目的语系统；同时，这个系统会随着学习的进展而不断向目的语系统靠拢(吕必松，1993)。这种看法与 Corder 和 Nemser 的观点相似，强调学习者的语言系统以母语为参照而不断“过渡”。第三种观点认为中介语是“两种语言的混合体”，或者认为中介语与母语、目的语“无任何联系”。这是一种误解。中介语的系统性不可能表现为两种语言的简单混合；另外，学习者也不可能凭空创造出一个与母语、目的语均毫无联系的语言系统，母语迁移现象就是一个佐证。针对这种误解，王建勤(1994)从中介语产生的诸因素及其相互关系的角度出发，介绍了中介语研究的几种具有代表性的理论模式，有助于澄清对“中介语”这个概念的认识。

第二，对偏误分析、对比分析和早期中介语理论之间的关系进行了讨论。有的学者(鲁健骥，1993)认为三者是继承发展的关系。然而，从本章第一节的论述可以看出，这三者理论基础和研究方法均不相同，因而并不存在继承和发展的关系。

第三，对中介语的研究方法作了讨论。吕必松(1993)探讨了汉语中介语研究的方法和策略，提出汉语中介语研究也应遵循观察、实验、比较、分析和描写的方法，在策略上需要把个案研究和规模研究相结合，以及把阶段性研究和全过程研究相结合。孙德坤(1993b)则构建了一个中介语研究的宏观比较框架，认为在比较研究中需要考虑的因素包括母语背景、年龄、学习环境、教学方式，同时，也应该把第二语言学习者的中介语系统和儿童习得母语的系统进行比较。王建勤(2000a)则采用微观角度，从分析留学生汉语量词误用入手，对中介语研究的理论定位、语料收集方法以及语料分析方法作了较为深入的探讨。

1992 年会议之后，汉语中介语研究一直是对外汉语界研究热点之一。众多名为"中介语"的研究绝大多数是关于学习者的语言系统的研究，其中只有一部分是基于中介语理论进行的研究，而为数不少的研究属于偏误分析，还有一大部分是从本体角度对学习者的中介语系统进行研究。显然，目前汉语作为第二语言的习得研究领域的中介语研究还有待进一步深入。

思考和练习

1. 早期中介语理论的基本假设有哪些?
2. 基于中介语理论的研究与关于中介语的研究有什么不同?
3. 你怎样看待对比分析、偏误分析和中介语的关系?

第四节　中介语语用研究

早期的第二语言习得研究关注语言形式的习得，从 20 世纪 70 年代末以来，研究者们越来越关注学习者语言的语用层面。一方面，学者们认识到如果要真正了解学习者如何学习第二语言的形式就不能不考察学习者如何在实际交际中运用所学的语言形式(Ellis, 1994: 159)；另一方面，特别是在 Hymes (1972) 提出"交际能力"的概念以后，学者们也意识到学习者的语用能力作为其语言能力的一个重要组成部分本身就值得研究(Bachman, 1990; Canale, 1983)。于是中介语语用学[①](interlanguage pragmatics)就应运而生了。

一、中介语语用学的定义

关于中介语语用学的定义散见于各研究报告中[②],Kasper and Rose (2002)认为,作为第二语言习得研究的一个分支,中介语语用学大致可以从两个角度来理解:作为第二语言运用(second language use)的研究,中介语语用学考察非母语者如何理解和产出目的语行为;作为第二语言学习(second language learning)的研究,中介语语用学研究非母语者如何发展他们理解和产出目的语行为的能力。从其发端到现在,围绕第二语言言语行为的研究占整个中介语语用研究的比重很大,因此"狭义的"中介语语用学研究的是非母语者第二语言言语行为的理解和表达,以及与第二语言言语行为相关的知识是如何获得的(Kasper and Dahl, 1991)。

二、中介语语用学的发展历程

Kasper and Rose (2002)的定义可以从一个侧面反映出中介语语用学的发展历程。中介语语用学在其发端之后的很长一段时间里不是真正意义上的"习得"研究,因为研究者们关心的是非母语者在用目的语表达和理解语用意义时与母语使用者存在着何种差异,而不太关心第二语言语用能力和第二语言语用知识是如何获得和发展的。在研究设计上,由于关注的是母语者和非母语者的差异而非不同水平学习者之间的差异,相当一部分的研究不区分学习者的语言水平,或者仅包括一个级别的语言水平[③]。尽管 Kasper 和 Dahl

---

① 在国内更为常见的名称是"语际语用学"或者"语际语语用学",这里使用"中介语语用学"的说法是为了和本章的标题一致。

② 这些定义包括在下面一些报告中:关于非母语者运用和习得第二语言语言行为模式的研究(Kasper and Blum-Kulka, 1993);关于非母语者发展和运用语言行为策略的研究(Kasper and Schmidt, 1996);关于非母语者运用和习得第二语言语用知识的研究(Kasper, 1996);关于非母语者理解、表达和习得第二语言语言行为的研究(Kasper, 1998)。

③ 通常是中级或者中高级学习者。

在1991年就提出了需要研究“运用”(use)和“学习”(learning)两个方面，其后Kasper and Blum-Kulka (1993) 和 Kasper and Schmidt (1996) 提出应更多关注第二语言语用能力发展的研究，但是上述情况一直到90年代中后期仍鲜有改变 (Kasper and Schmidt, 1996; Bardovi-Harlig, 1999)，一个明显的佐证就是在大部分中介语语用学研究报告中，研究者们把学习者称为“非母语者”而非“学习者” (Bardovi-Harlig, 1999)。到20世纪90年代中后期，中介语语用学研究的范围包括 (Kasper, 1998; Kasper and Blum-Kulka, 1993)：语用理解、语言行为的产出 (production of linguistic action)、语用能力的发展、语用迁移、交际效果 (communication effects)、语用教学以及中介语语用学的研究方法的探讨，其中学者们着力最多的是前两个方面。

然而也正是从90年代中后期开始，学者们越来越多地关注第二语言学习者如何发展其语用能力和获得语用知识的过程。在研究内容上，人们更加关注第二语言语用系统内部的发展变化，以及促成或者阻碍其发展变化的因素 (Kasper and Schmidt, 1996; Bardovi-Harlig, 1999)。根据 Kasper and Rose (2002)，这些因素包括语用教学、语言水平(或者语法能力)、学习环境以及学习者的个体差异。因为这个时期的研究与第二语言习得研究的关系更为紧密，因此本节将着重介绍与第二语言语用能力发展相关的研究成果。关于90年代中期以前的研究可以参看刘绍忠(1997)，洪岗 (2000)，陈治安，袁渊泉 (2006)。

三、语用语言能力和社会语用能力

在中介语语用学研究中，很重要的一点是区分语言行为的语用语言(pragmalinguistic)层面和社会语用 (sociopragmatic)层面。(Kasper, 1998) 按照 Leech (1983) 的说法，这两者研究内容是不一样的。前者关注的是一种语言当中形式和功能的映射问题，即哪些语言材料可以用来实施特定的语言行为，而后者研究的是某一特定语言文化社团的成员在特定的语境中如何实施和解释特定的语言行为，研究的是得体性的问题。例如在汉语里下面两句话都可以用来表达“请求”：“借我一块钱”和“对不起，实在太抱歉，您能不能借我一块钱坐车，我的钱包被人偷了，所以没钱坐车回家了”。两句话所请求内容一致，但是适用情境大不相同：如果将前者用于陌生人则无异于抢劫，而如果把后者用于好朋友之间则说明双方关系已经发生了改变。

对于第二语言学习者来说，其语用能力也包括上述两个维度：一方面，学习者需要能够表达自己的交际意图，例如请求、道歉、拒绝等等；另一方面，学习者还需要能够把自己的意图通过一定的方式恰当地表达出来，以免引起误会。按照 Kasper and Rover (2005)的观点，语用语言能力包括关于规约性手段(conventions of means)和规约性形式 (conventions of forms) 的知识和实际运用这些知识的能力。所谓规约性的手段，指的是人们惯常用来表达交际意图的方式，例如，在发出"请求"的时候，人们通常有三种方式：直接策略(例如"给我一块钱。")，规约性间接策略(例如"你能给我一块钱吗?")，以及非规约性间接策略，即暗示(例如"我今天忘记带钱包了，坐不了公共汽车，怎么办?")①；而规约性的形式指的是具体实现规约性手段的语言形式，例如疑问这种语言形式能够被用来实现间接的请求。至于社会语用能力则包括如下一些知识：关于交际行为和权势 (power)、社会距离 (social distance) 以及强加度 (imposition) 之间关系的知识，关于交际双方权利义务 (mutual rights and obligations)、禁忌以及规约性行为 (conventional practices) 的知识。在很多情况下，第二语言学习者因为缺乏对上述社会语用知识的了解而被目的语社团成员视为不礼貌甚至粗鲁。例如，在俄罗斯，香烟是一种免费物品(free goods)，因此陌生人之间相互索要香烟是很正常的，可想而知，当俄国人向一个陌生中国人要一根烟抽的时候，那个中国人会多么"惊讶"。

四、第二语言语用能力的发展

如前所述，关于第二语言语用能力发展的研究相对较少。现有的研究考

① 规约性间接策略和非规约性间接策略的差异在于说话人语用意图的直白程度。以请求为例：在特定语境中，"你能开一下窗户吗?"和"这儿真热啊!"都可以表达说话人请求听话人打开窗户的意图。但是前者的交际意图更为明显，因为询问听话人的能力是在汉语里通常(规约性地)被用来实施请求，而且听话人在理解上通常也不会有问题；然而后者则不同，因为陈述个人的感受并不是通常用来实施请求的方式，仅在某些语境中有效。

察了以下几方面的内容：语用理解（pragmatic comprehension）能力的发展、语用和语篇能力（pragmatic and discourse ability）的发展、实施言语行为（speech acts）能力的发展、语用迁移（pragmatic transfer）。在上述研究范围内，关于第二语言言语行为的研究成果最为丰富，因此下面的讨论将围绕第二语言言语行为展开，语用迁移后面会有单独介绍。关于实施第二语言言语行为能力的发展涵盖了诸多言语行为，迄今为止已经有相关研究的言语行为包括：请求（request）、道歉（apology）、建议（suggestion）、拒绝（refusal）、问候（greeting）、感谢（gratitude）、抱怨（complaint）、批评（criticizing），等等，其中以关于请求的研究最多也最具有代表性，为此下面的讨论将以"请求"为例。

根据第二语言语用能力的定义，第二语言语用能力的发展也可以从语用语言和社会语用两个维度来考察。在语用语言方面，最令人兴奋的是 Kasper and Rose（2002：140）在 Achiba（2002）和 Ellis（1992）两个纵向研究的基础上整理出一个英语为第二语言的学习者（儿童）实施请求言语行为的发展阶段，如下表：

表 3－1

阶段	特征	例句
初始阶段（Pre-basic）	高度依赖语境，无句法结构，言语无法体现交际双方关系	Me no blue. Sir.
套语阶段（Formulaic）	依赖未加分析的套语（formula）以及祈使句（imperative）	Let's play the game. Let's eat breakfast. Don't look.
分析阶段（Unpacking）	开始更加灵活地运用套语，开始使用规约性间接（conventionally indirect）策略	Can you pass the pencil please? Can you do another one for me?
扩展阶段（Pragmatic expansion）	进一步习得语用语言形式，更多地使用修饰语，句法更加复杂	Could I have another chocolate because my children—I have five children? Can I see it so I can copy it?
调试阶段（Fine-tuning）	能够依据交际对象、交际目标以及语境选择恰当的请求方式	You could put some blu tack doe there. Is there any more white?

转引自 Kasper and Rose（2002：140）

需要指出的是，由于 Ellis (1992) 和 Achiba (2002)的研究对象是儿童，因此这五个阶段是否适用于描述成人英语第二语言学习者还有待证实。另一方面，Ellis 和 Achiba 都是以英语为研究对象，因而上述发展阶段的特征并不一定适用于其他语言的特征①。最后，由于纵向研究的被试一般较少，上面列出的五个发展阶段还需要有横向研究的结果来证实，因为后者一般包括数量比较多的被试，因而结论也更具有外推力和说服力。

由于受到语料收集方法的限制②，已有的关于第二语言请求的横向研究大多数没有包括最初阶段的第二语言学习者。从现有的研究结果来看，中高级学习者通常能够运用和母语者同样的请求策略，但是其分布和母语者不同。随着语言水平的提高，学习者言语行为实施方式的分布趋近于母语使用者，但是仍然存在差异。以英语为第二语言为例，一个明显的趋势就是随着学习者语言水平的提高，规约性间接请求策略的比率不断增多，同时直接请求方式的比率则不断下降，从而越来越接近但是仍未达到英语母语者水平 (Hill, 1997; Rose, 2000)。以汉语为研究对象的研究非常少。在薛秋宁 (2005) 的试探性研究中，她考察了来自不同母语背景的，处于初中高三个汉语水平的来华留学生习得汉语"请求"的情况，其研究结果同样证实了上述发展模式。不同的是，随着学习者语言水平的提高，留学生直接请求策略的比率不断增加，而规约性间接请求策略的比率不断下降，从而在请求方式的分布上不断接近汉语母语使用者水平。在诸多研究中，Hill (1997) 的研究较有启发性。与大多数研究不同，Hill 不但考察了请求策略大类(直接、规约性间接、非规约性间接)的发展情况，而且还分别研究了每个大类下面小类的习得情况。结果表明，尽管随着第二语言水平的提高，日本英语学习者在请求方式的大类分布方面越来越接近母语使用者，但是小类的发展呈现出不平衡的状况，各小类的使用频率或者高于母语者水平，或者低于母语者水平。这个研究的启示在于：在

---

① 研究表明在汉语里直接请求的方式也非常普遍 (Lee-Wong, 2000; 李军, 2001)，因此第三个阶段的特征未必适用于汉语。

② 这些研究采用的方法有：语篇补全测试 (Hill, 1997；薛秋宁, 2005)，角色扮演 (Trosborg, 1995)，或者口头语篇补全测试 (Rose, 2000)。

研究言语行为实现方式时,仅关注大类别可能会导致高估学习者实际的语用语言能力,研究者有必要对学习者言语行为实现方式的小类进行考察。

在已有的文献中,研究者们除了研究语用语言层面的发展情况以外,还探讨了第二语言学习者社会语用层面的习得情况。通常的做法是:通过设置一些情景变量来考察学习者是否能够根据情景变量调整其言语行为实现方式。一般来说,情景变量包括交际双方的权势关系、社会距离等等。到目前为止,这方面的研究得出了下面一些结论:首先,儿童第二语言学习者在社会语用层面发展缓慢,在整个 6 个学期的观察过程中[①],Ellis (1992) 几乎没有发现他的两名儿童被试能够根据情景的不同调整请求策略,Rose (2000) 的横向研究也支持这一结论。第二,成年第二语言学习者具备相当的具有普遍性的语用知识 (universal pragmatic knowledge),但这并不意味着他们能够在实际交际中有效地运用这种知识。例如,当学习者在一个特定的语境中需要发出请求时,他首先要具备语用语言知识,知道在目的语中有哪些材料(形式)可以用来表达请求意图(功能),同时,学习者需要根据特定的情景运用其社会语用知识来决定选择最恰当的请求方式。如下图:

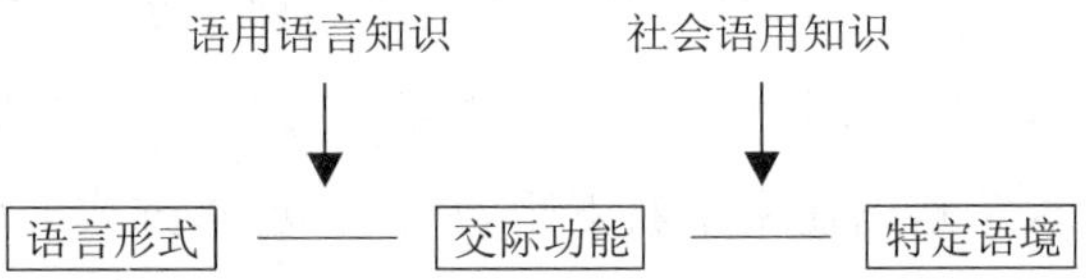

图 3-1

很明显,在实际情况中,学习者很可能因为缺乏语用语言知识或者因为不能建立起正确的形式—功能—语境的联系而无法有效地运用其社会语用知识。第三,成人学习者能够根据不同的语境调整第二语言言语行为实现方式,但是这种调整反映了母语社团的社会文化准则。例如,在 Hill (1997) 的研究中,日本英语学习者在对上级发出请求时比对同等地位的听话人实施请求时运用更

① 这个研究有两名被试,Ellis 对其中一名跟踪观察了 6 个学期,另一名跟踪观察了 4 个学期。

多的间接请求策略，同时，在对上级发出请求时比对同等地位的听话人实施请求时运用更少的直接请求策略，然而这些结果正好和英语母语使用者的情况相反。第四，成人学习者能够根据不同的语境调整第二语言言语行为实现方式，但是这种调整既不同于目的语社团也有别于母语社团（Trosborg，1995；Barron，2003；Scarcella，1979）。第五，学习环境对学习者的社会语用能力发展具有促进作用。例如，在 Achiba（2002）和 Schmidt（1983）纵向研究中分别观察到了第二语言环境中的儿童和成人学习者在实施请求时社会语用层面的发展。显然，目的语环境能够为学习者提供充分的输入和交流机会。当然，这一结果还有待于横向研究的验证。

五、第二语言语用能力和第二语言语法能力的关系

第二语言语用能力有其自身发展的规律，然而作为交际能力（communicative competence）的一个组成部分的语用能力显然不是孤立于其他成分的。特别是语用语言能力和语法能力之间有着千丝万缕的联系。举个例子，在用英语实施请求时，可以通过使句法结构复杂化的手段来表示礼貌，比如下面的这种结构“I was wondering if it is possible...”。显然，如果学习者没有掌握过去进行时或者 if 从句，那么他不可能运用这种方式来表示礼貌的请求。因此，第二语言语用能力的发展和第二语言语法能力的发展的关系值得探讨。从现有的文献来看，存在着两种截然相反的观点，而且两种观点均有实证研究的支持。

第一种观点认为第二语言语法能力先于语用能力。持这种观点的学者有三条证据：第一，第二语言学习者在明显具备某一特定语法结构知识的情况下并不能很好地运用这种语法知识表达或者调整其语用含义。换句话说，学习者虽然掌握了某种语法形式，但是却对其语用功能不了解。例如 Takahashi（1996）发现，虽然高水平的日本英语学习者具备了有关英语从句的语法知识，他们却不使用像“I was wondering if you could VP.”这样的结构来实施礼貌的请求，显然是因为不了解这个特定的语法形式和其语用功能之间关系。第二，第二语言学习者能够运用其语法知识表达语用语言含义，但是实际生成的言语和母语使用者通常采用的方式显著不同。例如 Bodman and Eisenstein（1988）

发现非母语使用者在用英语表达感谢时会说出下面一些句子："May God increase your bounty.""May God grant you a long life.""You are a blessing to us from God."（转引自 Kasper and Rose，2002：181）。这些从母语翻译过来的句子虽然能表达说话人的感激之情，但是却不是英语母语者惯常使用的感谢语。第三，学习者具备某个语法形式的知识，同时也知道使用这种形式能够表达何种语用语言功能，但却不能恰当地运用这种形式—功能对应关系。换句话说，就是学习者的社会语用能力落后于其语用语言能力。对于这一点，Bardovi-Harlig and Hartford（1991）的研究能够说明问题。他们发现，在非母语（英语）者研究生用英语拒绝导师的选课建议时并不像操英语母语的研究生那样采用比较明确的、但是经过修饰的拒绝策略，而是采取了不断提问的方式间接地拒绝导师的建议。虽然采用不断提问的方式的确能够表达间接的拒绝，而且在某些场合下也是恰当的，但是在与北美大学研究生导师讨论选课的情景中并不恰当。显然，上述三个方面均支持语法能力先于语用能力的立场。

然而并非所有的研究结果都支持这样的观点。例如在 Schmidt（1983）历时三年的纵向研究中，其日本被试 Wes 的英语语用能力和语篇能力取得了长足进步，但是其语法能力却一直处于僵化的状况。另一方面，研究者们也相信，对于成人第二语言学习者来说，他们可以依靠普遍的语用知识和能力（universal pragmatic knowledge and abilities）来完成第二语言的交际任务，因为不同社会文化社团的成员能够运用相似的语言手段来完成相似的交际目的①。例如大部分言语社团的成员在实施请求时都存在直接、规约性间接以及非规约性间接三种方式。因此，第二语言学习者在掌握了至少一种语言的语用体系后能够依赖其母语所带来的普遍的语法知识表达第二语言的语用意图。（Bialystok，1993）

面对这两种看似对立的观点，Kasper and Rose（2002：187—188）认为，如果考虑到处于不同阶段的第二语言学习者所面临的不同的学习任务，那么

① 这一点在以往很多研究中得到证实。较著名的一个研究项目是"言语行为实施的跨文化研究项目"，即 Cross-Cultural Speech Acts Realization Project（CCSARP），见 Blum-Kulka，House and Kasper（1989）。

这两种观点并不矛盾:在成人第二语言学习者初级阶段,他们通过已有的语用知识整合所有已经具备的和正在学习的语法知识来完成第二语言交际任务。随着学习的深入,学习者的学习任务发生了改变,他们需要逐渐了解已有的和正在学习的语法形式的语用含义,包括语用语言含义和社会语用含义。这个过程的进展快慢在每个语法形式上是不同的,同时它也会受到其他因素的影响,例如是否有第二语言以外的其他语言的促进或者阻碍作用。需要指出的是,在相关研究还非常缺乏的情况下,上述看法还有待于更多研究的支持。

六、语用迁移和第二语言语用能力

Kasper (1992: 207) 认为,语用迁移指的是学习者所具有的语用知识对第二语言语用信息的理解、产出以及学习所施加的影响,这种语用知识指的是与第二语言以外的语言和文化相联系的语用知识。从这个定义可以看出以下两点:首先,Kasper 把语用迁移理解为一种影响 (influence),既然是一种影响,那么不但要考察影响的结果是什么,还要研究哪些因素造成了这样的影响。换句话说,不仅要关注语用迁移的结果是什么,哪些东西发生了迁移,还要关注造成语用迁移的原因,探究语用迁移发生的过程。第二,Kasper 的定义不仅关注第二语言的语用理解和产出,同时也关注语用学习过程。这就是说,语用迁移不仅表现为一种静态的现象,还会随着学习者第二语言习得的深入而动态地变化发展。

根据语用语言和社会语用的区分,Kasper (1992) 进一步探讨了语用语言迁移 (pragmalinguistic transfer) 和社会语用迁移 (sociopragmatic transfer)。语用语言迁移指的是学习者母语中特定的语言材料 (linguistic materials) 所含有的言外意义以及礼貌价值对其第二语言形式—功能映射的感知和产出过程的影响 (Kasper, 1992: 209)。例如,中国人会采用道歉的方式来表达感谢之情,比如到别人家做客在道别的时候说:"不好意思,麻烦你了。"在这个语境中,道歉的形式能够表达感谢的功能。然而如果中国的英语学习者在和英语母语者交际时也采用同样的方式表达感谢之情,这时就发生了语用语言迁移。至于社会语用迁移,Kasper (1992: 209) 认为,在理解和运用第二语言的语言行为时，学习者可能会主观地认为某个特定的语境等同于母语环境的某个语境，在这种情况下，学习者依靠对于母语语境的估计来实施第二语言的语言行为，这时社会语用迁移就会发生。Jenny Thomas (1983) 曾经举过一个生动的例子：在俄国任教时，她发现她所在大学的校长不顾客观原因，"严厉地"批评每一个老师没有完成教学任务。而每个老师都需要严肃地站起来接受批评并且承诺下次会做得更好。作为英国人，她无法理解其中的原委。因此当轮到她站起来接受批评时，她终于忍无可忍，站起来和校长针锋相对以维护自己的权益。她的举动引起全场一片哗然。后来她才知道，俄国校长的这种做法只是一种必要的程序，因此教师们大可以不去理会。Jenny Thomas 当时并不知情，而且一直站在英国人的角度来看待这一现象，其误解也就不可避免了。

在关于语用迁移的研究中，学者们较为关心的是为什么母语中的某些成分会发生迁移而其他一些则不会。不少研究者从考察学习者对语言特殊性和普遍性的感觉的角度来研究母语可迁移性。(Takahashi, 1996)这些研究结果表明，如果学习者感觉某些语用特征为第一语言所独有，迁移可能就不会发生；相反，如果学习者感觉第一语言的语用特征具有普遍性，从第一语言到第二语言的迁移就会发生。

如前所述，语用迁移是一个随着学习者语言水平提高而动态发展的过程，因而很多研究者也考察第二语言水平和语用迁移之间的关系，然而至今两者的关系尚无定论。Takahashi and Beebe (1987) 提出第二语言水平和语用迁移正相关的假设。他们认为高水平的学习者有足够的驾驭第二语言的能力，因而较之低水平的学习者来说更能够迁移第一语言中的社会文化准则。这一假设得到了一些研究的支持（例如 Hill, 1997)，然而另外一些研究得到了相反的结果。为了检验 Takahashi 和 Beebe 的假设，Maeshiba 等人(1996)在中、高两个级别上考察了日本英语学习者的道歉策略，发现较低水平的学习者相对于较高水平的学习者来说更容易迁移第一语言的道歉策略：高水平学习者仅在两个情境中依靠第一语言的道歉策略，中级水平的学习者却在六个情景中迁移了第一语言的道歉策略。因此，Maeshiba 等人的研究并不支持 Takahashi 和 Beebe 的假设，相反却暗示了语言水平和迁移负相关的可能性。Takahashi (1996) 的研究结果既不支持正相关假设，也不支持负相关假设。不难看出，语言水平和语用迁移之间的关系并不是一两句话能说清楚的。相对于语言水平，其他因素对语用迁移的影响可能更为直接（Takahashi，1996），当然，这一点也仍然有待于实证研究的验证。

七、第二语言语用教学

教学的作用一直是第二语言习得领域的重要课题。但是关于第二语言语用教学的研究并不多。综观第二语言语用教学的研究，大致可以分为两大类。一类是"观察性"(observational) 研究，另一类是"介入性"(interventional) 研究。(Kasper，2001)"观察性"研究针对课堂教学过程 (process)，不以教学结果为主要研究对象，或者即使涉及教学效果，也包含于对课堂教学过程的分析之中。此类研究以真实的语言课堂为基础，因而研究目的并不一定针对语用教学。[①] "介入性"研究则不同，研究的目的就是考察特定的教学处理对于学习者习得特定的语用教学目标的影响。比较而言，"介入性"研究语用教学目的性更为明确，因此下面的讨论将围绕此类研究展开。在"介入性"教学研究中，学者们主要探讨了下面三方面的问题：第一，第二语言语用是否可教？第二，语用教学是否比无语用教学效果好？第三，什么样的教学方法对促进第二语言学习者语用能力发展最为有效？

针对第一个问题，以往的大部分研究结果证明大多数第二语言的语用项目是可以通过教学的方式使学生掌握的。对于零起点的学习者，研究表明尽管学习者还不能对所学内容进行分析，但是简短的套语 (routine) 可以通过教学使之掌握。(Kasper and Rover，2005)对于高水平学习者来说，教学依然有必要，因为较高的语法水平并不必然带来较高的语用能力。(Bardovi-Harlig，2001)有研究表明对于在自然环境较难习得的一些语用项目，可以通过教学促进高水平学习者掌握。相比较而言，围绕中等水平的学习者的研究最多，

① 对于"观察性"研究的回顾可参看 Kasper (2001) 的文章。

但是研究结果也不尽相同。在有的研究中，学习者明显地从教学中受益，在其他的研究中，学习者仅在很少一些教学项目上取得明显进步，或者和控制组没有差别，或者仅仅对一种教学方法敏感，或者取得的进步在日后消失。（Kasper and Rover，2005）对于这些不一致的结果，各个研究者的实验设计、施测过程以及学习者的学习背景都可能是潜在的影响因素。总的来说，现有的为数不多的研究支持第二语言语用可教这样的观点。（Kasper and Rose，2002：273）

对第二个问题的研究结果较为一致，即第二语言语用教学的效果相对于无语用教学来说对促进学习者语用习得是非常明显的。（Kasper and Rose，2002：273；Kasper and Rover，2005）需要指出的是，语用教学效果明显并不意味着没有接受语用教学的学习者就不会有进步。研究表明，在目的语环境中的第二语言学习者在没有语用教学的情况下同样能够取得不小的进步，而外语环境中的学习者则难以取得相应的进展。（Kasper and Rose，2002：257）另一方面，语用教学也不是一直有效，对于有些语用项目来说教学的效果并不明显。（Yoshimi，2001）

关于第三个问题，现有的研究表明在多数情况下，明晰的（explicit）教学方法结合充分的练习能够达到最佳的教学效果。在这方面，Takahashi（2001）的研究较有代表性。她考察了四种教学方法对于日本中级英语学习者习得英语规约性间接请求策略的效果。这四种教学方法分别是：(1)明晰地教学，即把目标结构的形式—功能关系明确地解释给学生；(2)让学生把自己的请求策略和母语使用者的请求策略进行比较；(3)让学生在给定材料中找出目标结构；(4)让学生听实施请求的录音，然后阅读录音文本，最后回答一些关于意义理解的问题。研究结果表明，接受明晰教学法的学生在对四种目标请求策略的掌握上明显优于接受其他三种教学方法的学生。

八、学习环境与第二语言语用能力发展的关系

学习环境对于第二语言习得的作用一直是研究者关心的话题。在中介语语用学的研究范围内，学习环境包括了教学环境和非教学环境。到目前为止，

对于学习环境对第二语言语用能力发展的影响基本上取得了如下三个结论(Kasper and Rose, 2002: 230):第一,目的语环境并不必然地促进第二语言语用能力的发展;第二,在目的语环境的居留时间的长短并不能准确地预测学习者第二语言语用能力;第三,课堂教学对于第二语言语用能力的发展具有很大的帮助。

九、国内学者的相关研究

国内在中介语语用学方面的研究起步较晚。因此引进、介绍和述评的工作一直受到国内学者的重视。这些研究既包括对中介语语用学的整体介绍述评(何自然,1996;刘绍忠,1997;洪岗,2000;王琼,2001;李萍,郑树棠,2005;陈治安,袁渊泉,2006),也兼顾对某些代表性著作的简介(冉永平,2004;徐学平,2004;刘绍忠,廖凤荣,2006)。与此同时,学者们对中介语语用学也进行了一些理论和内容上的探讨(何自然,1997;何兆熊,1999;何自然,冉永平,2002)。在研究方法上,洪岗(2005)较为全面地梳理了跨文化语用学的研究方法,其中大部分内容可以用于中介语语用学研究。

关于汉语本体研究和汉外对比研究:以"请求"言语行为研究为例,李军(2001)对汉语使役方式选择与社会情景制约关系进行了调查研究;张绍杰,王晓彤(1997)等对汉英请求言语行为实现方式作了实证性的对比研究。此外,一些硕博论文也在这个方面作出了有益的探讨①。此外,李军(1998a, 1998b, 2003)对汉语使役行为语的话语构造提出了分析的框架。虽然这些研究对象都是母语使用者,但是其结果依然为中介语语用研究提供了研究的基础。

关于第二语言语用习得的实证研究,目前在学术期刊上发表的文章不多,然而却存在为数不少的硕士论文。从现有的研究来看,存在如下一些特点:第一,大多数研究是关于特定言语行为的研究。第二,外语专业的研究者较多,因此研究中国学生习得英语言语行为的文章较多,而以汉语为对象的研究相对来说比较少。第三,横向研究占多数,纵向研究相对较少。

---

① 例如刘国辉(2003)等。

关于第二语言语用教学研究，国内学者探讨较多的主要是外语(英语)教学和中国学生外语语用能力发展的关系，并提出了一些有益的建议。例如，学者们认为可以从增加跨文化方面的输入提高学生外语语用能力(胡文仲，1999；何自然，1988)；对于如何提高学生语用能力(跨文化交际能力)的问题也作了一些探讨(洪岗，1991；何自然，1988，1997)。然而非常明显的一点是相关的实证研究很少，所提出的建议在多大程度上能够切实有效地提高学生语用能力仍然还无把握。另一方面，英语教学研究占绝大多数，其他领域如对外汉语界在这方面的研究较少。

十、中介语语用学的发展方向

中介语语用学从其发端至今取得了长足的发展，然而作为第二语言习得研究的一个年轻的分支，其发展空间是非常广阔的。

首先，研究第二语言语用习得的相关理论建设需要加强。Kasper and Rose (2002: 15) 在回顾第二语言语用能力发展的相关研究中指出，不仅横向研究，而且纵向研究都尚无一个明确的理论指导。换句话说，现在以检验某个理论为目的的第二语言语用习得研究还不多见。Kasper and Rose (2002) 对可以用来研究第二语言语用发展的理论进行了梳理，这些理论模式包括：文化适应模式(acculturation model)、认知加工 (cognitive processing) 理论、语言社会化(language socialization) 理论、社会文化理论 (sociocultural theory)和互动交际能力(interactional competence) 模式。虽然上述理论模式都或多或少地能在现有的实证研究中找到一些支持，但是其解释力仍需要有更加明确的验证。

第二，研究方法有待改进和发展。理论和方法总是相互联系的，中介语语用学至今受到言语行为理论强大的影响，因而相当一部分研究从研究内容、数据收集到数据分析都带有言语行为理论的烙印。但是一个无法回避的问题是以言语行为理论为基础的研究在很大程度上考察的是学习者或母语者关于实际交际行为的知识，因此这些研究很难直接地告诉我们学习者在真实环境下是如何运用这些知识的。另一方面，这样的研究的潜在假设就是“学而后用”，从某种程度上忽略了实际交往对于第二语言学习，特别是对语用学习的促进作用。同时,随着各言语社团之间交往的日益密切,人们对于第二语言学习者身份的看法也发生了一定的变化,即第二语言学习者不仅仅是“学习者”,在实际交往中他们是真正的话语“建构者”。既然第二语言学习和教学在很大程度上要最终落实到实际交际上,那么在研究和教学中也应该以实际交际为出发点。在这种背景下,近年来从话语分析(conversation analysis)角度研究和培养第二语言学习者的“互动交际能力”(interactional competence)逐渐受到研究者的重视。按照 Kasper and Rose(2002:55—58)的观点,“互动交际能力”不仅是学习者的学习目标(goal),同时互动交际本身也是学习者发展培养此种能力的过程(process)。从已有的为数不多的研究中已经可以看出话语分析对于中介语语用习得和教学的巨大潜力。(例如 Huth and Taleghani-Nikazm, 2006; Kasper, 2004)当然,新的理论和研究方法决不仅限于此,从学习者内部因素出发,例如从认知加工角度出发,进行中介语语用研究也有非常好的前景。(Kasper and Rose, 2002:61)

第三,研究范围有待扩展和深化。这包括以下几个方面:(1)目前大部分研究以英语为研究对象,以其他语言为对象的研究还比较少见,特别是对非印欧语系语言的习得研究缺乏。(2)如前所述,言语行为研究在中介语语用学研究中占了大多数,但是第二语言语用层面绝非仅仅包括言语行为。(Bardovi-Harlig, 2001)另一方面,在诸多第二语言言语行为习得研究中,“请求”和“道歉”占了较大的比重,其他言语行为的研究则相对较少。(3)如果语用能力包括语用语言能力和社会语用能力,目前的研究对学习者语用语言层面的关注相对较多,考察其社会语用能力的研究相对欠缺。(4)从前面对语用能力和语法能力的探讨中我们可以看出,语用能力并非一个完全独立的体系,因此探讨学习者语用能力和语法能力的关系并作进一步的深入研究是十分必要的。(Bardovi-Harlig, 1999)(5)部分地受制于数据收集方法的影响,多数以成年第二语言学习者为对象的研究事实上没有包括真正意义上的初级水平的学习者。因此对于真正初级阶段学习者的语用能力及其发展目前了解得还比较少。(6)对学习者个体差异对第二语言语用能力的影响知道得还非常少,然而已有的研究成果至少说明学习者的年龄、性别、动机、社会和心理距离以及主观性（subjectivity）会对其第二语言语用能力产生影响。在这个方面可供研究的课题比较多。

思考和练习

1. 如何理解中介语语用学的定义？
2. 什么是语用语言能力和社会语言能力？
3. 什么是语用语言能力和社会语用能力？
4. 什么是语用迁移？

第四章　第二语言习得顺序研究

第二语言习得顺序研究产生于20世纪70年代初。当时的心灵学派从人的大脑本身去寻找第一语言获得的根源，提出了“语言习得机制”(Language Acquisition Device)。“语言习得机制”是大脑中的黑匣子，看不见摸不着，无法用解剖的方法来证实，但这种理论假设却受到当时很多学者的认可。受这种思潮影响，第二语言习得的研究者们也在自己的领域展开了探索，他们通过考察英语语素的习得情况，英语、德语等句法结构的发展，探索第二语言习得过程中是否存在普遍的习得顺序，以此来证实或证伪“第二语言习得过程也受语言习得机制的制约”。习得顺序研究最终并未得到一个一致性的答案，但这方面的探索却为当时第二语言习得研究开阔了视野，加深了对学习过程本质的认识。

第一节　第二语言习得顺序研究的缘起

第二语言习得顺序研究的产生与当时心灵主义对行为主义语言学习理论进行挑战的历史背景密切相关。行为主义(behaviorism)语言学习理论认为，语言不是一种思维现象，而是一种行为。语言学习过程就是人们的行为形成过程。这种行为跟人类的其他行为一样，是习惯的养成，是对外界刺激不断作出反应的结果。因此，外在环境因素是语言学习的关键所在。与此相反，心灵主义语言学习理论则从人的大脑本身去寻找语言习得的答案，认为语言习得是在人类与生俱有的大脑语言习得机制和实际语言接触共同作用的基础上，由学习者主动构建起来的。在这个过程中学习者是参与的、主动的、具有创造性的。外界因素(包括学习者接受的语言输入)对语言习得所能发挥的作用是有限的。

一、行为主义语言学习理论

人们很早以前就对儿童学习和掌握语言的现象产生了强烈的兴趣,并试图解释儿童学习语言的整个过程和语言学习的内在规律。到了20世纪初,一种建立在实验基础上的语言学习理论——行为主义学习理论得到了人们较为广泛地接受。

行为主义学习理论主要受到俄国生理学家巴甫洛夫(Pavlov)"条件反射"的启发和影响。"条件反射"主要指在特定的条件下,通过重复性的反射作用使动物的某种习惯得到强化,并逐步固定下来。其中,实验研究就是通过不间断地使叉子发出声音让狗养成了唾液习惯。

1920年研究动物条件反射的科技首次应用到人身上,早期研究成果进一步肯定了这样一个信念:大凡人类行为都是由人类的外在环境及事物控制的,而不是由人的内在因素,如大脑控制的。(靳洪刚,1997:10)

"条件反射"的实验结果为探讨儿童语言习得开辟了一条新途径,同时为之后行为主义学习理论的建立打下了重要基础。人们开始从理论和实验两个角度探讨儿童习得语言的过程,并在观察的基础上形成了相应观点。其中之一是,儿童学习语言也是通过对周围条件作出正确反应后逐渐形成的说话习惯,也是一个不间断的"刺激—反应"过程。例如,母亲手里拿着水杯,同时说"喝水"。这一情景多次出现后,婴儿便能够将"喝水"的形、音、义三者联系起来,并作出正确反应。在各种事物不断的"刺激—反应"过程中,儿童逐步掌握了自己的母语。

美国行为主义心理学家Skinner在其《言语行为》(*Verbal Behavior*)一书中较为系统地叙述了他的行为主义语言观。儿童获得母语的过程就是一种习惯的养成过程,包括模仿—强化—重复—形成四个步骤。儿童首先模仿自己周围听到的语言,成年人对儿童的模仿表示赞同或用其他方式进行奖励,以便强化儿童的语言,增加儿童正确说话的可能性。为了获得更多的奖励和赞同,儿童重复说过的话，逐渐养成习惯。这样，儿童的语言行为慢慢形成，直至习惯与成年人的说话方式吻合。

整体上讲，行为主义学习理论的观点可以概括为以下四个方面：

1. 语言本身就是一组刺激—反应(S-R chains)。例如，两人见面时的问好：

甲：你好！

乙：你好！出去啊！

在行为主义看来，甲首先说出"你好"，这就是刺激(stimulus)，激起乙作出回应："你好！出去啊！"

2. 语言是一种习惯，是人类所有行为的基本部分，是在外界条件的作用下逐步形成的。这种习惯和其他任何习惯行为一样，实实在在，完全可以看得见。

3. 在语言学习过程中，外部影响是内因变化的主要因素。因此，语言行为和语言习惯是受外部刺激的影响而产生变化，而不是受内在行为的影响。

4. 儿童学习语言的过程是：发出动作—获得结果—得到强化。要养成语言习惯，强化(reinforcement)非常必要。例如，一个一岁的儿童举着杯子说"还要"，父母通过向杯子里倒更多的果汁对孩子的话语进行一定的强化。学习上的成就感和他人的赞许和鼓励是帮助学习者形成语言习惯重要的外部影响因素之一。

20世纪中期是行为主义语言学习理论占据统治地位的时期。以这种理论为基础，当时在外语学习和教学中(主要在北美)盛行"听说法"(audiolingual approach)。"听说法"的核心就是将外语学习看作一种机械的行为形成过程。要有效地学习语言，必须使学习者的语言行为"机械化"、"自动化"。语言学习就是"过度学习"(over learning)，通过反复练习，直至脱口而出。据此人们设计出句型操练(pattern drill training)的教学模式，通过替换练习以帮助学习者不断重复目的语结构。例如：

我	买	<u>书</u>	<u>我</u>	是	外国人
		衣服	你		
		水果	她		
		本子	他们		

教师在课堂上注重讲授语言形式，即语言的框架结构，而非语言的意义和内容，并且将外语学习中出现的错误看作是母语干扰的结果，尽量避免学习者出错并及时纠正错误。

行为主义学习理论的建立为人们深入了解和客观解释语言学习现象提供了一条重要途径，使人们能够从一个新的角度认识语言学习规律及其过程。但是，行为主义语言学习理论完全强调外部条件在母语习得过程中的作用，认为是外部环境为儿童提供模仿的标准，正确的反应通过强化而养成习惯，并推广运用于新的场合。从上世纪 50 年代末 60 年代初开始，这种观点受到了抨击，对它抨击最激烈的代表人物是美国语言学家乔姆斯基。

二、心灵主义语言习得理论

在儿童语言习得中存在这样的现象，儿童能够创造性地使用语言，并且能够理解和使用以前从未听到过或接触过的语言。语言习得中的"过度使用规则"现象就是儿童创造规则的最好例子之一。例如，母语为英语的儿童，在语言发展的早期阶段能够正确运用一些不规则动词的过去时形式"took、went、came"等。儿童这时可能是把"took"作为一个独立单词来使用，把"took"与"take、taken"看成是完全没有联系的不同单词，而没有把"took"作为动词过去时的不规则变化形式来看待。大约在四、五岁的时候，儿童语言中所有不规则动词全都不加区别地加上-ed 来构成过去时。于是，出现了"comed、goed、breaked"这类成年人不说的奇怪单词。再过几年，儿童就又可以正确使用不规则动词了。这种现象表明，儿童习得语言并非只是通过模仿和强化。因为在儿童接触到的语言输入中，像"comed、goed、breaked"这样奇怪的"规则"动词并不存在，不可能模仿，更不可能强化。唯一的理由是这些奇怪的词是儿童自己创造出来的。由此可见，儿童语言习得不是一个被动、消极的接受过程，而是一个能动、积极的创造过程。儿童会积极地运用各种学习策略对语言现象进行分析，逐步准确地运用语言中的各种规则。

此外，在儿童习得母语的过程中，儿童实际接触到的是具体的语言行为，具体的句子。但是儿童能够从具体的语言材料中提取出抽象的规则，这些规则间接地反映在语句里。例如,英语中"John is easy to please."和"John is eager to please."两个句子。从表面上看,结构相同,但其语义关系却不一样。前一句话是别人取悦 John,后一句话是 John 取悦别人。这种深层的语义关系不可能只靠模仿来获得。也就是说,儿童尽管可以模仿成年人的语音和词汇,但不可能模仿深层的语法和语义规则。(王初明,1990:14)

另外,儿童语言习得过程中还存在这样的现象,儿童获得的语言非常复杂微妙,与这种复杂微妙的语言相比,儿童实际听到的周围人所说的话就显得很有限了。外界对儿童语言的影响与儿童本身语言发展之间很不平衡。另外,语言学习极其复杂困难,儿童却能在短短几年之内完成,正常儿童在五岁左右就可以流利地使用母语。学习速度如此之快,可能不是行为主义的习惯形成之说能够解释的。

对于以上现象,心灵主义语言习得理论作出了自己的解释。他们认为,既然正常儿童在短短几年之内能掌握那么抽象复杂的语言,那么他们的语言习得能力只可能是天生固有的。为了描述儿童的语言习得能力,乔姆斯基提出人脑中存在一个"语言习得机制"(Language Acquisition Device),专用于习得语言。语言习得机制主要有以下几个特点:

1. 具有遗传属性,为人类独有。正常人从出生到十二岁,语言习得机制发生作用,因此所有正常人都能学会自己的母语。

2. 能使儿童加工语言材料,判断语言体系的发展,建立抽象规则。

3. 可能已经具备一些普遍的语言特征,这些特征可以在所有人类语言中找到,因此许多语法属性可能是先天存在于人的大脑中,无需学习。

可是,语言习得机制是人类大脑中的"黑匣子",看不见、摸不着,也无法通过解剖的方法来证实。为了使这个"黑匣子"变得具体化、形象化、可操作,语言学家们开始给语言习得机制寻找根据,试图在语言普遍性(linguistic universals)的探索中找到答案。"在他们看来,既然儿童一生下来就具备习得任何人类语言的能力,那么,先天固有的语法属性应是所有语言中共有的东西。"(王初明,1990:15)于是,寻找人类语言的普遍特征成为很多学者为之奋斗的终极目标。但这一终极目标能否达到,尚无法作出肯定回答。

从某种意义上说，心灵主义与行为主义在揭示语言学习本质方面并没有一个泾渭分明的是非之分。它们都是人类关于语言学习本质的理论假设。只要人类的理论假设不终止，那么关于语言学习本质的探讨和研究也将会永久地持续下去。每个理论假设提出时，其愿望都是好的，都希望向事物的本质更近一步。

三、第一语言语素习得顺序研究

70 年代初，儿童习得某些英语语素(morpheme)的过程曾一度成为研究热点。人们希望了解儿童在习得母语的过程中是否存在一种普遍的自然习得顺序(natural order)。

在英语中，语素被看作组合成词的最小功能单位。一个词至少由一个语素组成。例如英语中的一些单词，“a、the、at、on、look、listen”都是由一个语素构成。另外一些单词，“looked、listening、does、wants”都不只由一个语素构成，它们带词缀-ed、-ing、-es、-s。这些词缀也是语素，也有意义。-ed 表示动词的过去时态，-ing 表示动词的进行时态，-es 和-s 表示单数第三人称动词的一般现在时态，也可表示名词的复数形式。

儿童语言习得理论认为，尽管早期儿童的母语千差万别，语言表现形式也存在较大差异，但是儿童早期习得阶段的语言都表现出较强的普遍性。儿童单词句(The one-word utterance)、双词句(The two-word utterance)、电报句(telegraphic speech)等“真正言语”(true speech)阶段的语言在构句时以实词为主，功能词(虚词)均被省略。例如，“Cat stand up table”，“Marry want that”。说英语儿童在由“真正言语”阶段向后期语言发展过程中一个最突出的变化就是语言中出现了形态语素(inflectional morphemes)。语言研究者想知道，儿童是怎样将那些功能词和词缀加进其电报句中的。在这个过程中，语素习得变化有无先后顺序？儿童是否遵循相同的规律？

Brown(1973)在这方面进行了开创性研究。他专门挑选了 14 个英语语素，对 3 名英语儿童的长期自发性话语进行了一段时间的跟踪观察，从而了解儿童在什么阶段以及如何学会这些语素。由于儿童对某个语素从不会用到完全掌握需要一段时间，为此 Brown 确定了一个“90%”的习得标准：成人言语中需要使用某个语素的场合，被试儿童必须也能使用这个语素，而且使用准确率不低于 90%。这样才算是儿童习得了这个语素。例如，成人在 10 次场合使用现在进行时态-ing，儿童必须在 9 次或 10 次这样的场合正确使用-ing，这样规定的语言使用场合称为“强制语境”(obligatory contexts)。

Brown 的研究发现，3 名儿童习得 14 个语素的顺序非常接近。将 3 名儿童习得 14 个英语语素的平均顺序与每个儿童的习得顺序比较，差别无显著意义。这 14 个语素的习得顺序排列如下：

表 **4－1**

顺序	语素	儿童语言样例
1	现在进行时态-ing	Girl playing
2	介词 on	Boy on horse
3	介词 in	Truck in water
4	名词复数-s	cats, boys, fishes
5	动词过去时的不规则形式	came, fell, went
6	名词所有格’s	Jack’s, Bob’s, Chris’
7	系动词的非缩写形式	I am happy. He is happy. You are happy.
8	冠词 the, a	a dog, the dog
9	动词过去时的规则形式-ed	jumped, jogged, wanted
10	第三人称现在时规则形式-s	talks, sings, watches
11	第三人称现在时不规则形式	He does, She has
12	助动词的非缩写形式	I am playing. She is playing. You are playing.
13	系动词的缩写形式	I’m happy. Pat’s happy. Joe’s happy, You’re happy.
14	助动词的缩写形式	I’m playing. Pat’s playing. Joe’s playing. You’re playing.

Brown 采用的是“纵向”(longitudinal)研究，是在一段较长时间里对一个或一组儿童进行跟踪观察，用相对精确的方法记录下儿童的言行举止。与“纵

向”研究相对应的是“横向”(cross-sectional)研究。后者不需要长时期观察整个过程，而是在语言发展的某一点上收集材料。研究者把不同年龄的儿童分成几组来比较在不同年龄段儿童语言能力的差别。Villiers J. and P.de Villiers(1973)就采用了横向研究方法，考察了 21 名英语儿童习得上表中 14 个语素的情况，根据语素使用的准确程度得分来排列语素顺序。结果发现，语素使用的准确度顺序(accuracy order)与 Brown 的语素习得顺序(acquisition order)相似。该实验进一步证实了 Brown 的发现，儿童习得英语中的某些语素存在一定顺序。

四、第二语言习得顺序研究的范围

第二语言习得顺序研究包括两个方面：一是学习者习得某个特定语言项目时所经历的动态发展过程(the sequence of acquisition)。学习者对某个目的语规则的习得是一个从“零”到“完全”掌握的渐进过程。英语否定句和疑问句的习得研究表明：一是不同年龄和母语背景的学习者都经过了四个阶段，学习者对从句的习得也存在一定的发展规律；二是学习者习得多个不同语言项目时的次序(the order of acquisition)不同，语言项目有的会先习得，有的会后习得。相关研究有：学习者在习得某些语法结构时是否存在一个自然顺序？该顺序是否一成不变？母语背景、性别、学习者个体差异、第二语言水平等因素是否会影响习得顺序？第二语言习得顺序是否与第一语言习得顺序一致？Ellis(1994)将这两方面归结为学习者第二语言“发展模式”(developmental pattern)研究。

60 年代末开始的“偏误分析”主要从收集学习者的偏误入手，但这种分析方法无法提供一个学习者获得第二语言过程的全貌。研究者意识到，必须全面考察学习者语言才能揭示出这个系统的规则，才能揭示出学习者在不同发展阶段的中介语特点。第二语言习得过程是有规则的、系统的，这是第二语言习得顺序研究的一个重要指导思想。

思考和练习

1. 行为主义和心灵主义在看待语言习得方面有何不同？
2. 什么是“语言习得机制”？有哪些特点？
3. 第一语言语素习得研究有哪些成果？
4. 第二语言习得顺序研究包括哪两个方面？

第二节 第二语言习得顺序研究及其基本结论

一、语素习得研究

第一语言语素习得顺序研究为第二语言习得研究提供了一定的基础，其实验结果和方法很快引起了第二语言习得研究者们的关注。从上世纪70年代初开始，以第二语言学习者为对象的语素研究开展起来。

Dulay and Burt(1973)进行了开创性研究。他们提出的问题是，在英语第二语言习得中，对某些语言结构的习得是否存在某种共同顺序。他们调查了在三个不同地方学习英语的151名西班牙儿童，年龄在5到8岁之间。这些儿童都在说英语的自然环境中学习英语。研究者横向考察了8个英语语素：英语复数-s，进行时-ing，系动词 be，助动词 be，冠词 the/a，动词过去时的不规则形式，动词现在时第三人称单数-s，所有格’s。结果显示，在三个不同地方学习英语的西班牙儿童，习得这些语素的顺序非常接近。他们由此得出结论：西班牙语儿童按照自然的顺序习得8个英语语素。然而，这个顺序与 Brown(1973)的英语儿童的英语语素习得顺序不太相同。Dulay 和 Burt 对此作出了解释，认为年龄大的儿童认知能力更成熟，认知能力的差异导致了语素习得顺序的差异。

接着，Dulay and Burt(1974a)又考察了60名西班牙语儿童和55名汉语儿童习得英语11个功能词的情况。调查方法采用的是双语句法测量(Bilingual Syntax Measure)，研究者用事先设计好的问题询问儿童具体的事情，形成自然交谈的气氛。例如,指着图片上一个很胖的卡通人物问"Why is he so fat?"儿童大都会说出"Because (s)he eat(s) too much,(s)he eats all day."这样的语境就是动词第三人称单数语素必须出现的"强制场合"(obligatory occasion),每一个这样的场合就按一个测试项(test item)来统计。正确使用语素计2分,不正确使用语素计1分,没有使用语素计0分,每个"强制场合"按2分计算作为分母,同一语素运用的累计得分除以分母,得出的比率为该语素的使用正确率,也被解释为"难度"。他们发现,虽然每个儿童的习得顺序存在一些个别差异,但西班牙语儿童和汉语儿童习得英语11个功能词的顺序很接近。他们由此得出结论:语素习得的自然顺序不受母语影响,母语干扰不是一个重要因素。Dulay和Burt认为,由于在第二语言习得中存在着某些共同的习得顺序,第二语言学习者的语言应该作为一种独立的"中介语言"来研究,而不应该从第一语言和第二语言之间关系的角度来研究。

上面Dulay和Burt的两个研究都是关于儿童的。Bailey,Madden and Krashen(1974)则考察了成人的情况。他们选择了73名不同母语背景的成人,调查8个英语语素的习得顺序。被试中大约有一半的人为西班牙母语者,其余人的母语分别为另外11种语言。研究根据被试掌握这些语素的准确程度,来给语素排序。他们发现成人习得语素的相对难度一致,说明成人在二语学习中使用了普遍策略。如果可以用相对难度来代表习得顺序,意味着成人习得功能词的顺序相似。另外还发现成人习得语素的准确度顺序与儿童二语的语素顺序相似,年龄差异没有影响习得顺序。第二语言偏误并不都是来自第一语言干扰,大部分偏误是语言内部的,是由普遍的语言加工策略造成的。

以上研究都是以口头表达材料为基础来推断语素的习得顺序。为了进一步证明语素顺序的普遍性,Krashen,Butler,Birnbaum and Robertson(1978)选择了4种母语背景的70名成年学习者作为实验对象,用快速写作(fast writing)和充分写作(careful writing)来收集数据。这两种方法都试图让成年学习者不要把注意力过多集中在语言形式上。结果表明,写作材料中得到的语素顺序与Dulay和Burt在口头表达中发现的语素顺序很相似(Ellis 1994:91)。

Larsen-Freeman(1976)将这方面的研究作了进一步扩展。首先是被试母语背景选择得更广，选了4种母语背景的被试（阿拉伯语、西班牙语、日语、波斯语）；其次是收集数据的方法更广，采用了听、说、读、写、模仿五个测验。结果发现，母语对语素的准确度顺序影响很小。通过不同测验得到的顺序有差异，在说话/模仿测验中得到的语素准确度顺序与前人的语素顺序相似，而读/写测验中得到的语素准确度顺序却明显不同。习得顺序反映了英语母语者使用语素的频率，先被习得的语素往往是英语母语者使用频率很高的。由于语素顺序研究都是在美国开展的，因此语素使用频率可以在一定程度上解释语素习得顺序。Krashen(1981)认为，Larsen-Freeman之所以在读/写测验中得到的语素准确度顺序明显不同于前人，是因为这些测验让被试过多地注意语言形式的使用，而不是意义的表达。例如，这样一个测验项目：Last year he (live)______ in a small town，要求被试用动词的适当形式填空。被试在这种测验项目中会有意识地运用语法规则，由此得到的语素顺序可能就不是自然的。学习者真正的语言能力只有在自发和无意识的语言交际过程中才能表现出来。要有效地测量一个人的语言能力，只能通过语言的交际使用。语素习得顺序实验是否有效取决于被试的注意力是否集中在意思的表达上。

从语素习得顺序的排列来看，人们可能会以为学习者是先学会了英语复数-s，然后再学会进行时-ing，以此类推，最后学会所有格's，似乎不同语素的习得都一定有个先后顺序。但实际观察表明，学习者每次学会的语素往往不止一个，在同一个时间段学习者可能同时学会了好几个语素。为了解决这一问题，Krashen(1982)没有按单个语素排序，而是将语素分组后以组为单位排序。同组语素基本上被看作是同时获得的。这种排序在一定程度上也解决了习得顺序中的学习者个体差异问题。下图是Krashen(1982)排列的英语语素习得顺序：

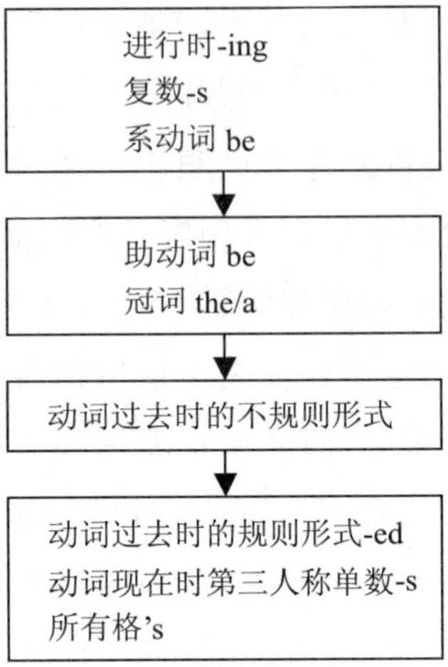

图 4－1

由于横向研究比纵向研究省时省力，因此研究者们大多用横向法来考察第二语言语素习得顺序，纵向研究则少得多。Rosansky（1976）用 10 个月时间跟踪调查了一个西班牙儿童的语素习得情况，发现这个儿童的习得顺序不同于前人在横向研究中得到的“自然顺序”。Hakuta（1974）用数月时间收集了一个 5 岁日本女孩的口语材料，发现几乎每句话中都出现了被研究的语素。以此得到的习得顺序与 Dulay 和 Burt 的不同。例如，前人横向研究中冠词在准确度顺序中排列很靠前，而这个日本女孩很晚才习得冠词。（Ellis 1994：95）Schmidt（1983）研究了一个住在夏威夷的日本画家，也发现了不同于横向研究的习得顺序。这些个案纵向研究为语素的自然习得顺序提供了反例，在一定程度上说明母语和个体差异会导致语素习得顺序产生一定的波动性。同时也使人们产生了一些质疑，用横向的准确度顺序来代替习得顺序是否有效。（Ellis 1994：95）

语素习得顺序研究在进入 80 年代以后，人们便开始逐渐失去了对它的青睐。其中一个主要原因就是“这种研究都集中在英语作为第二语言习得上，它无法推广到汉语等其他语言上，因为汉语并没有像英语那样的形态变化，如-ing，复数-s 等，因此这类研究从广义上讲是没有代表性的。另外，这类研究孤立地看待语素，而忽视了语法的特性；语法是一套结构性体制，其中的每一个成分都与其他成分有着某种联系，因此对语素习得的研究不能只孤立地看待语素，而应将其作为习得语法结构的一部分来对待”。（袁博平，1995）

尽管语素习得顺序受到了一定批评，但反复的实证研究还是表明，在儿童、成人的第一或第二语言习得过程中，某些语言结构的习得确实有序可循。当然这种顺序并不是一成不变，它会受到学习者母语、个体差异等的影响。“人们之所以热衷于研究那些看起来微不足道的词素，是因为它们容易诱发，并容易置于实验控制之下，言语中习得正确也不困难。更有意义的是，实验者可以利用结果去支持语言学习的‘创造性建构假设’（The Creative Construction Hypothesis），证明外语学习与母语习得遵循相同的过程，说明学习者有一个语言学习的‘内部大纲’，对受行为主义理论影响的传统教学提出挑战。但是，语素研究的范围只限于英语，而且实验又多半在美国开展，光靠十几个语素去给复杂的语言学习心理过程下结论，这是一种奢望。不过，语素研究向人们提出了发人深省的问题，描绘了一幅外语学习过程的新画面，使人们意识到语言学习过程中的创造性”。（王初明，1990）

二、句法结构习得研究

句法结构习得研究主要分为两大类：一是学习者习得某个特定语言项目时所经历的动态发展过程（the sequence of development），例如，英语、德语否定句习得；二是学习者习得多个不同语言项目时的次序（the order of acquisition），例如，英语疑问句习得，英语、瑞典语关系小句习得。

（一）英语否定句习得

从 20 世纪 70 年代开始，很多学者便开始考察第二语言学习者习得英语否定句的顺序。研究中学习者的母语背景涉及广泛，包括日语、西班牙语、德语等。学习者的年龄分布也涵盖了儿童、青少年、成人三个阶段。这些研究的结果表明，第二语言学习者习得英语否定句时所经历的阶段大体是一致的。Ellis（1994：99—100）将此顺序描述为以下四个阶段：

首先，使用外部否定结构，把否定词 no 放到一个肯定句之前，有时也会使用 not。

No this one.

No you playing here.

不久后，学会内部否定结构，把否定词移到句子中。虽然有时会使用 don't，但学习者此时只是将 don't 作为一个整体，不会将其分析为两个独立部分 do 和 not。

Juana no have job.

Mariana not coming today.

I don't see nothing mop.

第三阶段，否定词和助动词的连用。当然这种连用（can't，won't）最初也可能是作为一个不可分析的整体。

I can't play the guitar.

I won't go.

最后，完全掌握了否定句规则，否定语句也有了时态和数的区分。

She doesn't drink alcohol.

He didn't believe me.

否定句习得过程的普遍性可以从语用的角度来加以解释：一是因为否定句是对陈述的否定，因此否定义是句中信息焦点，往往是说话人急于先说的；二是因为话语中常见的垂直结构，即在对话中受话人直接否定前边说话人的话语。

（二）英语疑问句习得

英语疑问句的习得也具有次序性，也是一个渐进的过程，包括许多相互重叠的阶段以及过渡形式的缓慢替换。很多研究者均对不同母语背景的第二语言学习者习得英语疑问句的过程进行了考察。其中，Cazden，Cancino，Rosansky and Schummann（1975）用 10 个月的时间跟踪记录了 6 名西班牙母语者，包括儿童、青少年、成年人各 2 名，发现疑问句习得遵循以下四个发展阶段：

第一阶段，升调疑问句，主要通过改变陈述句的语调来提问。

He work today?

Sir plays football today?

第二阶段，主谓不倒装的特殊疑问句，而且常省略助动词。

What you (are) doing?

Where you go?

Why the Mary not here?

第三阶段，倒装结构开始出现在一般疑问句和特殊疑问句中，嵌套式特殊疑问句得到了发展。但学习者过度使用倒装结构，在嵌套式疑问句中也使用主谓倒装。

Can you speak Spanish?

Is he your teacher?

How can you say it?

Do you know what time is it?

I know where are you going.

第四阶段，逐渐区分出简单式和嵌套式特殊疑问句的差别，只在简单式特殊疑问句中使用倒装。

I don't know what he had.

Does she like where she lives?

（三）英语关系小句习得

Ellis(1994:101—102)指出，关系小句的习得给学习者提出了两个任务。

任务一，学习者必须了解关系小句修饰名词短语，而这个名词短语可以在动词前（作为主句的主语），也可以在动词后（做宾语或在一个介词短语里）。例如：

The man who lives next door is getting married.

We met the man who lives next door.

关于第一个任务，有些学习者在把关系小句和动词后的名词短语进行连接时出现了代词复制的情况。这时，关系代词被当做并列连词使用，连接了两个主句。

I know the student who he singing.

接着，又出现了关系小句修饰主句主语的情况。

The old men who doesn't have anything to do they take care of the dogs.

只有当学习者不再使用代词复制时，才能说明他们习得了关系小句。

Mary is a girl who is pretty.

任务二，学习者必须了解关系代词所起的作用。下面是关系代词在从句中的各种作用：

表 4-2

作用	例子
主语	The man who lives next door...
直接宾语	The man whom I saw...
间接宾语	The man to whom I gave a present...
介词宾语	The man about whom we spoke...
属格词	The man whose wife had an accident...
比较宾语	The man that I am richer than...

对于第二个任务，有些学习者会漏掉关系代词。

He has a friend lives in Beijing.

接下来，学习者又用普通的人称代词代替关系代词。

He has a friend he lives in Beijing.

最后，学习者才能掌握了关系代词的正确使用顺序。

He has a friend who lives in Beijing.

第二语言习得有关英语句法结构的研究表明，学习者在获得某个或某些语言项目时，会使用一系列的过渡形式和结构。通过这些过渡形式和结构，学习者逐渐从一个发展阶段过渡到另一个发展阶段。目的语规则的掌握不是一蹴而就的，而是循序渐进的。有的学习者可能需要较长时间，有的学习者则快得多。发展阶段的划分也不是绝对的，而是相对的，不同阶段之间存在重叠现象。第二语言学习者也要重新组合先前已经掌握的语言规则，并逐步学习新规则。在整个发展过程中，往往出现新旧语言形式并存的现象。此外，学习者的母语、个体差异等因素，也会导致习得过程产生一定的波动性。

三、汉语作为第二语言的习得顺序研究

在汉语作为第二语言习得研究领域，语法习得的研究开展得较早，成果丰厚，发展势头也很强劲。这主要是因为，无论是国内还是国外的第二语言习得研究，语法习得都占据着中心地位。汉语语法习得研究也大致可以分为两类：一类是特定的汉语语法项目发展过程研究；另一类是不同的汉语规则习得顺序研究。

（一）特定语法项目发展过程研究

施家炜(2006)将90年代以来这一领域的研究成果列表作了总结(见表4－3)：

表4－3

时间	研究的语法项目	研究对象	研究方法	研究者
1993	“了”的发展过程	两名母语为英语的留学生	个案观察	孙德坤
1995	主题突出与汉语存在句的习得	美国学生和在美中国留学生	问卷调查	温晓虹
1996	留学生“把”字句的表现分析	《汉语中介语语料库系统》	语料研究	熊文新
1997	“了”的发展过程	母语为英语的学生	个案调查＋测试	赵立江
1997	“不”和“没”否定结构的习得	《汉语中介语语料库系统》	语料研究	王建勤
1999	表差异比较的否定结构的习得	《汉语中介语语料库系统》	语料研究	王建勤
1999	“把”字句的习得	母语为英、日、韩语的学生	测试＋问卷调查	高小平
1999	“了”的习得	母语为英语的学生	语料研究	邓守信
1999	体标记的习得	《汉语中介语语料库系统》	语料研究	杨素英、黄月圆、孙德金

续表

2000	使用“把”字句的调查报告	日、韩、欧美留学生	情境表演	余文青
2000	“了”的习得	母语为英语的学生	调查研究	余又兰
2002	“得”字补语句的习得	《汉语中介语语料库系统》	语料研究	孙德金
2002	汉语单句句式的习得	一名韩国留学生	个案研究	施家炜

孙德坤(1993)对两名英语母语者(L 和 W)进行了 4 个多月的个案跟踪调查,记录了学习者习得汉语动态助词“了”(了 1)和表变化的句尾“了”(了 2)的过程。研究表明,学习者 L 习得汉语“了”经历了以下四个阶段:

1. 准备阶段,未出现含有“了”的话语。

2. “了 2”出现。

3. “了 1”出现,并与“是……的”结构混淆。

4. “了 1”、“了 2”与“过”等结构混淆。

经研究分析,学习者 L 首次使用“了 2”并不表明他已经习得“了 2”。语料分析表明,在学习者 L 的谈话中,“了 2”与前面的话语都有明显停顿。当学习者 L 注意力集中在谈话内容上时“了 2”便不会出现。因此学习者 L 刚开始使用“了 2”时可能是课堂教学的结果,是一种有意识地使用。“了 1”习得晚于“了 2”。在后两个阶段,出现了“了 1”与“是……的”、“了 1”、“了 2”与“过”等语法结构混淆的现象。孙德坤把这种混淆称作“冲突”,因为学习者在运用“了 1”、“了 2”时对相关的语法结构采取“抵制态度”。详见下面的对话:

研究者 S:你哥哥去过香港吗?

学习者 L:去过香港? 对,去过香港,对。喔……,前年他去……

研究者 S:前……

学习者 L:前天,前年去,去了香港,去香港了。

从这段对话可以看出,学习者 L 并不明白“过”的语法意义,并对“过”这一新规则采取抵制态度。由于学习者是先习得“了”规则,于是只要是遇到与过去时有关的行为，学习者脑中的“了”规则就首先被激活。这种加工策略对“过”的获得造成了阻碍。只有当学习者摆脱了这种语言加工策略的制约时，才能习得“过”的规则。

而本研究中另一位学习者W习得“了”的过程与学习者L完全不同。一方面，在该用“了”的地方，W几乎都没用。另一方面，W又在句尾大量使用“了”。孙德坤认为，句尾“了”的大量使用可能是句尾“了”已经与前面的动词和形容词构成了固定结构并被学习者过度使用。

温晓虹(1995)选择了76名在美国学习中文的美国大学生和中国留学生作为研究对象，考察在汉语存在句的习得过程中，学习者的中介语中是否有一个普遍的主题突出特征，这一特征出现在习得的哪个阶段。语料收集的办法是让学生根据所给的8个短语写8个句子，语料收集的原则是让学生不受任何限制，不受母语影响，造出自然的、表达意思的句子。将学生造出的5类句子按使用频率高低排列如下：

表4-4

第一类：处所词+有+名词短语	那个图书馆有十八本中文书。
第二类：处所词+状态动词+着+名词短语	那个图书馆的墙上挂着两张中国地图。
第三类：有+名词短语+处所词	有三十五本中文书在那个图书馆。
第四类：名词短语+处所词	三本法文词典在那个图书馆。
第五类：非存在句，句式有的属于主述题结构，有的属于主谓语结构	在那个图书馆，我看了十五本日文书。 那个图书馆的桌子、椅子都很新。

研究中收集到的语料表明，最常用的存在句式大量地出现在汉语学习的初级阶段。主述题结构是汉语存在句的中介语中的一个明显特征，且学生在学习的初级阶段就习得了汉语中最典型的主述题结构。温晓虹认为，主题突出之所以成为中介语中的一个特征，是因为人们在交际中首先要确立主题，然后围绕主题进行叙述说明，交流意思，传递信息。主述题结构符合人们语言交际的需要，符合语言急用先学的认知特点，反映了交际中的基本形式。

王建勤(1997)以《汉语中介语语料库系统》为基础，考察了不同汉语水平的英语母语者习得汉语“不”和“没”否定结构的过程。综合分析表明：

1. “不”和“没”构成的否定结构的习得过程呈现一定的顺序性，这种顺序性与否定结构的复杂程度有关。“不”和“没”否定结构的习得经历了“发生期”、“高涨期”、“稳定期”三个阶段。

2. 与“不”和“没”共现的谓词和助动词的习得过程呈现出阶段性特征，经历了从聚合阶段到爆发的一个过程。

3. “不”和“没”的习得呈扩散状，揭示了习得过程中的阶段性特征，即规则相互渗透的特征。

王建勤(1999)对表差异比较的否定结构的习得过程进行了深入研究。结果发现，学习者在习得汉语否定结构时，大量使用“和/跟……不一样”，其使用频率高于汉语母语者。研究者在对《汉语中介语语料库系统》进行统计的基础上，发现了表差异比较否定结构的分化过程：在否定结构习得的初级阶段，学习者把“和/跟……不一样”作为一个整体来运用。到了第二个阶段，学习者试图把“和/跟……不一样”运用到其他语境，从而导致这种结构分化。分化的表现之一是否定副词“不”的外化，即“不”与“一样”分离并外移。例如：

因为许多的词古代用法不是跟现代的一样的。

跟父母吵架的时候不会跟美国年轻人一样厉害。

鸟不像人一样挤，大部分有自由飞在天上周围。

之所以将这种现象称作“外化”，是因为学习者在典型结构“A 跟 B 不一样”的基础上习得了“A 不跟 B 一样”的结构。后者的习得隐含着“不”与“一样”的分离和外移两个心理过程。分化的表现之二是交际功能和语法功能的细化。随着交际需要的增加，学习者逐渐通过语境的变化来实现交际功能的细化，通过信息结构的改变来实现语法功能的细化。通过上述分析，研究者认为，“不”的外化过程揭示了学习者根据语内线索建立目的语规则的假设。外化过程本质上是以目的语规则为基础的泛化过程。表差异否定结构的分化过程是以语境认知为基础的，反映了学习者的学习策略。

杨素英、黄月圆、孙德金(1999)考察了汉语体标记“了”、“着”、“过”的习得过程。基于《汉语中介语语料库系统》的统计分析表明，学习者在习得“了”时倾向选择有终结意义的动词（“到”、“过”、“走”等）。对于非终结性动词与“了”共现、有终结语义但有条件限制的动词与“了”共现的情况，学习者较难掌握。此外，句法结构对“了”的习得也有影响。而与“着”、“过”共现的动词的语义特征也会影响“着”、“过”的习得。由此可见，汉语体标记的习得会受到体标记所依附的动词的语义特征及其出现的句法结构的影响。体标记不可能是独立习得的，与之密切相关的是句子结构与动词情状类型。该研究的意义在于拓宽了汉语时体研究的视野，引导人们更多地去关注特定句法结构的习得。

总的来说，在国内第二语言习得研究中，语法发展过程研究成果是比较多的，但是其中也存在着发展不平衡的现象。多数研究都集中在一些有限的语法项目上，而有些语言项目却很少涉及。

（二）汉语句法习得顺序研究

施家炜（2006）指出这一领域的研究仅见于对外汉语教学界对外国成人留学生汉语习得的研究，即学校教育环境下的留学生汉语作为第二语言的习得顺序研究。并将 90 年代起探讨留学生汉语作为第二语言习得顺序的研究成果列表作了总结（见表 4－5）：

表 **4－5**

时间	研究的汉语语言项目	研究对象	研究方法	研究者
1987	一些语法项目的难度顺序	9 名留学生	观察＋记录	田士琪
1997	趋向补语的习得顺序	日本留学生	选择＋翻译问卷	钱旭菁
1998	22 类现代汉语单句句式的习得顺序	《汉语中介语语料库》＋母语为英、韩、日等留学生＋中国小学生	语料库研究＋测试、问卷调查＋个案跟踪	施家炜
2000	让步复句的习得顺序	韩语、英语背景留学生	作业分析＋个案研究＋群体对比	刘谦功
2000	定语的习得顺序	泰国留学生	问卷测试	林勇明

续表

2001	“把”字句的习得顺序	韩国留学生	问卷测试	林栽浩
2003	趋向补语的习得顺序	英语母语学习者	语料库研究	杨德峰
2004	趋向补语的习得顺序	朝鲜语母语学习者	语料库研究	杨德峰

施家炜(1998)通过《汉语中介语语料库系统》语料的研究、测试和问卷调查、个案跟踪三种语料收集手段和研究方法,横向规模研究与纵向个案研究相结合,探讨了外国留学生习得22类现代汉语句式的顺序。材料的处理和统计方法采用了三种——正确使用相对频率法、阶段计分法、蕴涵量表。研究对三种统计方法获得的22类句式的习得顺序进行了相关分析及显著性检验,结果表明:外国留学生习得22类现代汉语句式表现出一定的顺序;用三种统计方法得到的习得顺序一致;不同母语背景、性别的留学生在习得顺序上也表现出很强的一致性。在此基础上,研究者提出了“自然顺序变体理论假说”。也就是说,第二语言习得中有两种“习得顺序”并存,一种是固定不变、未受任何因素干扰的“自然顺序”;另一种是在外界因素干扰下经过一定调整的“自然顺序变体”。自然顺序只是一种理论存在,它在现实中并不存在,却蕴涵于任何一种自然顺序变体中。该变体受语言教学、语言输入等外界因素和学习者自身母语背景、性格、学习风格、水平等级等因素的影响,允许群体或个体差异,而这种差异是在一定限度内的,该限度取决于自然顺序。自然顺序变体可进一步体现为一定的习得等级,同一习得等级内的句式难度相当,差不多在同一阶段习得,第二语言学习者沿习得等级由低向高习得,其发展顺序不可改变。习得等级的序列性强于习得顺序,它可能因某种原因而停顿或中止,却不能颠倒或逾越。习得等级是对自然顺序的更真实体现。

杨德峰(2003)以汉语中介语语料库中母语为英语的学生所使用的带趋向补语的句子为样本,比较初级和中高级阶段学生习得趋向补语的情况,分析了影响英语母语者习得趋向补语的因素,以学习者使用趋向补语的错误率为标准,构拟出英语母语者习得趋向补语的顺序(见表4-6)。这与钱旭菁(1997)构拟的日本学习者习得趋向补语的顺序不甚相同。

表 4-6

顺序	句式	例句
1	动词＋简单趋向补语（本义）	儿子高兴地跑来了。
2	动词＋简单趋向补语（引申义）	这想不到的消息传开了……
3	动词＋复合趋向补语（本义）	他着急地跳起来。
4	“动词＋简单趋向补语（引申义）”带宾语	在北京大学学习两个月汉语，我就喜欢上了北京。
5	动词＋趋 1＋宾语＋趋 2（本义）	一个左右分钟以后，我的朋友拿着行李跳下楼来。
6	动词＋趋 1＋宾语＋趋 2（引申义）	比起新西兰来，中国有的是人。
7	动词＋复合趋向补语（引申义）	林娜天南地北地说起来。
8	动词＋复合趋向补语（引申义）＋宾语	所以我想起来一个人。
9	“动词＋简单趋向补语（本义）”带宾语	一个学期以后我回美国去了。
10	动词＋复合趋向补语（本义）＋宾语	我走回我们的房间去。

从现有的汉语句法习得顺序研究来看，由于比国外起步晚，研究还处于探索阶段，没有形成规模。虽然成果有限，但在引进国外理论、研究方法等方面已经作出了一定的尝试。研究对象从一开始的不加区分，到母语为英语的学习者，再到日本、韩国、泰国的学习者，直至使用《汉语中介语语料库系统》，形成了研究对象细化、研究规模扩大的趋势，使研究结论的可靠性和外推性更强。从所研究的语言项目上看，研究领域也在逐步拓宽和加深。但是，多数的研究解释性不强，多以得出习得顺序为研究终点，因此，理论建树还有待提升。

思考和练习

1. 语素习得研究的基本结论是什么？

2. 句法结构习得研究得出了哪些结论？

3. 汉语作为第二语言的习得顺序研究得出了哪些结论?

第三节 第二语言习得顺序研究的理论争议

上世纪70年代的第二语言习得顺序的研究取得了许多研究成果,然而,这些研究得出的结论并不一致,在一些重要的理论问题上,学者们的看法也大不相同。这一节,我们仅就第二语言习得顺序研究的理论争议进行简要的介绍。

一、母语迁移

语言迁移从20世纪50年代进入语言教学研究领域,大致经历了三个阶段,这三个阶段反映了三种不同观点。

20世纪50至60年代,语言迁移与当时占主导地位的行为主义(Behaviorism)语言学习理论联系在一起,成为对比分析的理论基础,在第二语言习得理论中占据了重要地位。美国语言学家Lado(1957)在其《跨文化语言学》(*Linguistics Across Cultures*)中提出了"语言迁移"的概念。Lado指出,学生在接触一门外语时会发现该语言的有些特征相当容易,而另外一些特征则极其困难。其中与其母语相似的成分简单,相异的成分困难。他主张通过系统比较母语与目的语的语言和文化,来预测和描写外语学习中的困难。Lado认为,第二语言习得过程就是学习者不断克服母语与目的语之间的差异的过程。第二语言学习者普遍依赖已掌握的母语,将母语的语言形式、意义以及与母语相联系的文化迁移到目的语中。因此,第二语言习得就是用目的语的"行为习惯"来代替母语的"行为习惯"。母语是第二语言习得的主要障碍,母语和目的语之间的差异决定了学习难度,即"差异=难度"(difference=difficulty),差异越大,难度就越大。

60年代末到70年代,由于受到乔姆斯基的语言习得机制(language acquisition)、普遍语法(universal grammar)以及偏误分析的广泛影响,语言学家们纷纷对这种基于行为主义学习理论的语言迁移理论提出了异议。研究人员和教师早就发现，第二语言学习者所犯的错误不能完全归咎于母语的干扰。偏误出现的原因多种多样，有些是由于认知策略（类推、概括）使用不当，有些是学习者不懂第二语言的规则，还有的则是因为学习者先前所学的其他外语的干扰等等。此外，Dulay 和 Burt 等人的研究还发现，母语迁移在学习者产生的偏误中所占的比例不大。不同母语背景的学习者在习得同一种语言时，往往会犯相似的错误。两种语言之间的差异不一定就产生学习困难，有些差异也可能会引起学习者的兴趣，使他们更快地掌握新知识。语言之间的差异是语言形式上的，而学习难度则是一种语言心理过程，没有任何心理学依据可以将这两个概念等同起来。70 年代的语素习得顺序研究在一定程度上说明，母语对第二语言习得的影响并不像人们想象的那么严重，语言迁移在第二语言习得过程中也并非是至关重要的因素，至少母语迁移不是影响第二语言发展的唯一因素。

70 年代末 80 年代初，语言学家逐渐认识到前两种观点并非水火不相容，母语迁移再次受到人们的重视。语言学家开始探索对比分析研究的新领域，人们对母语对第二语言习得的影响的看法发生了根本性的改变。迁移不再指母语对目标语的机械迁移，而被看成是一个复杂的、受诸多因素影响和制约的认知过程。母语对第二语言习得的影响确实存在着，它与社会、心理、语言发展等因素一起共同制约着习得过程。尽管仍有人坚持认为语言迁移无关紧要，但许多人则认为这是一个解释语言习得时必须考虑的重要现象。现在，人们普遍关注的问题是，迁移是怎样影响第二语言习得的，迁移的条件是什么，它是如何与其他因素相互作用共同影响第二语言习得的。

二、“正确顺序”是否等于“习得顺序”

70 年代第二语言习得顺序研究的一个理论假设就是：学习者习得英语语素的正确率顺序，反映了学习者的习得顺序。学习者在获得目的语的过程中，使用正确率越高的目的语规则，就是越容易掌握的规则，也就是越早习得的规则。这实际上是将“正确顺序”（accuracy order）等同于“习得顺序”（acquisition

order)。针对这种理论假设,很多学者都提出了批评。

批评之一是,将"正确顺序"等同于"习得顺序"的研究方法缺乏理论根据。语素习得顺序研究仅仅考察学习者在应该使用某一语素的环境中的表现,忽略了学习者在不应该使用语素的环境中的表现。这种研究方法不能全面了解学习者语素习得的真实情况。仅以语素使用正确率作为评判标准,不能客观、准确地反映习得的真实面貌。

另外,纵向的个案研究也表明,儿童在刚开始习得第二语言时,就会通过强记和模仿正确的语言形式来进行交际。Huang and Hatch(1978)用 4 个多月的时间跟踪了一个台湾男孩习得英语的情况。发现这个男孩很早就能说出"Get out of here","It's time to eat and drink","Don't do that"等复杂句子。观察表明,儿童是把这些复杂句子作为"未分析组块"(unanalyzed chunks)来模仿记忆,然后在合适的情况下使用。这些句子都是周围人常常对他说的话。儿童懂得句子的意思,也能正确使用,但他并不清楚句中单个词的意思,也不知道句子的内部结构和构造规则。这类研究说明学习者在习得的初始阶段,并没有遵循某种顺序。这种语言发展模式显然不同于语素习得顺序。

批评之二是,语素习得顺序的调查手段不太可靠。多数研究采用的都是"双语句法测量"(Bilingual Syntax Measure),实验人员根据图片来提问或给予提示,以此来诱导被试说出被考察的语素。被试的回答可能会受到图片或提问的影响,而不是一种真实话语表现。例如当实验人员指着图片问被试"Tell me the...",被试可能就会模仿提问中的定冠词"the",从而在回答中使用"the"。被试的这种反映,并不意味着他能在日常生活交际中使用"the"。因此通过"双语句法测量"诱导出的某些数据也许不能反映学习者目的语的真实水平。如果说调查手段受到了质疑,那么由这种调查手段得出的习得顺序也就同时受到了质疑。人们有理由怀疑,语素习得顺序并非客观存在着,可能只是测量手段造成的结果。

三、第一语言习得顺序是否等于第二语言习得顺序

关于第一语言习得顺序是否等于第二语言习得顺序的问题比较复杂。这

涉及了很多重要的理论假设，如第一语言和第二语言的底层基本原则是否一样，由心灵主义提出来的在第一语言习得中起作用的语言习得机制是否还在第二语言学习中起作用等。很多学者都试图通过比较第一语言习得顺序与第二语言习得顺序来验证一些理论假设。

首先来比较一下第一语言和第二语言习得的早期阶段。这个阶段学习者语言中有一些共同特点：经历了沉默期、使用程式语（formulas）、简化句法结构、简化语义。但是也存在明显差异。就沉默期而言，所有的一语学习者都一定会经历沉默期，而很多二语学习者——特别是成年人——却没有沉默期。很多二语学习者比一语学习者更多地使用程式语。

接下来比较一下第一语言和第二语言的语素习得顺序。这里将儿童第一语言语素习得顺序、儿童第二语言语素习得顺序、成人第二语言语素习得顺序列表如下：

表 4－7

Brown(1973)儿童第一语言语素习得顺序	Dulay and Burt(1974a)儿童第二语言语素习得顺序（小组记分法得出的顺序）	Bailey, Madden and Krashen(1974)成人第二语言语素习得顺序
现在进行时态-ing	人称代词的格(主格、宾格)	现在进行时态-ing
介词 on	冠词 the，a	系动词缩写形式
介词 in	系动词 be	名词复数-s
名词复数-s	进行时态-ing	冠词 the，a
动词过去时的不规则形式	名词复数-s	助动词的缩写形式
名词所有格's	助动词	动词过去时的不规则形式
系动词的非缩写形式	动词过去时的规则形式	第三人称单数
冠词 the，a	动词过去时的不规则形式	名词所有格's
动词过去时的规则形式-ed	名词复数-es	
第三人称现在时规则形式-s	名词所有格's	
第三人称现在时不规则形式	第三人称单数	

续表

助动词的非缩写形式		
系动词的缩写形式		
助动词的缩写形式		

我们可以看到，Dulay and Burt(1974a)的二语顺序不同于Brown(1973)的一语顺序。但是Dulay and Burt(1974a)的二语顺序又与Porte(1977)的一语顺序相似。当然，这里也有研究方法的差异。Brown(1973)是在一段时间里对儿童的长期自发性话语进行的跟踪观察，而Dulay and Burt(1974a)、Porte(1977)使用的都是双语句法测量。因此，一些研究者们认为，Dulay and Burt的习得顺序只是双语句法测量这种手段造成的结果，也许并非客观存在着。

最后比较一下第一语言和第二语言的句法发展情况。研究表明，一语和二语在句法发展方面是最接近的。例如否定句的发展过程，都经历了这样的过程：首先将否定词“no”加在任何需要否定的名词前；然后将否定词转移到句中，但大都不用非缩写形式的否定词而是将“don't”、“can't”作为一个不可分析的整体来使用；最后否定句的正确形式逐渐出现。当然也有研究表明第一语言和第二语言的句法发展过程也存在一些差异。

总之，通过第一语言习得顺序与第二语言习得顺序的比较，很难得出一个一致的结论。赞成第一语言习得顺序等于第二语言习得顺序的学者，大都以语言习得机制的普遍性作为理论依据，认为第一语言习得和第二语言习得受相同的心理过程支配。而反对第一语言习得顺序等于第二语言习得顺序的学者，则强调第一语言学习者和第二语言学习者在认知能力、情感因素等方面的差异。蒋祖康(1999)分析了第一语言习得与第二语言习得的基本差别：

1. 正常儿童都能习得母语，而只有一小部分第二语言学习者能够成功地获得目的语。

2. 学习者的母语知识肯定会对第二语言习得产生一些正面或负面影响。

3. 第二语言学习者的认知机制有别于母语习得者。母语习得发生在儿童期，第二语言学习者一般都是过了儿童期的成年人。

4. 母语习得和第二语言习得的环境不同。大部分第二语言学习者接触和使用目的语的机会都很有限。

5. 有些研究者认为，母语习得依赖学习者大脑中天生的语言习得机制，而第二语言习得无法或只能部分借助语言习得机制。

6. 两者在学习动力和情感状态方面存在差异。对母语习得者而言，掌握和使用母语是他们的基本生存需要，不存在学习动力问题。而第二语言学习者的动机、情感状态则受多种因素的影响并因人而异。

我们可以看到的一个事实是，第一语言习得与第二语言习得既有差别也有相似之处，如何来解释这些同与异，需要实验研究来检验和阐释。

思考和练习

1. 在第二语言习得顺序研究中，主要存在哪些争议？
2. 关于母语迁移有哪三种不同观点？存在哪些争议？
3. 习得的正确顺序与习得的先后顺序两者之间能否画等号？
4. 第一语言习得顺序是否等于第二语言习得顺序？

第五章　克拉申的语言监控模式

“语言监控模式”(Monitor Model)也被称作“第二语言发展监控模式”(Monitor Model of Second Language Development)。这个模式最初是克拉申在上世纪70年代提出来的。(Krashen,1979)后来,克拉申又先后提出了“可理解输入”(comprehensible input)的概念及“输入假说”(input hypothesis)(Krashen,1981,1982,1985),使他最初的语言监控模式更加完善。

Ellis (1985a:261)认为,克拉申的语言监控模式当时在第二语言习得研究领域享有很高的声望。在当时已有的理论模式中,语言监控模式是最全面的理论模式。后来,由于这种理论模式本身存在许多问题,因而受到一些学者的批评。尽管如此,该理论模式仍然对第二语言习得研究产生了重要的影响。不过,现在对这种理论模式更感兴趣的是语言教师,而不是第二语言习得的研究者。

克拉申的理论模式虽被称作“语言监控模式”,实际上,语言监控模式包括“五个中心假说”,即“习得与学习的假说”、“自然习得顺序假说”、“监控假说”、“输入假说”以及“情感过滤假说”。除此之外,克拉申的语言监控模式还涉及一些与这五个中心假说相关的因素。这些因素的讨论也有助于理解语言监控模式。

第一节 语言监控模式的五个假说

一、"习得"与"学习"的假说

按照克拉申的观点，成人第二语言学习者可以通过两种独立的方式获得第二语言规则，即"习得"和"学习"。"习得"与"学习"是学习者在第二语言习得过程中经历的两种不同的心理过程，即"下意识的语言习得"(subconscious language acquisition)和"有意识的语言学习"(conscious language learning)；学习者通过这两种不同的心理过程获得两种不同类型的语言知识，即"习得的知识"(acquired knowledge)和"学习的知识"(learnt knowledge)。习得的知识是学习者下意识获得的第二语言规则的知识，这种知识是不可言说的"程序性知识"。学习的知识是学习者有意识获得的第二语言规则的知识，包括元语言知识，这种知识是可以明确陈述的"陈述性知识"。

那么，这两种语言知识是怎样获得的呢？"习得的知识"是指学习者运用第二语言进行自然的交际，关注的是语言传达的意义，通过有意义的交际，学习者接触的是"可理解输入"(comprehensible input)。在这种情况下，习得过程是自然产生的。这种知识的获得方式被称作"内隐学习"(implicit learning)。"学习的知识"是指学习者把注意力集中在第二语言的形式特征上，通过有意识的学习方式获得第二语言规则的知识。这种知识的获得方式也被称作"外显学习"(explicit learning)。

关于这两种知识的存储方式，按照克拉申的假说，习得的知识位于大脑左半球的语言区，用于语言的"自动加工"(automatic processing)；学习的知识在本质上属于元语言知识，也存储在大脑的左半球，但不一定是左半球的语言区，主要是用于"控制性加工"(controlled processing)。根据这一假说，习得的知识与学习的知识是分别存储的。在言语表达中，习得的知识是语言理解与生成的主要源头，而学习的知识仅仅用于语言输出的监控和调整。(Ellis,

1985a:261)

“习得”与“学习”是克拉申语言监控模式的核心概念。这些概念不仅可以用来解释学习者获得第二语言规则的内化过程,而且还可以用来说明实际的语言表达过程。那么,学习的知识是否可以转换成习得的知识呢?克拉申的回答是否定的。克拉申认为,习得的知识与学习的知识是相互独立的两种知识,二者是无法转换的。这就是所谓“无接口观点”(non-interface position)。克拉申提出这种观点是有一定的实验依据的。许多自然习得研究的证据表明,在习得情况下并未发生学习的过程,有时候,学习者可以先学会某个规则,但是并没有习得这个规则。也就是说学习过程并不一定导致习得过程的发生。

Seliger(1979)对此作过一个调查,为克拉申的观点提供了证据。他在课堂上让学习者描述一些图片,然后分析这些学习者使用冠词 a 与 an 的情况;此外,他让这些学习者陈述关于冠词用法的相关规则。调查分析表明,这些学习者的实际语言表达与其元语言知识不相关。也就是说,“习得”与“学习”的确是彼此独立的。

然而,有学者认为,克拉申的无接口观点过于绝对,因而提出了有接口的观点,即习得的知识和学习的知识可以互相转换。

二、自然习得顺序假说

所谓“自然习得顺序”是指儿童在习得母语规则和语言项目时遵循一种相似的习得顺序。就某种语言而言,学习者总是先掌握某些语法结构,而另一些语法结构掌握得相对较晚。例如,英语儿童一般先学会进行时-ing,复数-s,然后学会第三人称单数。这种顺序就是通常所说的自然发展顺序。

克拉申认为,成人第二语言学习者也存在着自然习得顺序。许多研究发现,尽管第二语言学习者的母语背景不同,文化背景存在差异,但是他们的第二语言习得顺序却非常相似。(Dulay and Burt,1973,1974a;Bailey,Madden and Krashen,1974)这种自然习得顺序是语言习得系统的产物,是可以预测的,与学习者通过学习获得的语法知识无关。

自然习得顺序假说实际上区分了两种不同的习得过程:自然习得顺序自

然反映的是“习得”的过程，这个过程是受学习者内在大纲支配的，因而是可以预测的；课堂语言知识的学习反映的是“学习”的过程，是受外在大纲支配的，因而这种知识的运用所表现出的顺序与自然习得顺序不同。

在克拉申看来，课堂教学对自然习得顺序是无法改变的，习得过程只能在即时的言语表达中得到体现。正式的课堂教学针对的是明确的意识过程，因而只能对学习过程起作用。因此，尽管学习者可以在课堂学习语言规则，但在习得之前，这些规则在自然交谈中是不会出现的。克拉申认为，教师的教学大纲是一个“学习大纲”(a learning syllabus)，学习者的内在大纲则是一个“习得大纲”(an acquisition syllabus)。所以，前者是无法改变后者的。

三、监控假说

所谓“监控”是对学习者“学习”知识的作用或功能而言的。在克拉申看来，学习者的言语输出主要是依靠习得的知识生成的。“学习”的知识只是用来监控学习者的语言输出过程，在成人第二语言学习中的作用相当于一个监控器和编辑器，能起的作用很有限。通过“习得”获得的语言能力使学习者可以把要表达的意思流利的说出来，而通过“学习”获得的语言知识使学习者在说话之前有意识地判断和调整语言形式。

学习者用母语表达时，可以脱口而出，不假思索，但是用第二语言表达时，人们经常会不自觉地留意自己的语言是否正确。这种“注意”或“留心”其实就是“监控”的过程。当英语学习者说“He went to Beijing yesterday”时，表达意思所需要的语言知识来自于“习得”系统，而“学习”系统中的知识所起的作用是检查“he”是不是合适的代词，“went”的时态是否正确。这种监控可以发生在语言输出之前、语言输出期间或语言输出之后。

根据监控的程度，克拉申还把学习者分成了三类：

1. 监控过多者(monitor over-users)

这种学习者时刻用学到的知识“监控”自己的语言输出。但对于多数人来说，在正常口语交流中使用监控必定会影响语言的流利程度，结果学习者说话结结巴巴，不断纠正自己的话语，过于关注语言形式的正确性而导致实际话语

"言难达意"。"监控过度"可能是由于传统教学过于重视语法规则产生的负面影响,也可能是学习者的心理状态和性格特点导致的。

2. 监控不足者(monitor under-users)

导致监控不足的原因有多种。有的学习者可能没有接触过有意识的语言学习训练;有的学习者虽然进行过有意识的语言学习,但对语言形式和语法规则掌握得不够;也有的可能是不愿意或不习惯对语言进行监控。他们使用语言时完全依靠习得过程中获得的能力,往往不受外界环境的干扰,对语言错误的纠正一般只靠自己的感觉。

3. 监控合理者(the optimal monitor user)

这类学习者是在适当的时候和场合,以不影响语言交际为前提运用监控手段。例如,在口语表述前先拟提纲,书面表达前先写底稿等。他们运用监控既适当又不妨碍交际,但在写作或有准备的发言中却尽量修改,以提高说话和写作的准确性。合理监控是第二语言学习的目标,使学习者用学得的能力来弥补习得的能力。

监控假说认为,自然交际中表达意义所需要的是习得的知识,而通过学习得到的知识只能通过"监控"过程发挥作用。那么,监控在什么情况下起作用,第二语言学习者在什么情况下才能有意识地运用语法规则。为此,克拉申提出了使用监控的三个条件:

1. 充足的时间

第二语言学习者需要有足够的时间来考虑并有效运用有意识学到的语言知识,以便监控语言输出的质量。监控的运用受语言使用方式的限制。对大部分人来说,在口头交谈中主要是表达意思,人们往往没有时间去斟酌语法,也不会注意形式,语法规则如果不是习得的,一时也用不上。运用"监控"可能会影响第二语言口语的流利程度,导致说话结结巴巴,不注意对方所说的内容。而在阅读、写作中,在事先准备的正式发言中,人们则有充足的时间斟酌措辞,检查语言形式,提高语言的准确性。

2. 注意语言形式

只有当第二语言学习者将注意力完全集中到第二语言的形式上,集中到第二语言使用的准确性上,"监控"才能发挥作用。有些时候,即使学习者有足够的时间,但由于他们急于表达意思或者太专心于说话内容,就无暇顾及语言形式的准确性。

3. 懂得语法规则

这一条件也许难以达到,因为语言结构极其复杂。目前已经描述的语言结构只是实际语言的一小部分。因此,学习者接触到的也只是目的语语法的一小部分,即使最好的学习者也不能学会教给他们的每条语法规则。这种有限性,使"监控"运用的范围和质量都受到了很大限制。

四、输入假说

输入假说是在区分习得和学习的基础上提出来的。克拉申认为该假说是其整个习得理论的核心部分,因为它回答了语言教学领域中最重要的问题,即人们是怎样习得一种语言的。

该假说指出,人们习得一种语言,必须通过理解信息或者接受可理解的语言输入。学习者的习得按照自然顺序,通过理解在下个阶段将要习得的结构来进行。输入的语言难度要略高于学习者的现有能力。如果学习者现有水平为"i",那么语言输入应有一个小的跳跃,即"i+1","1"表示稍稍高出学习者现有水平的语言知识。如果学习者在习得过程中大量接触"i+1"水平的语言材料,他们便会在理解信息的同时,自然而然、不知不觉地习得新的语言知识。同时,克拉申认为,语言习得机制不仅在母语习得中发挥作用,在第二语言习得中也同样发挥作用。语言输入的目的就是要"激活"这个机制,而激活的条件是这种语言输入必须是包含有"i+1"特征的可理解的语言输入。

总的来看,克拉申的输入假说其实包含了四个要素:

1. 输入数量。语言习得需要大量语言输入,必须为学习者提供足够数量的语言输入。

2. 输入质量。学习者接触到的语言输入必须是"可理解的",必须含有"i+1"结构,保证语言输入材料的难度稍高于学习者目前已掌握的语言知识。

3. 输入方式。语言材料主要是在语言环境中自然接收,注重语言意义的粗略调整输入。

4. 输入条件。学习者必须在情感焦虑低，情感屏障弱的情况下才能更好地接收输入。

此外，克拉申还从四个方面对输入假说进行了说明：

1. 输入假说与习得有关，而与学习无关。

2. 学习者通过理解稍稍超出现有语言能力的语言结构(i+1)，才可习得新的语言结构。对于尚未习得的语言结构，学习者还可以通过特定的上下文和情景，包括语言外信息、常识以及已经习得的语法知识来帮助理解。

3. 如果有足够的语言输入得到理解，而且实现了有效的交流，"i+1"过程就可以自动实现。

4. 说话能力是自然产生的，不是被直接教会的。

以前的结构主义语言学家提倡，先学习句子结构(句型)，然后再运用这些句型去进行交际。输入假说则与此观点恰恰相反，主张学习者要先"获得意义"，再从中习得语言结构。根据输入假说，克拉申(1985)还提出了两条推论：

1. "说"是习得的结果，而不是习得的起因。言语不是直接教会的，而是通过可理解输入来增强语言能力，从而自然产生言语。

2. 如果学习者理解了足够的语言输入，那么他们所需的语法知识就已经被自动输入到大脑中。语言教师不需要按自然顺序有意地教下一个语法结构。原因是如果学习者接受了足够量的可理解的输入，要学习的语法结构已经自动地包含在足够量的语言输入中。

五、情感过滤假说

这一假说阐述的是情感因素如何影响第二语言习得过程。第二语言习得过程中普遍存在的现象是，不同学习者的学习速度和效率各不相同，他们最终达到的语言水平也有很大差异。如何解释这种现象？克拉申认为，可理解的语言输入对于习得是必须具备的条件，但仅有这一条件还不足够。要解释学习者之间的差异，一种可能是他们接受的可理解语言的输入量不同，另一种可能是学习者的不同情感因素在起作用。这里的情感因素包括学习者的动机、自信和焦虑等。为此,他提出了“情感过滤”(affective filter)这一概念。“情感过滤”指的是阻止学习者充分利用所接受的可理解的输入来习得语言的心理障碍。也就是说,情感因素并不在整个语言习得的过程当中,其作用是阻碍或协助输入进入语言习得机制。克拉申用下图来表示这一过程:

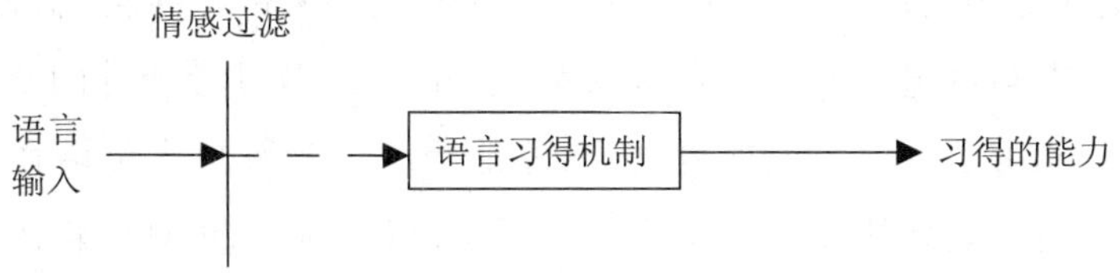

图 5-1 情感过滤器示意图

情感过滤假说把与成功的二语习得相关联的情感因素分为三大类:

1.动机。学生的学习目的是否明确直接影响其学习效果。目的明确则动力强、发展快,反之则收效甚微。

2.自信。自信会让学习者表现得更好,那些比较自信、自我感觉良好的学习者在学习中进展较快。

3.焦虑。不管是个人的焦虑程度还是整个课堂的焦虑程度,焦虑程度低都有助于二语习得,顾虑较少的学习者容易得到更多的语言输入。

根据该假说,语言学习的好坏因人而异,差别主要产生于心理方面。由于学习者在学习动机、态度和信心等情感方面的强度不同,因而形成了强弱不同的心理障碍。这种情感障碍对“可理解输入”起着过滤作用,从而影响“可理解输入”的吸收。克拉申认为,学习者动力越大,自信心越强,焦虑感越低,对语言输入的过滤就越少,从而获得的输入就越多,二语学习的成绩也就越好。相反,当学习者没有动机,缺少自信心,或心情焦虑,有防范心态,其心理屏障会增强,对“可理解输入”的吸收就越少,二语习得的效果就越差。

情感过滤假说引起了人们对情感因素的重视,许多学者在此基础上对情感因素作了进一步深入的研究。后来对二语习得颇有影响的“文化渗透”模式也是建立在对学习者情感研究的基础之上的。人们也更清楚地认识到,既然所有学习者都具有相同的与生俱来的语言习得机制,第二语言的学习环境也很相似，那么，二语习得的流利程度和所能达到的水平则可能要更多地从学习者的情感因素方面来寻找原因。

以上是克拉申语言监控模式的主要内容。在此理论基础上，克拉申提出了明确的教学方案。他认为理想的教学方案应该包括语言习得和语言学习两个方面，但他更强调语言习得的重要性。根据输入假说和情感过滤假说，他认为听和读所获得的输入必须是可理解的，且略高出学习者现有的语言水平（i+1），这样，学习者才会不断取得进步，才能吸收和理解更多的语言输入。第二语言课堂的主要作用就是为学生提供用于语言习得的可理解输入。克拉申认为，说和写是语言输出，是一种更高层次的目标，但对语言习得起间接作用。其道理很简单：你说得越多，别人对你说得也越多；你说得越好，对方输入的质量也越好。

此外，克拉申还依据其理论，制定了评价教材和教学法的六条标准：

1. 可理解输入是理想输入。

2. 可理解输入应该能够引起学生兴趣或与学生的要求有关。

3. 不遵循语法顺序。

4. 充足的输入量。

5. 不应使学生处于“防备”状态。教学法和教材不应只考查学生的能力或暴露学生弱点，而应使学生的过滤程度始终保持得很低，以便使学生乐于接受输入。

6. 教给学生一些实用的交谈方法，如怎样开始与人交谈，如何使交谈继续下去（插入语、客套话等）以及转换话题等，使学生能接受更多的输入并能控制输入的质量，达到在课外自我提高的目的。

根据是否满足理想输入的六条标准和有意识学习的要求，克拉申从应用语言学的角度对目前使用的教学法进行了分析和比较。以语法为基础的教学法，语法——翻译法、听说法、认知法和直接法等过分强调有意识的学习，不能满足理想输入的标准，情感过滤程度高，不利于语言的习得。全身反应法的优点是让学生自己决定想说第二语言时才说，学生只要按照教师所给的指令立即作出反应就行，因此可大大降低学生的情感过滤程度。但其缺点是教师不断使用祈使句，学生得到的语言输入很有限，不能满足理想输入的要求。暗示法的成功之处是让学生沉浸在一种比较轻松的学习环境里，有利于语言习得。讲解时，虽穿插些必需的语法，但这种方法仍不失为一种基本上满足理想输入的方法，值得采用。

克拉申非常推崇的一种教学法是自然法。该法的形成和发展一直受到第二语言习得理论的影响，其教学原则包括四个方面：

1. 课堂时间主要用于提供语言习得所需要的输入。

2. 教师在课堂上只讲所学语言，学生则既可讲本族语，也可讲第二语言，但对他们用第二语言作出反应时所出现的错误一般不给予纠正，只限于纠正那些影响交际的错误。

3. 对课外正式语法作业中所出现的错误给予纠正。

4. 课程的目标是注重语义。教学活动可能包括对某些结构的使用，但目标是使学生谈论思想、完成任务、解决问题。

克拉申认为自然教学途径最能为学生提供大量的可理解输入，满足学习和习得的所有要求，但它的不足之处在于它仍然是一种课堂教学方法，对某些学生来说，这就限制了他们进行有趣而真实的交际。

思考和练习

1. 如何区分“习得”和“学习”这两个概念？

2. 怎样才能为学习者提供可理解输入？

3. 情感因素是怎样影响第二语言习得的？

第二节　语言监控模式的基本证据

Krashen(1982，1985)提出了几个方面的证据来支持其监控模式，特别是输入假说。

一、与儿童的谈话方式

克拉申的模式建立在第一语言习得研究的基础上，其中儿童习得语言过程中的“母亲话语”(motherese)“保姆话语”(caretaker talk)为克拉申的理论提供了重要论据。这两种话语都是儿童在获得第一语言的过程中接触到的，是成人为了使幼儿能够听懂或懂得新的概念和事物而使用的简化语言。母亲话语具有“此时此地”特点。也就是说，父母对幼儿讲话和此地所发生的事情是直接相关的，而不会说一些抽象、遥远的事情。例如，幼儿看见苹果，母亲说“要吃苹果吗？喜欢苹果吗？”，而不说“明天你喜欢吃什么？”这类与此时此地无关的话。此时此地的特点充分说明了与儿童进行语言交流的过程中真实环境的重要意义。此外，母亲话语的句法也比较简单，句型易于理解，易于再生成，这样就能提供高质量的语言输入。母亲话语对于儿童语言的“i + 1”水平而言是一种粗略调整，而不是精细调整，并没有包含儿童下一阶段所需要的语言规则。母亲话语和保姆话语的简化都是无意识的。成人对幼儿讲话的重要特点是没有教孩子学习语言的意识。这种话语虽然很简单，但是起到了双向交流的目的。这些话语以某种交际为目的，而不是有意识地教幼儿某种语言结构。它们都是在特定环境下非常有效的语言输入方式，在帮助幼儿习得母语的过程中起到了极为重要的作用。

二、与第二语言学习者的谈话方式

第二语言学习者在课堂上也接触到了一种特别的话语——“教师话语”(teacher talk)。教师话语是教师在课堂上对学习者说出的话，其特点是语速慢、形式构造完整、句子短、句法简单。另外，在课堂外母语者对外国人所说的“外国人话语”(foreigner-talk)也具有与教师话语相似的特点，也是针对外国人的语言水平所作的调整。“教师话语”和“外国人话语”的这些特点，虽然不是导致习得的直接原因，但在很大程度上提高了语言输入的可理解性。教师、高水平的第二语言学习者和母语者在与低水平的二语学习者进行自然谈话或试图与他们进行交际时，都会调整其语言，这种调整是二语学习者非常理想的语言输入。

三、习得初期的沉默期

“沉默期”主要指习得者没有足够能力讲话的那段时间，短至几小时，长达几个月。在此期间，幼儿通过听对可理解性语言输入进行加工和整理。经过这段沉默期后，幼儿似乎下意识地习得了输入的语言。在沉默期，儿童接触和理解语言需要一个吸收和消化的过程，经过这段时间的内在消化后，才能逐步加快学习语言的进程。这个过程也是从渐进到飞跃的过程。成年人学习第二语言也是如此，他们需要积累和消化，才能逐步培养第二语言的能力，并能够使用这种能力表达自己的思想。Ellis(1994)认为，对幼儿来说，这一沉默期是必要的。因为他们需要时间发现什么是语言和语言能够做些什么。Krashen(1982)谈到沉默期为幼儿通过听建立语言能力提供了时间和机会。在通过听形成足够的能力之后，说的能力自然出现了。(Ellis，1994)“沉默期”使人们认识到在语言习得过程中“听”非常重要。通过听得到的输入应该是有实际意义的，是可以听懂的。这样才能帮助学习者进行内在的消化，进而达到产出语言的目的。同时，语言学习过程中学习者需要一定的时间，将吸收的语言信息进行内化，逐步培养使用目的语的能力。

四、儿童与成年人的差异

克拉申认为，如果是在短期内学习第二语言，成年人往往强于儿童。但是随着学习时间的拉长，儿童就会胜过成人。原因是，成年学习者具备了更多的社会经验和关于世界的知识，可以更容易地利用第一语言去克服在第二语言交际中遇到的困难，能更好地控制谈话，从而能更多地获得可理解语言输入，因此成人在学习初期比儿童进步得快。儿童之所以能随着时间的加长越学越好，是因为儿童的情感过滤程度低。

五、可理解输入越多，二语越流利

第二语言接触量越大，语言流利度越高。学习者在目的语国家的居住时间往往与他们的目的语水平成正比，时间越长，水平越高，其主要原因还是接触到的可理解输入量的差异。克拉申认为，阅读技能随着阅读量的增大而提高，在第一语言中听故事有助于词汇习得。不能理解的语言输入对习得没有作用。在第二语言学习过程中，如果采用看电视的方法，也只有在可理解的情况下才有助于习得。

六、可理解输入的缺乏，会阻碍语言习得

学习者如果接触不到可理解输入，他们的语言发展就会受到阻碍。例如，听力正常的儿童，如果他们的父母是聋哑人，并且儿童在家庭以外接触到的可理解输入也很少的话，这样的儿童语言发展可能会相当缓慢。只有在接触到足够量的语言输入，他们的语言发展才会逐渐跟上正常水平。与此相对照的另一种情况是，父母是聋哑人的正常儿童，如果能在家庭以外接触到足够量的可理解语言输入，他们的语言还是能正常发展的。

七、基于可理解输入的教学方法

基于可理解输入的教学法，如全身反应法和听力先行的教学法，明显优于传统的听说法。使用全身反应法，学习者可以在想说第二语言时才说，学习者按照教师的指令作出反应，这在一定程度上减少了情感过滤的作用。基于可理解输入的教学法，长处就在于口头表达和书面表达中都提供了可理解语言输入。而传统教学法过分强调有意识学习，不能提供充分的可理解输入，情感过滤程度高，不利于语言习得。

八、沉浸式教学法的成功

沉浸式教学法采用目的语作为学校课堂教学的媒介，课堂上主要是向学习者提供目的语语言输入。教学的目标是以语义为重点，组织学生用目的语解决问题、完成任务、沟通交流。这种自然的教学途径为学习者提供了大量的可理解输入，全面满足了习得和学习的要求。克拉申还指出，用第二语言教授其他的学术课程，如历史、数学、物理等，也能对第二语言习得产生较好的作用。

九、双语教育的长处在于提供可理解输入

双语教育中同时使用母语和第二语言，这两种语言的共同使用提高了语言输入的可理解性。因此，双语教育的长处在于向学习者提供了可理解的语言输入。

思考和练习

1. 可理解输入在第二语言习得中的作用是什么？
2. 为什么说可理解输入有助于第二语言习得？

第三节　关于语言监控模式的理论争议

克拉申的语言监控模式在第二语言习得研究领域是影响最广泛、解释最全面、综合性最强，但同时也是最具争议的理论模式。因为克拉申的理论模式触及了许多第二语言习得最基本的理论问题。但由于克拉申的假说在阐释第二语言习得的机制和过程时，观点比较鲜明，具有一定的挑战性，而有些理论观点难免失之偏颇，所以他的理论遭到了一些研究者的激烈批评。本节将简要介绍有关语言监控模式的一些理论争议。

一、关于"习得"与"学习"假说的争议

按照克拉申所说，习得和学习是两个互不干涉的独立过程。习得的知识和学习的知识不仅获得方式不同，在第二语言中所起的作用也不同。但是，很多学者认为，习得和学习过程的区别并不像克拉申所说的那样泾渭分明。克拉申从心理语言学角度将"习得"与"下意识"联系在一起，把"学习"与"意识"连在一起，使人们无法考察和检验二者的区别。McLaughlin(1987)指出，克拉申并没有对习得和学习这两个概念进行明确的定义，因此，我们也无法判断

在某些情况下学习者是处于习得状态还是学习状态。

此外，克拉申还认为，第二语言能力来自习得的能力，来自下意识获得的知识，而通过有意识学习获得的知识，只能起到“编辑器”或“监控器”的作用，习得的知识和学习的知识不能相互转换，即所谓“无接口理论”。但是有学者认为，学习者在课堂环境中学到的二语语法知识，是他们关于目的语语法理性认识的主要来源。经过反复操练和实践运用，这种外显知识（学习的知识）可以变得程序化、自动化，从而逐步转化为内隐知识（习得的知识）。学习者在课堂上掌握了一定的语言规则，有助于他们将注意力集中到必须感受的语言概念上，有助于他们提出并检验关于目的语的假设，从而有效地促进语言习得。这就是所谓“有接口理论”。Ellis(1985a:264)认为，克拉申没有对二者的认知过程作出解释，因而语言监控模式仍然是一个“黑箱”理论。所以，有些学者认为区分习得和学习没有什么理论意义，在实践中也难以区分和验证。

二、关于自然顺序假说的争议

自然顺序假说主要是建立在英语语素习得顺序研究的结论之上的。一方面，克拉申把有限的英语语素习得顺序研究结果作为语言习得顺序的证据是值得商榷的；另一方面，有些学者对英语语素习得顺序研究本身的理论假设和研究方法也提出质疑。

另外，Ellis(1994)认为，自然顺序假说主要依赖考察学习者的“语言表现”。但是，基于环境差异的研究表明，语言表现往往因语言任务的不同而有所不同。也就是说，语言任务会影响语言表现，语言表现反映出习得顺序，所以不同的语言任务就可能导致不同的习得顺序。因此，如果谈论某个单一的自然习得顺序就没有什么现实意义，因为在实际的语言使用中，习得顺序会因环境的差异而发生变化。但是，语言监控模式属于“二元能力模式”(dual competence model)，将学习者的语言能力分为两个互相独立的能力，即“习得能力”和“学习能力”。这种二元能力模式无法解释学习者由于交际任务和环境造成的第二语言习得顺序上的差异。

三、关于监控假说的争议

关于监控假说，学者们也存有很多保留意见。Gass and Selinker (1994)指出，监控假说认为监控的功能是由学习获得的知识来实现的，这也是学习的唯一功能；而从另一个角度去看，监控机制只能在产生语言的过程中发挥作用，对理解语言毫无用处。如果这一假设成立的话，在课堂中学习第二语言的人，就不会具有语言的理解能力。那么，监控功能对他们来说毫无意义。我们可以很清楚地看到这与我们学习过程的实际情况大相径庭。另外，在语言的交际与使用过程中，不存在一个绝对的标准来判定监控机制是否发挥作用，因此，我们就难判定监控假说的有效性。(蒋祖康，1999)

克拉申认为监控理论可以解释课堂教学中语言学习失败的原因，并为有效的语言学习提供指导方针。但克拉申理论所依据的调查结论多数来自一些既接受课堂教学，又使用第二语言进行交际的成年人，而接受课堂教学的调查对象则是少年儿童。克拉申自己也认为来自这些被试的材料并不是理想的样本。

根据最近几年的调查报告和结论显示，有人支持克拉申的监控理论观点，也有人排斥，但多数学者认为监控理论解释了传统语法教学法的弊病和不足，为第二语言学习的目的——完成交际任务提供了理论支持。

四、关于输入假说的争议

首先，克拉申对“可理解输入”的定义并不明确。从某种程度上讲这是一个循环论证：任何促成习得的输入一定是可理解的，因此可理解输入就是任何可促成习得的输入。他的理论缺乏明确独立的语言学定义来说明可理解输入，而且很难确定某种特定的语言“水平”。

其次，克拉申虽然强调输入在语言习得中的关键作用，可是他的“输入”却具有相当的局限性。克拉申只注重在语言学习环境中对语言材料的自然输入方式，而忽视和排斥非自然输入方式。二语习得者能够在自然交际环境中接收语言材料当然很好，因为这种材料真实、自然、富于交际意义，容易被吸收内化。然而，如果仅仅局限于自然输入途径，所接收到的输入量还是有限，也就无法达到克拉申所要求的“大量足够”的语言输入要求。实际上，输入概念既包括自然输入，也包括非自然输入，既包括粗略调整输入(roughly-tuned input)，也包括精细调整输入(finely-tuned input)。非自然输入指习得者在特定条件下，接受的语言技能强化训练，例如操练句型、背单词、词组、句型等等。精细调整输入包括学习者在学习过程中通过教材和教学参考书获得的输入，以及在课堂上所接触到的老师的讲话等等。粗略调整输入包括学习者课外所看的外语报纸杂志、外语电视电影等等。对于这四类输入在条件许可的情况下都需有效利用，以确保“大量足够的输入”。

另外，克拉申可理解输入中的“i+1”模式在实际语言教学中很难实现。语言教师无法把握语言输入到何种程度才属于“i+1”水平，而不是“i+0、i+2、i+3”水平。学习者各自学习情况不同，老师不能准确测知学生知道什么或不知道什么，他们只能猜测学生现有的i水平，无法确定“i+1”的内容和难度。因此，“i+1”模式不具有指导实践的作用，在实践中很难操作。

最后，输入假设过分强调输入，忽视和排斥输出，不利于学习者交际能力的培养。克拉申认为，习得取决于听，听是最关键的。二语习得者就是通过听，通过在上下文中理解其材料而习得语言的，学习者说不说并不重要。在听、说、读、写多项技能中，克拉申只强调接收性技能——听和阅读，忽视和排斥产出性技能——写和说。但是事实上，并无足够证据表明语言产出无助于语言习得。况且，没有说的“听”几乎是不能形成反馈的。教师怎样才能在无反馈的情况下调整输入材料来满足“可理解”的需求？语言习得过程应该是一个语言输入与语言输出的双向过程，而且输入是手段，输出才是目的。输出是对语言输入的检验、纠错和巩固的必要方式。实际上，在输出过程中，学习者可以得到他们所需要的各种语言习得的反馈。就这层意义而言，输出对语言习得具有积极的正面作用，而且是对输入的一种必要的补充。通过输入和输出的共同作用，才能实现语言学习的最终目的——用所学的语言进行交流。

总的来说，克拉申的输入假说有其合理性，但是，仍有些问题需要进一步通过实证研究来证明。

五、关于情感过滤假说的争议

McLaughlin(1987)就提出，如果说青年人的情感过滤比儿童强，学习语言更困难，那么成年人的情感因素会逐渐稳定，自我意识、不安全感和焦虑等也会降低。这是否能说他们学习语言比青年人更具优势呢？另外，儿童的情感状态也是有差异的，这是否能说缺乏自信、自我意识过强的儿童习得母语也有困难呢？

Gregg(1984)曾举过这样一个例子，有一位母语为汉语的英语学习者，语言水平相当不错。但是这位学习者却没有掌握第三人称单数加-s 的规则。根据克拉申的观点，语言知识的缺陷是由于情感过滤造成的。但是为什么情感过滤放过了大部分语言规则，却卡住了第三人称单数加-s 这一条特定的语言规则呢？（蒋祖康，1999）

克拉申用情感过滤假说来解释成功和失败的二语习得，这中间有一个矛盾。在其模式中，处于中心地位的语言习得机制在自然的第一语言习得中是独立的，所有儿童可以学会母语。可是到了第二语言习得过程中，学习态度却起了特定作用。至于学习态度是如何影响"习得"的却难以明确，情感过滤如何发挥作用，如何阻碍语言输入进入习得机制，学习动机不高的学习者所接受的语言输入是如何被过滤的，这一系列的问题克拉申都没有作出令人信服的解释。

思考和练习

1. 语言监控在语言学习中是如何起作用的？
2. 什么是"可理解性语言输入"？
3. 你如何看待情感因素对第二语言习得的影响？

第六章　第二语言学习者语言系统变异研究

按照 Selinker(1972)对中介语理论的阐释,学习者的语言系统是高度结构化的。也就是说,学习者的中介语具有高度的系统性。这一点是学者们普遍承认的。但是,学习者的中介语,常常出现一些变异现象。比如,学习者课上的目的语表达中规中矩,出错较少,课下的目的语表达则偏离目的语规则,出错较多。初学新规则的学习者言语表达似乎无系统性而言,即使在同一言语情境,一会儿说"我学习一个年",一会儿说"我学习一年"。"一年","一个年"混着用。这些变异现象提出了第二语言习得研究必须回答的两个问题:一是,如何收集这些看起来毫无系统性可言的语言材料,用什么方法对这些变异现象进行描写;二是如何从理论上阐释学习者语言系统的变异性和系统性。这一章,我们将集中讨论与这两个问题相关的第二语言学习者的语言变异现象。

第一节　语言变异的基本含义与研究范式

一、语言变异的含义

语言变异并不是第二语言学习者语言系统独有的现象,母语者也经常出现一些变异现象。那么什么是语言变异?语言变异有哪些种类?第二语言学习者有哪些语言变异现象?这是我们首先要回答的问题。

(一)什么是语言变异

通常所说的"语言变异"是指说话者的语言表达系统由于社会因素(社会

等级、职业等)、社会心理因素、心理语言因素而产生的语言形式变化。也就是说,说话者语言表达系统出现的语言变异可能是社会因素造成的,也可能是由社会心理因素和心理语言因素造成的。

关于社会因素造成的语言变异,最著名的例子是 Labov 从社会语言学角度考察社会因素对说话者语言变异影响的语言调查。Labov(1972)认为,母语者的言语表达与说话者的社会阶层及交际目的相关。为此,他对美国 3 个社会等级(工人阶层、中低阶层、中高阶层)的商店服务员发英语紧接在元音后的-r(floo*r*)的变异情况进行了调查。调查人员为了考察这一变异现象,以询问的方式诱导被调查者发英语-r ,如:Where are women's shoes? 服务员回答:fou*r*th floo*r* 。调查人员从服务员的回答中发现,工人阶层的商店服务员发英语-r 的比例要少于中低阶层商店服务员;中低阶层的服务员发-r 的比例要少于中高阶层商店的服务员。Labov 认为,这三个商店的服务员代表了在三个商店购物的社会经济群体。调查结果表明,语言变体-r 的隐现与不同社会等级群体密切相关。换句话说,这些语言变异是由不同社会等级和职业因素造成的。

为了进一步调查语言风格的变异,调查人员假装重听,在商店服务员第一次说 fourth floor 之后重复询问,迫使服务员重说一遍 fourth floor。调查人员发现,三个商店的服务员重复说 fourth floor 时,发英语-r 的比例普遍增加。由此,Labov 认为,商店服务员前后两次回答代表了不同的言语风格转换。第一次回答是"随便体"(casual style),即非正式的言语风格,第二次的回答则是"严谨体"(careful style),比较正式的言语风格。这前后两种语言风格的变异则是由于"言语环境"(context)的变化造成的。商店服务员在非正式的言语情境下,由于对语言的输出注意的程度比较低,便会采用随便体的言语风格。在正式的言语情境下,对语言输出注意的程度比较高,便会采取严谨体的言语风格。这种言语风格变异并不是由于社会因素造成的,而是由言语情境造成的。

Labov 将上述语言变异现象称作"语体变换"(Style shifting),即说话人在注意程度比较高的语体形式中,更频繁地使用享有声望的语音;而在注意程度比较低的语体形式中，更频繁地使用不那么有声望的语音。

母语者的语言变异研究很快影响到了第二语言习得的变异研究。第二语言学习者的语言在不断发展的过程中不仅伴随着语言的变异，而且这种语言变异远比母语使用者的语言变异更加剧烈，更加频繁。Nemser(1971)和Selinker(1972)都认识到了中介语连续体中存在着大量的变异现象，但并没有对变异进行系统地研究。

（二）第二语言学习者的语言变异

第二语言学习者的语言变异与母语者的语言变异有某些共同之处，也有一些不同之处。第二语言学习者的语言变异也要遵循语言变异的一些共同规律，但是第二语言学习者的语言变异也有其自身特点。第二语言学习者特有的语言变异大致可分为两类，即所谓"系统变异"和"非系统变异"。详细的分类，我们将在下一小节介绍。

"系统变异"是指第二语言学习者的语言变异随着情境的变化而变化。言语情境是第二语言学习者语言变异的主要原因。见下面例句：

(1a) He plays basketball. (situation A)

(1b) He play_ basketball. (situation B)

(2a) 我在五道口吃饭。(situation A)

(2b) 我吃饭在五道口。(situation B)

对于英语作为第二语言的学习者而言，情境A属于比较正式的言语情境，因而学习者采取"严谨体"的语言风格，言语表达更接近目的语系统，如(1a)句；情境B属于非正式的言语情境，学习者采取"随便体"，其言语表达则偏离目的语系统，如(1b)句。同样，对于汉语作为第二语言的学习者而言，也存在这种情境变异的现象。按照Labov的观点，如果学习者对言语输出注意的程度比较高，其言语表达表现为严谨体，语序符合目的语规则，如(2a)句；当学习者对言语输出注意的程度比较低时，其言语表达则表现为随便体，语序便偏离了目的语规则，如(2b)句。这种变异是随情境变化而变化的。但母语者的语言变异中却不存在第二语言学习者这种语言变异现象。

"非系统变异"是指第二语言学习者经常在同一情境用两个或两个以上的

语言形式表达同一功能。这种变异不受语境因素的影响。见下面汉语学习者的表达片段：

在中学毕业后，我一个年没学，转到另一个大学学习中文一年，再没学一年，再学一个半年，没学一个年……

这种交替使用两种不同形式（一年/一个年）来表达汉语的数量结构是典型的自由变异。这种变异是非系统的，不受言语情境的影响。这种变异在母语者的语言变异中也是不存在的。

（三）第二语言学习者语言变异的特点

从上述举例可以看出，第二语言学习者的语言变异与母语者的语言变异有许多共性，同时也有母语者语言变异所不具备的特点。首先，第二语言学习者在第二语言习得过程中一直伴随着大量的语言变异现象。这是由于第二语言学习者的语言系统，或中介语，一直处于动态变化的状态，Corder 将其称作“过渡语言”就是这个道理。除此之外，在母语者的语言变异现象中很难发现第二语言学习者的语言变异现象。因为，母语者的语言系统处于一种稳定状态，语言变异司空见惯，但也有限。而第二语言学习者的语言变异在语言形式上，常常是不合目的语规则的。其次，第二语言学习者的语言变异比母语者的语言变异更加剧烈、更加频繁。母语者的语言变异相对稳定，而第二语言学习者的语言变异则非常活跃。再次，第二语言学习者的语言变异是造成其中介语系统不稳定的一个重要原因，同时也是促进其中介语系统不断发展的动因。

二、第二语言学习者语言变异的分类

第二语言学习者的语言变异，简单地说，可以分成系统变异和非系统变异。但是，第二语言学习者的语言变异是一个比较复杂的系统。因此，Ellis (1994：134)根据众多语言变异研究的分类，对自然语言，包括第二语言学习者的语言，在语言形式上的变异类型进行了系统的归纳。见下图：

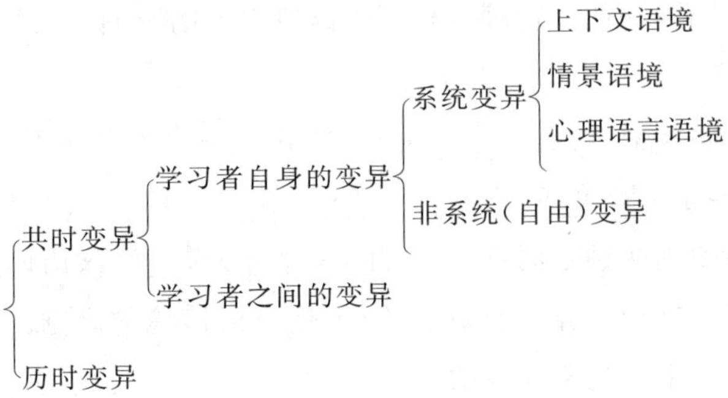

图 6-1 学习者语言在语言形式选择上表现的变异类型(节选自 Ellis,1994:134)

由图 6-1 可以看出,Ellis 首先区分了“共时变异”(horizontal variation)和“历时变异”(vertical variation)。共时变异指学习者的语言在任何一个特定时间点上存在的变异。历时变异指随着时间推移发生的变异,与“发展顺序”相关。也有学者认为,共时变异可以反映历时变异,因为“变化只是当前变异的一个暂时性结果”。(Widdowson,1979a:195)

共时变异可进一步分为学习者之间的变异和学习者自身的变异。学习者之间的变异既包括学习者的个体差异(如动机和个性),也包括一些社会因素(如社会阶层和种族区分)。由于这些相同的社会因素也属于学习者自身变异的研究范畴,所以学习者个体因素(如性别和社会阶层)和情景因素之间会产生相互影响。本书第十二章将详细介绍学习者之间的变异,本章则重点介绍学习者自身的变异。

第二语言学习者自身的语言变异分为系统变异和非系统变异(也称自由变异)两大类。系统变异是外部因素与上下文语境、情景语境及心理语言语境相互作用的结果。上下文语境涉及位于可变的目标结构前后左右的成分。情景语境包括很多因素。Brown and Fraser(1979)把“情景”分为“场面”和“参与者”:场面涉及“环境”和“效果”,参与者方面应考虑他们的个体特征、社会属性以及他们之间的关系。Ellis(1994:135)认为,至今而言,第二语言习得的研究仅检验了一小部分情景因素。心理语言语境指学习者言语产出计划的时间,即学习者有多少时间来准备和监控自己的语言产出。有足够时间准备的语言产出,如发言前打腹稿,与即席发言的语言产出类型是不同的。这是由于心理语言语境造成的语言变异。此外，非系统变异的研究在第二语言学习者语言变异的研究中占有重要的地位。第二语言学习者的语言表达，常常给人杂乱无章的感觉，实际上，这些表面看起来杂乱无章的语言表达仍然是有规律可循的。自由变异的研究通过动态的描写手段便可以捕捉到学习者语言变异的规律。

三、第二语言学习者语言变异的研究范式

由于学者们在语言能力本质、语言变异在第二语言习得研究中的地位和作用等理论问题上存在分歧，所以在使用什么数据描写和分析第二语言学习者的语言方法上也存在不同的看法。这些不同的看法反映了学者们研究第二语言学习者语言系统的不同研究范式。Tarone (1983)将其归纳为中介语研究的三种范式。Ellis(1985c)曾在 Tarone 基础上增加了一个“多重能力范式”，但 Ellis(1994)最终将其归纳为三种主要的研究范式。

第一种研究范式，即所谓“单一语言能力范式”(Homogeneous Competence Paradigm)。采用这种研究范式的学者大都是信奉乔姆斯基理论的语言学家。他们把语言习得看成是一个理想的过程，因而希望通过获得一些单一不变的数据来考察学习者的语言能力。因此，这些语言学家把变异看成是“语言表达”(performance)的一个特征，而非学习者潜在知识系统的一个特征。换句话说，语言变异与学习者的语言能力无关，仅仅与学习者的语言表达有关。在这种理论框架下，语言变异实际上被忽视了。(White，1989；Gregg，1989)所以，Adjemian(1976)把这种理论观点和研究方法称作“单一语言能力范式”。

第二种研究范式是“能力连续统范式”(Capability Continuum Paradigm)。这种研究范式采用社会语言学的方法，在社会情境下研究语言变异，包括说话人之间由于社会因素引起的变异，同一说话人由于情境变化引起的变异。信奉这种研究范式的语言学家(L. Dickerson，1975；Beebe，1980)既想了解第二语言学习者的语言能力，同时也想了解他们的社会语言学能力。研究者既关注第二语言学习者对目的语系统规则的了解，同时也关注他们在交际中如何运用这些规则。因此，研究者需要的是能反映真实语言情况的数据，

从中可以洞察到语言运用的变异性和系统性。在这种研究范式下衍生出三个研究模式：(1)拉波夫学派的研究模式，内容涉及学习者之间的语言变异和学习者自己的语言变异、对言语的注意程度变化造成的语言风格转换等；研究方法包括引导被试改变言语注意程度的任务和 VARBRUL 统计模式(L.Dickerson,1975；Beebe,1980；Tarone,1985；Young,1988)。(2)动态研究模式，内容涉及语言变化即变异的某个来源、环境权重、代码转换、语法内部变异和自由变异等；研究方法包括蕴涵量表和形式—功能分析(Huebner,1983,1985；Ellis,1985c)。(3)社会心理研究模式，内容涉及集中和分歧的言语转换、听话人的重要性及说话人对听众群体的态度等；研究方法包括实验调查导致集中和分歧的因素(Beebe,1981；Beebe and Zuengler,1983)。这些在社会情境语境下研究语言变异的方法被 Tarone(1982)概括为"能力连续统模式"。

第三种研究范式，即"双重能力模式"(Dual Competence Paradigm)。这种研究范式是用心理语言学的方法来解释产生变异的原因。采用这种研究范式的学者认为，某些因素影响了学习者在不同的使用环境下对第二语言知识的掌握能力。例如，第二语言学习者的语言中是否存在系统性差异，取决于它是有计划还是无计划的。① 研究的对象也能反映自然语言运用的数据。他们想寻求计划变异的系统性，并用神经加工理论来解释它。在这条途径下衍生出两个研究模式：(1)言语计划模式，内容涉及有计划和无计划的谈话、对短时记忆的需求。研究方法是以实验的方式操控谈话计划的情况(Ellis,1987b；Crookes,1989)；(2)言语监控模式，内容涉及宏观监控②和微观监控③、发音前监控和发音后监控、基于言语产出的监控④和基于言语感知的监控⑤。研究方

① 所谓的计划时间用在从心理词典中提取词语，完成语法编码，再赋予一个语音编码等方面。从心理词典中提取不同词语所需的时间是各不相同的。

② 宏观监控是指为适应谈话的交际目标和句子组织而作的调整。

③ 微观监控是指说话者或作者用语言形式来实现既定计划，包括用一个更佳形式来替换一个已选形式的过程。

④ 基于言语产出的监控是指学习者对实施计划过程中的各种"警报信号"作出回应，并作出适当调整。

⑤ 基于言语感知的监控是指使用者把产出过程的最终结果和他们的初衷作比较。

法是以实验的方式操控影响监控的情况(Hulstijn and Hulstijn 1984)。Krashen(1981)把这些以"监控理论"为标志的研究方法概括为"双重能力模式"。

从上述三种研究范式可以看出,尽管乔姆斯基学派的"单一语言能力"的观点忽略了语言变异,但社会语言学和心理语言学的方法都尝试着去描述和解释变异。我们应该综合运用多种理论来研究第二语言学习者的语言变异问题。

思考和练习

1. 什么是第二语言学习者的语言变异?
2. 第二语言学习者的语言变异有哪些特点?
3. 请举例说明第二语言学习者语言变异的主要研究范式及其代表人物。

第二节　第二语言学习者语言变异的相关研究

在第二语言习得研究领域,关于第二语言学习者的语言变异研究主要集中在两个领域,即系统变异研究和非系统变异研究。关于系统变异研究,本节将主要介绍与上下文语境、情景语境以及心理语言语境相关的变异研究;关于非系统变异研究,主要介绍与自由变异相关的研究。

一、系统变异研究

上一节我们系统地介绍了第二语言学习者的语言变异类型。其中,系统变异包括"上下文语境"(linguistic context)、"情景语境"(situational context)和"心理语言语境"(psycholinguistic context)三个方面引起的变异。我们首先介绍第二语言习得领域有关这三个方面的变异研究。

(一) 上下文语境效应

上下文语境变异是指由上下文语境的变化而引起的语言变异,这种现象叫做上下文语境效应。上下文语境效应主要体现在语言的音系、形态和句法层面。

L.Dickerson(1975)最早考察了在朗读对话时，四种上下文语境对日本学习者发英语辅音 /z/ 的影响。Dickerson 在研究中发现，当 /z/ 出现在元音前面时，日本学习者可以正确发出这个音；当 /z/ 出现在 /m/、/b/等辅音前面时，学习者使用[z]、[s]、[dz] 和发音较短的[z]四个变体；当/z/出现在/θ/、/t/等辅音前面时，学习者使用[z]、[s]、[dz]、发音较短的[z]和不发音这五个变体；当/z/出现在音节末尾时，学习者使用三个变体[z]、[s]、[dz]。L.Dickerson 采用历时的方法，在九个月内分三段时间收集数据，每一次的数据分析都发现了相同的变异模式。由此可见，学习者在发目的语某个音时，其语音产出受到相邻元音或辅音的影响。L.Dickerson and W.Dickerson(1977)考察了中元音前和高元音前这两种上下文语境对日本学生发英语 /r/ 的影响，研究也得到了相似的结果。

Wolfram(1989)考察越南学习者学习英语不规则动词时发现，在"异干替换形式"(suppletive forms)中(如 go/went)学习者更倾向于使用有标记的过去时态；而在"语素内替换形式"(replacive forms)中(如 make/made)使用过去时的准确率相对较低。他认为这反映了"感知突出性原则"(principle of perceptual saliency)，即过去时与现在时语音形式差异越大，学习者越可能使用有标记的过去时。不仅词的语音形式会影响学习者对特定语法特征的使用，而且词的语法形式也会影响。Saunders(1987:261)考察了日本学习者在名词和动词的辅音丛(-ps、-ts、-ks)中语素-s 的产出情况，发现相对名词而言，学习者更容易在动词中省略或缩短-s。他认为，这可能归因于"语素中所含的信息量；第三人称单数总是冗余的，而复数则提供了句中其余部分提供不了的信息"。Young(1993)受这个实验以及其他实验的启发，提出了"功能假设"。然而，这个假设在他自己考察中国学习者和捷克/斯洛伐克学习者习得英语复数的实验中没有得到证实。历时考察上下文语境影响的研究很少。Ellis(1988)用两年时间跟踪考察了葡萄牙学生和印度西北部学生在课堂英语会话中，上下文语境对第三人称单数-s 和系动词-s 的影响。结果表明目的语形式的习得与其使用的特定上下文语境紧密相连。

同样,上下文语境对选择何种句法特征也有影响。Hyltenstam(1977)揭示了两种语境因素会影响瑞典语学习者选择否定词的位置、选择否定句做主句还是做从句,以及使用的限定动词是助动词还是实义动词。该研究表明,句法形式的习得是从一个语境过渡到另一个语境的。

在汉语作为第二语言的学习者语言变异研究中,也有学者考察上下文语境对学习者语言变异产生影响的研究。梅丽(2005)考察了后接元音和声调这两个上下文语境对零加级、初级、中级日本学习者习得汉语舌尖后音语音变异的影响。研究结果表明,上下文语境在一定程度上影响了语音变异。当后接元音为/i/类时,零加级汉语水平学习者将舌尖后音发成舌面前音和舌叶音的比例较大。学习者 ch 的发音受到了后接元音和声调的影响。严彦(2006)考察了第三声的位置和声调搭配这两种上下文语境对初、中、高三个水平美国学生习得汉语第三声声调变异的影响。研究结果表明,第三声位置只对初级汉语水平的美国学生习得汉语第三声声调变异产生影响,初级学生在 X+3[①] 组合中将第三声发正确的比例明显大于在 3+X 组合中。而搭配声调则对初、中、高三个水平的美国学生习得第三声声调的变异均产生影响;当搭配第三声或第四声时,学生将第三声发正确的比例大于搭配第一声或第二声的组合。由于汉语缺少像印欧语那样的词形变化,所以在汉语作为第二语言习得的研究中,对词语形态的语言变异研究几近空白。

(二)情景语境效应

情景语境变异是指由言语情境的变化而引起的语言变异,这种现象叫做情景语境效应。情景语境效应在语言的音系、形态和句法层面都有体现。

第二语言习得有关情景语境造成变异的研究主要借鉴了社会语言学对母语者语言变异的研究范式——语体变换(style shifting)理论,即说话人在注意程度较高的语体中,更频繁地使用享有声望的语音;而在注意程度较低的语体中,更频繁地使用不那么有声望的语音。这些变化叫做语体变换。

---

① X+3 表示 1、2、3、4 声与 3 声搭配;3+X 表示 3 声与 1、2、3、4 声搭配。

Tarone(1982,1983)提出了第二语言学习者"中介语风格连续体"(the continuum of interlanguage style)的理论。见下图：

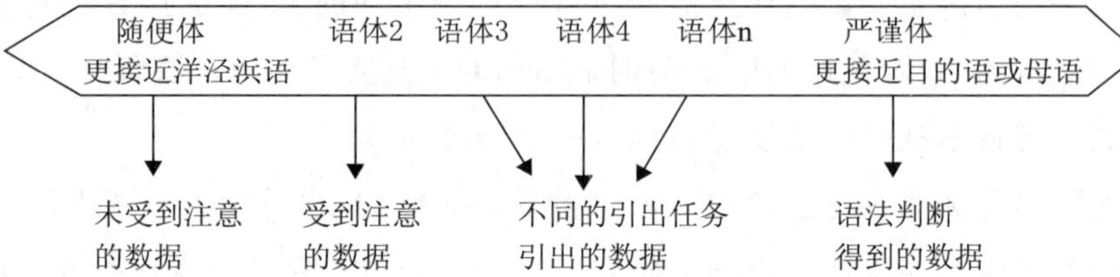

图 6-2 学习者中介语的语体变换(Tarone,1983)

她把学习者的中介语系统看作一个由不同语体风格构成的连续体。连续体的一端被称作"随便体"(vernacular style),另一端被称作"严谨体"(careful style)。前者反映了学习者自然地使用语言的情况,后者反映了学习者正式地使用语言的情况。学习者的中介语根据情景语境的需要在这两种语体间移动变换。每一种语体都有自己的"规范"(norm)。Tarone 认为,随便体的规范和严谨体的规范都是构成学习者中介语语言能力的一个部分,因此在考察学习者的中介语时应该收集不同语体的数据材料来反映不同的语言规范。她认为语体变换是由心理语言机制即学习者对语言形式的注意造成的。学习者在不同的情景语境中,由于对语言形式的注意程度不同而形成了不同的语体风格。当学习者对语言形式的注意很少时,其中介语表现为"随便体"。当学习者将其注意主要集中在语言形式上时,其中介语表现为"严谨体"。这些不同的语体风格构成了学习者的中介语风格连续体。这个连续体表明,学习者语言变异受言语交际情境的制约。

Tarone 的理论模式可以在一些相关研究中得到支持。L. Dickerson (1975)首次引入社会语言学的研究方法,设计了三种不同的实验任务引导日本学习者发英语 /z/ 这个辅音,发现在注意力程度最低的自由谈话中使用 /z/ 的目标变体最少,在朗读对话中目标变体增多,在注意力程度最高的朗读词表任务中,目标变体最多。而且九个月中的三次独立测验都反映出相同的准确顺序。在允许学习者多加关注言语的任务中,他们即使使用的是非目的语标准变体,也与目的语标准变体相当接近。L. Dickerson and W. Dickerson(1977)则考察了自由谈话、朗读对话、朗读字表这三种情景语境对日本学生发英语 /r/ 的影响,再度证实了 L. Dickerson(1975)的研究结论。Beebe(1980)研究了以英语为第二语言的泰国人在朗读词表和自由交谈这两种情景语境下,习得目的语 /r/ 的情况,发现了比较复杂的结果。其中音节末尾 /r/ 的发音遵循情景语境效应,即在朗读词表时发音的正确率高于在自由交谈时。Sato(1985)用 10 个月的时间跟踪调查了一个以英语为第二语言的 12 岁越南男孩在三种不同的任务(自由谈话、朗读文章、引导出的单词和词组模仿)下,对目的语辅音丛和音节末辅音的发音情况。结果表明,其中音节末辅音这一特征受到了情景语境的影响,体现了情景语境效应。

在句法和词法方面,Schmidt(1980)调查了不同情景语境下,不同母语背景的英语学习者在第二次使用相同动词时是否省略,研究发现,在自由说话时省略的几率是零,在模仿母语者话语时省略的几率是 11%,在书面表达中,以相同动词连接两个句子时,省略的几率是 25%,在作语法判断时,50%的学习者认为省略第二个相同动词是合乎语法的。Schmidt 认为,四种不同的任务引导出的中介语显示了变异的系统性。Tarone(1983:143)发现一名学习英语的日本人使用第三人称单数时,在随便语体中几乎从不使用-s 结尾,而在严谨体中常常使用甚至过度使用-s 结尾。Tarone(1985) 在三项注意力程度不同的任务中调查三个语法词素(第三人称单数-s,冠词,复数-s)及一个语法结构(直接宾语代词)的变异情况。结果表明,其中只有第三人称单数-s 体现了情景语境效应。

在以汉语为第二语言习得的研究中,对情景语境造成语言变异的研究近年来有所关注,但都集中在语音领域。袁博平(1995)运用 Labov 的"注意程度"理论分组统计了三组以英语为母语的学生在五种情景语境下运用汉语声调的正误数据,这五种情景语境依次为:(1)口头表达,(2)朗读句子,(3)朗读短语和词语,(4)朗读最小配对,(5)给最小配对标声调。研究结果表明,学生随注意力不同,运用汉语声调的正误数据形成一个变化的连续统。从情景一到情景五,运用声调的正确率上升。梅丽(2005)考察了零加级、中级、高级汉语水平的日本学习者习得汉语舌尖后音 zh、ch、sh 的语音变异情况，以了解朗读词表和朗读句子这两种情景语境分别对其语音变异的影响。结果表明，在朗读词表中 zh 和 sh 的发音好于在朗读句子中 zh 和 sh 的发音，zh 和 sh 的语音变异受到了情景语境的影响。

按照中介语风格连续体理论的解释，如果学习者在言语表达过程中对语言形式的关注较多，他们的言语输出就会较接近目的语标准；如果在不能顾及语言形式的情况下，学习者的言语输出就远离目的语标准。注意的程度不同，学习者言语输出的语体风格会发生相应变化。但是，学习者并非在严谨体中总使用目的语标准变体。

Schmidt(1977)发现母语为阿拉伯语的学习者发英语"th"时，在严谨体（如最小配对任务）中不仅有目的语 /θ/ ，也有母语中享有声望的 /θ/的变体。Beebe(1980)研究了成年泰国人在朗读词表和自由交谈这两种情景语境下，习得英语/r/ 的情况，发现了比较复杂的结果。音节末尾 /r/ 的发音受情景语境影响；但音节首位 /r/ 的发音却没有受到影响，即在正式的情景语境中，反而使用了较多的母语形式，这些母语形式都是泰国人在用母语正式交际时使用的。她认为，在正式情景语境中学习者的中介语很容易受到上位规则系统（superordinate rule system）的渗透，母语和目的语都可能成为上位规则系统；哪一个具有较强的社会价值（prestige value），哪一个就会表现出对中介语更强的渗透性。Beebe 认为，语言声望对语言变异的影响先于情景语境效应。Beebe(1980)及 Schmidt(1977)的相似研究都认为并非"对语言形式注意程度越高，言语输出就会越接近目的语标准"，可见学习者语体变换的性质较复杂。

Tarone(1985) 在三项注意程度不同的任务（语法判断、口头采访和口头叙述）中调查三个语法词素（第三人称单数-s、冠词、复数-s）及一个语法结构（直接宾语代词）的变异情况，实验结果显示出结论的复杂性。她发现，只有第三人称单数-s 体现了语体变换规律，而冠词和直接宾语代词的正确使用率却与注意程度相反。她认为学习者在叙述性的任务中对谈话连贯性的重视远高于在另两项任务，而冠词和宾语代词恰恰就是谈话连贯性的重要标记。此后 Tarone and Parrish(1988)再次检验了 Tarone(1985)实验中从两项口头任务获得的数据。实验结果表明,学习者使用冠词的正确程度随言语任务的变化而变化,比如,在叙述任务中使用“the”的次数和正确率都大于采访任务。她们认为,不同的任务具有不同的功能和作用,因而需要特定的言语形式。可见,任务的功能性需求也对语言变异有影响。

Ellis(1994)认为,学习者的母语背景和学习者的发展阶段等因素都会影响中介语的变异。

袁博平(1995)在其研究中也发现,三、四年级的学习者在注意程度最高的标声调测验中的正确率,与注意程度较低的实际发音没有明显差异;而且所有学习者对字词句这三种情景效应都不敏感。Bialystok(1982)曾认为,不同任务对知识系统或控制系统有着不同的要求。受此启发,袁博平认为,像汉语声调这种给发音者带来时间压力的系统可能需要更多像控制系统这样的自动检索程序。他认为,言语任务的特殊性阻碍了情景语境对声调变异的影响。

梅丽(2005)考察零加级、中级、高级汉语水平的日本学习者在朗读词表和朗读句子这两种情景语境下习得汉语舌尖后音 zh、ch、sh 的语音变异情况时发现,其中送气音 ch 没有受到情景语境的影响。她认为,目的语特征难度过大也会阻碍情景语境对语言变异的影响。

严彦(2006)在考察美国学生习得普通话第三声声调变异的过程中发现,美国学生的第三声声调变异受到了情景语境的影响,但与 Tarone 的“中介语风格连续体”假设恰好相反,即美国学生在句子中发第三声好于在双音节词中发第三声,在双音节词中发第三声好于在单字中发第三声。针对这一相反的结论,严彦认为,注意程度并不是产生语言变异的充要条件,对一些特殊的研究对象(如第二语言习得者),对一些特殊的语言特征(如汉语声调的难度),以及实验材料等因素(如目标声调出现的文本语境),都会导致第二语言学习者的语言变异,而注意程度成为一个不太敏感的因素。

综上所述,Schmidt(1977)和 Major(1987)认为严谨体并非总是最接近目的语。众多第二语言习得的变异研究(Beebe,1980;Bialystok,1982;Sato,1985;Tarone,1985;Tarone and Parrish, 1988;Ellis,1994;袁博平,1995;梅丽,2005; 严彦,2006)也表明“中介语风格连续体”具有一定的复杂性。较强社

会价值的上位规则、所掌握的知识类型以及不同任务对知识系统的不同要求、目的语特征的难度、任务的功能性需求、学习者的母语、学习者的发展阶段、心理过程以及情景语境的区别性特征等众多因素都会影响学习者的语体变换。

(三)心理语言语境引起的变异

心理语言语境造成的语言变异在二语习得领域主要集中在有关“计划时间”(planning time)对语言产出过程的影响。J. Hulstijn and W. Hulstijn (1984)调查了用第二语言荷兰语复述故事时,时间压力、注意力集中在信息或在语言形式上及元语言知识对语序倒置和动词结尾的正确率的影响。结果表明,时间压力及元语言知识不起作用,而对语言形式的关注增加了两种结构的正确率。但需要指出的是,时间因素对学习者的相应持续时间和语速都有影响。

Ellis(1987)进一步证实了计划时间的利用率系统地影响着学习者语言的正确率。他考察了成年英语学习者在三项叙述任务(一小时内写一篇作文、口头复述同一篇作文、即兴口述另一篇文章)中使用三个过去时(规则动词-ed、不规则动词和系动词)的正确率。研究显示,规则动词过去时的变异很清晰,随着计划时间的增加,正确率提高。但是,并非所有的语言形式都受到计划时间的影响。

Ellis(1994)认为,之所以两项研究会产生相互矛盾的结果,关键在于学习者如何利用计划时间。如果他们利用计划时间来关注语言形式,那么正确率就会提高;如果他们用计划时间来考虑和组织产出的内容和信息量,那么正确率就不太可能提高。正如J.Hulstijn(1989:29)所指出的,“区分任务和任务要求很必要”,而他自己在研究中也的确将任务定义为时间压力,将任务要求定义为对语言形式的关注。

Crookes(1989)证实了 Ellis(1987)的结论。他考察了日本学习者在无时间准备和有十分钟准备的情况下,用英语描述如何搭建拼装玩具以及在地图上讲解建筑群的位置。结果表明,有十分钟准备时间的叙述使用了更复杂的言语形式;但在考察的三个语法特征中,仅定冠词“the”在有准备的情况下用得更正确。

由于心理语言语境是否对第二语言习得者的语言变异产生影响尚无定

论，而且即使产生影响，也因心理因素之间有着复杂的牵连关系，无从明晰是何种心理因素在起作用。所以，目前，以汉语作为第二语言习得的变异研究中，考察心理语言语境对语言变异影响的研究尚属空白。从心理学角度来考察心理因素对语言产出影响的研究主要集中在心理语言学领域。

综上所述，如同上下文语境和情景语境一样，心理语言语境也对学习者的语言产生影响。在学习者有计划的话语中，可能更频繁地使用目的语形式，较多地使用复杂的目的语形式。但"计划时间"并不能确保言语产出提高正确率，因为言语产出还涉及一系列复杂的连锁反应，这些反应都将影响学习者的注意力。所以，有关这方面的研究还有待更深入的考察。

二、非系统变异研究

所谓非系统变异是指学习者语言的"自由变异"(free variability)现象。虽然自由变异并不像系统变异那样易于观察，但自由变异的现象在第二语言习得过程中还是很普遍的。对第二语言学习者语言系统中自由变异现象的研究，有助于了解中介语的动态发展过程。按照 Ellis(1985a，1994)的观点，并不是所有的语言变异都是依语境而系统变化的。学习者在最初阶段习得新规则的时候，使用两种以上的语言形式来表达相同的意义，似乎是很偶然的，其实这种现象也是有规律可循的。那就是，学习者在习得初期将某一规则的新形式与已有的形式交互使用，即作为一种自由变体。之后，由于语言的经济原则，促使学习者放弃不符合目的语规则的形式，使用符合目的语规则的形式。另外，自由变异的产生是有条件的。Ellis(1985c)认为自由变异产生的条件包括五个方面，即两种或更多形式随机出现在：(1)相同的情景语境中，(2)相同的上下文语境中，(3)相同的话语语境中，(4)具有相同限制条件的情境任务中，(5)行使相同的语言功能。

自由变异的相关研究有两个特点：一是研究方法以纵向研究为主；二是研究领域主要集中在语法、语音层面。Ellis(1985a)通过纵向考察发现，一个葡萄牙男孩，在同一时间、同一情景语境下用两种英语否定方式("Don't look my card"和"No look my card")来表达同一个意思。学习者把这两种表达方式(目的语形式和非目的语形式)作为可以互相替换的否定规则。这就是所谓"自由变异"现象。Ellis(1985b)谈到在纵向研究中还发现一个印度男孩在连贯的言语中,使用英语系动词"be"时出现了自由变异现象。系动词"be"的两个变体"零形式"(There church.)和"缩写形式"(There's church.)在同一情景语境下交替使用。Cancino, Rosansky and Schumann (1978)发现学习者表达否定的形式在不同的发展阶段呈现出多样化特点,并将其归结为自由变异。此外还有研究发现以英语为第二语言的学习者在初级阶段使用简单动词形式和进行时动词形式时出现了自由变异现象。(Wagner-Gough,1975;Eisenstein,Bailey and Madden,1982;Vogel and Bahns,1989)Nicholas(1986)发现小孩在迅速掌握第二语言(德语)的三个第一人称代词后,随意地使用多种形式来表达同一功能需要。

在以汉语作为第二语言的语言变异研究中,王建勤(1997)考察了汉语作为第二语言的学习者语言表达中的自由变异现象。王发现,学习者在习得"不"和"没"否定结构的过程中,把"不"和"没"看作两个可替换的自由变体,习得中存在自由变异现象。他认为,"不"和"没"的否定规则的习得过程是一个缓慢的扩散过程,呈现为四个过渡阶段。第一阶段由于"没"作为刚刚导入的新规则,大多数学习者还不会使用。所以,"不"的否定占主导地位。第二阶段"没"的大量使用,导致混合期的出现,即"不"代替"没"和"没"代替"不"的情况同时出现。第三阶段以"没"泛化为主的偏执期,"不"的迁移相对减少,"没"的泛化相对增多。第四阶段是"不"和"没"分化和整合期,"不"和"没"开始各司其职,习得过程趋向成熟稳定。梅丽(2005)发现日本学习者习得汉语舌尖后音 zh、ch、sh 时,系统变异和自由变异共存,随着汉语水平的逐步提高,舌尖后音自由变体隐现的方式和程度不同,舌尖后音语音变体中标准目的语变体的数量逐渐增加,自由变体逐渐减少,学习者有从"习得阶段"向"替代阶段"发展的趋势。严彦(2006)发现美国学生习得普通话第三声的声调变异具有一定的非系统性,不仅表现为习得过程中存在自由变异,也表现为这些自由变体有着动态的发展过程,各阶段隐现方式和分布频率不同。在初级阶段,第三声的声调变异呈现出随机的无规律状态,自由变体多而无序;随着汉语水平的提高,声调自由变体的种类呈减少和集中的趋势，同一类自由变体的数量也逐渐减少，标准变体的类别和数量突现，声调变异的发展呈现出一定的系统性、规律性；到一定阶段汉语第三声的掌握进入稳定期，能较固定地使用目的语形式。

以上研究都充分证明自由变异在第二语言习得中是一种普遍存在的现象。从语言习得发展的角度来看，自由变异是第二语言习得发展的一个重要动因。一般说来，自由变异往往发生在学习阶段的早期。学习者习得新的语言项目的最初阶段，并不十分清楚这些语言项目的形式与功能的对应关系，通常用两种或多种变体表达相同的意义和功能，这就直接导致了自由变异。这种变异造成了学习者的语言系统不稳定，也违背了语言运用的“经济性原则”，所以学习者试图通过建立目的语形式与功能之间的对应关系来完善其中介语系统。随着学习者第二语言系统的完善，自由变异逐渐消失。自由变异产生的过程说明，自由变异的研究应该关注第二语言习得的最初阶段，因为，随着学习者语言水平的提高，这种变异现象就会逐渐消失。另外，自由变异现象的确定，必须证明没有上下文语境、情景语境以及心理语言语境这些因素的影响，即在概率上不存在因某种情境导致变体的使用出现偏向。最后，自由变异研究必须通过纵向研究才能有效地观察到学习者初次接触新规则的表现。如果采用横向的调查方法难以对自由变异现象作出客观的描述。

思考和练习

1. 什么是系统变异？
2. 为什么“区分任务和任务要求很必要”？
3. 所有第二语言特征的变异都可用“中介语风格连续体”理论来解释吗？
4. 什么是自由变异？请举例说明。

第三节 语言变异的描写方法

在语言变异的三种研究范式中，Labov 的社会语言学研究范式对第二语言习得研究领域的语言变异研究影响最大。Tarone 的“中介语风格连续体”理论假设就是在 Labov 的“语体变换”(style shifting)理论的基础上建立起来的。为了捕捉和描写第二语言学习者的语言变异现象，研究者们希望通过系统的方法来观察和描写语言变异，然而，系统的观察和描写方法又难以捕捉到自然的语体风格。这就是 Labov 所说的“观察者的悖论”(Observer's Paradox)。因此，语言变异研究需要采取恰当的方法来收集和描写学习者的语言变异现象。在此，我们介绍几种基本的语言变异研究描写方法。

一、“分类规则”的描写方法

按照 Labov 的语体变换理论，语体变换是系统的，因此是可以预测的。比如说话者总是在一种语体中使用一个特定的特征，如英语的“thing”的开头音/θ/，而在另一种语体中使用另一个特征，即将/θ/发成/t/。那么，在这种情况下，我们就可以用“分类规则”(categorical rules)来描写学习者的语体变异现象。这一规则可以作如下描述：

X—→ Y/____A

在这个规则中，X 表示分类变量，Y 代表在特定语体中的变体，A 则表示语境或语体。按照这一规则，我们可以描写学习者的系统变异现象。如 Labov 作过的一个调查，他发现，如果说话者对语言输出注意的程度比较高，就更多地使用/θ/这一变体，当说话者对语言输出注意的程度比较低的时候，则更多地使用/t/这个变体。这种变异现象，按照分类规则可以作如下描述：

Thing → /θ/____(style A)

Thing → /t/____(style B)

同样，我们可以利用这一分类规则来描写第二语言学习者语言的系统变异现象。这种描写不仅适于语体变换的描写，而且也适于情景语境和上下文语境变异的描写。如：

He plays basketball.(situation A)

He play_ basketball. (situation B)

我吃饭在五道口。(情境 A)

我在五道口吃饭。(情境 B)

从上面这些例证可以看出，分类规则的描写方法是一种非此即彼的描写方法。而学习者的语言变异实际上并不完全是简单的分类变化。Labov 发现，他所调查的被试的语言变异往往是基于概率变化的。因此，他又提出了"变量规则"的描写方法。

二、"变量规则"的描写方法

所谓"变量规则"(variable rules)是指两个或多个变体在不同情景语境和上下文语境中出现的可能性。在 Labov(1972)理论的基础上，Færch(1980)对"变量规则"作了以下描述：

Y(变体) 0.6———语境/语体 A (随便体)

Z(变体) 0.4———语境/语体 A

X(变量)

Y(变体) 0.9———语境/语体 B (严谨体)

Z(变体) 0.1———语境/语体 B

这一规则的含义是，在语境/语体 A 中(随便体)，X 作为考察和描写的变量，其变体 Y 出现的概率为 60%，X 的变体 Z 出现的概率为 40%；在语境/语体 B 中(严谨体)，X 的变体 Y 出现的概率为 90%，X 的变体 Z 出现的概率为 10%。这就是说，变量规则的描写方法对语言变异现象的描写是建立在概率的基础上的。如果用这一描写规则来解释纽约人在"thing"的发音上产生的变异，那就是说，纽约人在严谨体中(语境/ 语体 B)发具有社会声誉的/θ/这个音的概率(90%)要高于随便体中(语境/ 语体 A)发这个音的概率(60%)。相反，纽约人在严谨体中发享有较少社会声誉的/t/这个音的概率(10%)要低于随便体中发这个音的概率(40%)。同样,Labov 提出的变量规则的描写方法也可以描写第二语言学习者语言的系统变异。当然也不限于语音层面。变量规则能够动态地反映第二语言学习者语言特征的发展变化,在发展的每个阶段一旦出现了新的变化形式,就可用新的变量规则去描写和解释。然而,有学者认为,变量规则描写的是学习者的语言表达而不是语言能力。Labov 否定了这种看法。他承认变量规则是关于语言产出的规则而不是语言理解的规则,但是他认为,变量规则反映的是学习者语言产出的能力(competence),由于学习者不具备这些规则的直觉意识,所以这种能力只能通过语言运用的方式来考察。

三、扩散模式

"扩散模式"(diffusion model)是用来描写和解释第二语言学习者语言变异中的自由变异现象的理论模式和描写方法。最早利用扩散模式对自由变异进行理论探讨的是 Gatbonton。她考察了 27 个在加拿大学习英语的法裔学生在大声朗读和即兴说话两项任务中发三个目的语语音/θ/、/ð/、/h/ 时出现的变异现象,并用扩散模式解释了这种自由变异现象。(Gatbonton,1978)按照她的扩散模式,在第二语言发展过程中有两个主要阶段,即"习得阶段"和"替代阶段"。在"习得阶段",学习者习得目的语中某个变项的正确变体,并在所有的语境中都使用这个变体,同时也使用该变项的不正确变体;到了"替代阶段",正确变体逐步取代不正确变体,自由变异消失。Ellis(1985a:96)对扩散模式进行了详细的描述:

time 1	time 2	time 3	time 4
I am no go	I am no go	I am no go	I am no go
No look	No look	Don't look	Don't go
I am no run	I am don't run	I am don't run	I am no run
No run	Don't run	Don't run	Don't run

从这些例句可以看出,学习者使用了两条否定规则:即(1)no + V;(2)don't + V。在第一时间段,不管是陈述句还是祈使句,学习者一律使用规则(1);第二

时间段，无论是陈述句还是祈使句，不仅使用规则(1)而且使用规则(2)；在第三时间段，虽然规则(1)和(2)同时使用，但只有规则(2)用于祈使句；第四时间段，规则(1)只用于陈述句，规则(2)只用于祈使句。否定规则的扩散过程可以根据 Gatbonton 的扩散模式作如下描述：

	使用环境	
习得阶段	陈述句	祈使句
时间 1	(1)	(1)
时间 2	(1)(2)	(1)(2)
替代阶段		
时间 3	(1)(2)	(2)
时间 4	(1)	(2)

根据扩散模式的描述，最初的"习得阶段"，学习者只用规则(1)，然后是两种规则混用；最初的"替代阶段"仍然有规则混用的现象，但学习者倾向于更多的使用规则(2)，逐渐接近目的语规则，但是目的语规则的使用范围仍然有限。总之，通过这种描写方法可以清楚地描写和阐述第二语言学习者语言的自由变异现象。因此，扩散模式既是一种描写方法也是一种理论阐释模式。

思考和练习

1. 什么是"分类规则"？这种描写方法有何局限？
2. 什么是"变量规则"？这种描写方法与"分类规则"有什么不同？
3. 为什么说"扩散模式既是一种描写方法也是一种理论阐释模式"？

第四节　对语言变异研究的简要评价

在这一章我们简要地介绍了第二语言学习者的语言变异研究。大量的研究表明，在第二语言学习者的语言系统中，语言变异是普遍存在的现象。因此，语言变异的研究对了解第二语言学习者的语言习得和运用第二语言系统具有重要的意义。然而，关于第二语言学习者的语言变异研究的重要意义，学者们的看法却不尽相同。有学者甚至认为，第二语言学习者的语言变异是否值得研究仍然是一个需要再考虑的问题。

主张语言变异研究的学者认为，任何第二语言习得理论必须对学习者的"能力"(capability)即运用特定规则的实际能力，而不仅仅是对是否合语法的语言知识作出解释。因为，支配实际语言运用的是这种实际能力，不是狭义的"语言能力"(competence)。Ellis(1990b)指出，"即使狭义的语言能力是不变的，但是学习者的'语言水平'(proficiency)是可变的。"这就是说，学习者实际运用语言的能力比狭义的语言能力更重要。因此，Ellis 和 Tarone 都一致认为，第二语言学习者的语言变异研究有助于解释第二语言学习者是怎样组织第二语言的。

反对语言变异研究的学者认为，第二语言学习者的语言变异特征属于例外，不是学习者语言系统中的规则。因此，语言变异研究是毫无意义的。因为，按照乔姆斯基学派的观点，第二语言习得研究的基本目标是建立关于第二语言学习者的语言能力，变异与语言能力无关。正如 Gregg(1990)指出的那样，"变异学派致力于收集与原则无关的、毫无控制的大量数据，实际上是在冒险，他们的研究目的是与认知相排斥的。"Ellis(1994:155)则认为，在这个方面，Gregg 的观点肯定是误解了。因为在学习者的语言中存在大量的语言变异，这是无可争辩的事实。Gregg 认为，尽管语言变异研究可能对语言运用理论有所贡献，但是，语言变异研究对"语言能力"(competence)没有作出任何解释。

总之，关于语言变异研究的争论是一个老话题，而且在将来还会继续争论下去。但无论怎样，第二语言学习者的语言变异是客观存在的，无论哪种理论都应对这一现象作出解释。从第二语言习得研究的角度讲，语言变异研究至少可以从社会语言学角度和心理语言学角度对学习者语言变异产生的原因作出一定的解释，尽管这种解释并非全面的、综合的解释。此外，语言变异研究对第二语言习得研究具有一定的方法论价值。语言变异研究强调社会心理因素对第二语言学习者语言产出的影响，如学习者在何时何地、在何种情况下对谁说的、怎样说的，这些因素都会造成学习者的语言变异。因此，第二语言习得研究在语料收集、学习者的语言行为的观察和解释，乃至研究设计都要考虑这些因素。这是语言变异研究的重要特点。

思考和练习

1.学者们对第二语言学习者的语言变异的研究价值有什么不同看法？

2.为什么语言变异研究对第二语言习得研究具有一定的方法论价值？

第七章 第二语言习得研究的社会文化模式

在第二语言习得的研究中，学者们探讨了社会因素与第二语言习得的关系，并且建立了一些模式和理论，比如"文化适应模式"和"社会文化理论"都是从社会和文化角度探讨社会文化环境对第二语言习得的影响。文化适应理论从社会文化环境与第二语言习得之间的关系来考察影响第二语言习得的外在因素，这一理论假设在当时开辟了第二语言习得研究的新领域。在此之后，第二语言习得领域又涌现出了一些与文化适应理论相关的理论模式。20 世纪 80 年代后复兴的社会文化理论更为关注语言习得的社会属性，把语言习得过程看作学习者通过社会互动，将外在语言形式内化为自己的思维，实现对语言自我调控的过程。这些理论进一步拓宽了第二语言习得研究的领域。本章将集中介绍这些理论。

第一节 文化适应模式

20 世纪 70 年代，美国学者 John. H. Schumann 在实验中发现，在第二语言学习者中，有的学习者语言习得速度非常缓慢，甚至停滞不前。究竟是什么原因导致学习者语言习得发展缓慢？Schumann 试图通过纵向研究来探索影响第二语言习得的因素。与以往理论不同，Schumann 没有从语言本身的不同寻找答案，也没有从人类大脑的语言机制入手，而是从社会文化角度提出了"文化适应"理论假设。本节主要介绍这一理论假设及其相关研究。

一、文化适应模式的提出

1973 年，Schumann 和他的同事们进行了一项 10 个月的纵向研究，通过记录自然产出以及诱导的语言材料，考察 6 位移民到美国的西班牙学习者在自然状态下习得英语的情况。(Schamann 1976a，1978a)在研究中，Schumann 和他的同事们发现，在着重考察的三个具有代表性的语言项目中，33 岁的 Alberto 的英语水平和其他 5 位学习者相比，几乎没有提高。Schumann 等学者开始探究 Alberto 习得缓慢的原因。

Schumann(1976)从智力、生理、社会心理三个角度提出了三种可能：第一，认知能力①问题；第二，年龄问题；第三，学习者与目的语群体之间的社会距离和心理距离问题。Schumann 首先对 Alberto 的认知能力进行了测试，测试结果排除了第一种可能；Schumann 又从理论上说明了年龄在第二语言习得中并不起到关键的作用，推翻了第二种可能。为了检验第三种可能，Schumann 对 Alberto 的语言进行了详细的分析。

Schumann 发现，在 Alberto 的语言中具有明显的洋泾浜语特征，这是一种第二语言学习者为了与目的语群体交际，采用的简化了的目的语。对洋泾浜语的研究曾指出，这种简化了的目的语形成的原因在于，说洋泾浜语的人和说标准目的语的群体之间缺乏紧密的社会联系，这与 Schumann 提出的第三种可能相近。

与此同时，Schumann 把 Alberto 与其他 5 位被试进行了比较。(Schumann，1976a，1976b)结果显示，从社会距离上看，与其他 5 位来自技术移民群体的被试相比，Alberto 所在的工人移民群体和美国社会十分疏远。从心理距离上看，Alberto 不愿意与美国人、美国社会接触，甚至采取逃避的态度。这些比较结果为 Schumann 的第三种可能提供了更多的证据。

以 Alberto 习得缓慢的现象为起点，以第二语言学习者的语言特征以及

---

① Schumann(1976)在他的论文中使用的是“ability”，因为 Schumann 测验的目的是测试 Alberto 的认知能力，所以这里采用“认知能力”。

前人的理论为基础，以对学习者所处的社会地位及其心理状态为证据，Schumann于1976年提出了“洋泾浜假设”(Pidginization Hypothesis)(Schumann，1976a，1976b)，旨在说明文化适应取决于社会距离、心理距离两个因素，文化适应的程度决定第二语言习得的进程。1978年，Schumann(1978a，1978b)赋予这一假设新的名称，即“文化适应模式”(Acculturation Model)。①

二、文化适应模式的具体内容

Schumann曾先后很多次对“文化适应模式”进行阐述(Schumann，1976a，1976b，1978a，1978b，1986)，核心内容相同，其中1978年的理论最为完整。本小节以Schumann 1978年的理论(Schumann，1978a)为基础，介绍文化适应模式的具体内容。

文化适应模式的核心内容是：第二语言习得只是文化适应的一部分，学习者始终处于从不适应过渡到适应的连续统中，学习者对目的语群体的文化适应程度将决定其习得目的语的水平(1978b：34)；其中，“文化适应”指学习者在社会和心理两方面都能融入目的语群体之中(1978b：29)。因为文化适应模式是在解释移民到美国的西班牙人在自然状态下习得第二语言的过程中提出的，模式最初适用在移民的范畴。②

Schumann假定，文化适应的程度与第二语言习得水平之间存在着理想的对应关系(Schumann，1976b，1978b，1986)，即文化适应程度的每一个等级都与第二语言习得的某个水平相对应。当然，Schumann自己也承认，在现实的习得过程中，两者之间的对应关系不可能像图7-1中那样严整。

① 虽然文化适应模式的说法比洋泾浜假设出现得更为频繁，但这两个名字一直被同时使用。

② Schumann1986年指出，文化适应模式对非移民可能也同样适用；同时，也探讨了正规教学情况下文化适应的重要性。(1986：389)

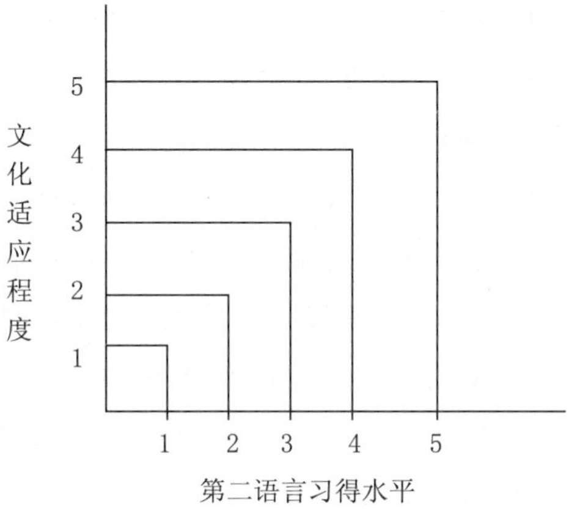

图 7-1　文化适应程度与第二语言习得水平之间的理想关系(Schumann, 1978b:34)

图 7-1 的纵轴是文化适应程度，横轴是第二语言习得水平。Schumann 利用此图意在说明，在理想状态下，第二语言学习者适应目的语文化的程度越高，其第二语言习得水平越高。相反，第二语言学习者文化适应的程度越低，第二语言习得的水平就越低。Schumann 试图在研究中证明这种对应关系，尽管这种对应关系在实际的第二语言习得过程中不是整齐划一的。由于文化适应程度是抽象的概念，在研究中需要更为具体的概念来分析。在文化适应模式中，Schumann 通过"社会距离"(social distance)和"心理距离"(psychological distance)来分析和阐述文化适应程度。

(一) 社会距离①

社会距离指第二语言学习者群体(second-language learning group)和目的语群体(target-language group)之间的关系，它影响着第二语言学习者与目的语群体接触的程度，因而也影响着第二语言学习者语言习得水平的提高。具体来讲，两个群体之间的社会距离越远，接触越少，也越不利于第二语言习得；相反，两个群体之间的社会距离越近，接触越多，越有利于第二语言习得。

① Schumann 曾经使用社会变量(social variables)概念(Schumann, 1978b)，但社会距离概念使用得更为普遍。

在社会距离与心理距离之间，Schumann 认为，社会距离较之心理距离占有更为重要的地位。Schumann 所说的"社会距离"主要包括以下八项因素，这八项因素并非彼此独立，而是彼此相关。

1. "社会主导模式"(social dominance patterns)，指第二语言学习者群体与目的语群体的平等程度，包括"主导地位"(dominate)、"从属地位"(subordinate)、"平等地位"(equal)三个等级。平等程度不同，即第二语言学习者所属群体的社会地位不同，对第二语言习得效果的影响也不同。

Schumann 认为，如果第二语言学习者所属群体在政治、经济、文化、科技等方面的地位优于目的语群体，第二语言学习者将不愿意学习目的语，习得效果差。比如，移民到突尼斯的法国殖民者，他们出于殖民的目的需要学习阿拉伯语，但是，因为法国移民者群体在各方面的地位都明显高于突尼斯人，他们不愿意卑躬屈膝地去学习阿拉伯语，因此阿拉伯语水平不高。

相反，如果第二语言学习者所属群体在政治、经济、文化、科技等方面的地位劣于目的语群体，习得效果也不好。居住在美国西南部的美国印第安人无论在历史上还是在今天都处于较低的地位，他们一直保持自己的传统，拒绝被同化，拒绝外来文化的入侵，包括语言。因此，他们的英语水平很低。

Schumann 提出，在社会主导模式的三个等级中，第二语言学习者所属群体的社会地位处于优势或劣势都不会促进第二语言习得进程，只有两个群体处于平等地位能够对第二语言习得起到促进作用。根据文化适应模式，当第二语言习得群体和目的语群体在政治、经济、文化、科技等方面基本上处于平等的地位时，学习者将愿意学习目的语，习得效果好。

2. "融入策略"(integration strategies)，指第二语言习得群体面对目的语群体文化时可能采取的态度和做法，包括"同化策略"(assimilation strategy)、"保留策略"(preservation strategy)、"适应策略"(adaptation strategy)三种。但是，Schumann 也曾指出，融入策略并不是成功的第二语言习得所必备的要素。

"同化策略"指第二语言习得群体面对目的语群体时，放弃了自己原有的生活方式和价值观，接受了目的语群体的生活方式和价值观。同化策略增加了两个群体间的接触，因而会推动习得进程。

“保留策略”与“同化策略”相反，指第二语言习得群体保留了自己的生活方式和价值观，同时拒绝了目的语群体的生活方式和价值观。这一策略拉大了两个群体间的距离，因而采取这种策略的学习者习得效果常常不好。

“适应策略”是“同化策略”与“保留策略”的折中，指第二语言习得群体一方面保留了自己的生活方式和价值观，另一方面也接受了目的语群体的生活方式和价值观。这种策略带来的习得效果由两个群体间的接触程度决定，接触越多习得效果越好。

3.“封闭程度”(enclosure)，指第二语言习得群体和目的语群体共同享用社会设施、共同工作的程度。如果第二语言群体与目的语群体出入相同的教堂、进入相同的学校、一起工作、娱乐，封闭程度低，两个群体间的接触多，会为语言习得创造好的环境；反之，如果第二语言群体把自己封闭起来，只和本群体的移民在一起生活、工作，语言环境不适合第二语言习得。

4.“凝聚程度”(cohesive)，指第二语言习得群体内部成员间的密切程度。如果成员间的紧密程度低，学习者能获得更多的机会与目的语群体交流，第二语言习得效果好；如果第二语言学习者群体内部成员间紧密程度高，学习者与外界交流的机会少，第二语言习得效果就会受到影响。

5.“群体大小”(size)，指第二语言习得群体人数的多少。在 Schumann 看来，紧密程度和群体大小这两个因素直接相关，群体小，紧密程度低，群体大，紧密程度高，因此所在群体人数少的学习者更容易取得好的语言习得效果。

6.“文化相似性”(congruence or similarity)，指第二语言学习者群体的文化与目的语群体文化的相似程度。Schumann 认为，两群体文化的相似程度越高越有利于习得。

7.“态度”(attitude)，指第二语言学习者群体对目的语群体的整体态度。Schumann 将态度分为正面态度和负面态度两种，正面态度较之负面态度有益于习得。

8.“打算居住的时间”(intended length of residence)，指第二语言学习者群体是否打算在目的语群体所在国长期居住。和短期居住相比，打算长期居住的第二语言学习者群体更可能与目的语群体频繁交流，因而会获得更好的语言习得效果。

下表总结了社会距离的八项因素与第二语言习得的关系。

表7-1 社会距离与第二语言习得的关系

社会距离	社会主导模式	融入策略	封闭程度	凝聚程度	群体大小	文化相似性	态度	打算居住的时间
有利于习得	平等地位	同化适应	程度低	程度低	小	高	正面	长
不利于习得	主导地位 从属地位	保留	程度高	程度高	大	低	负面	短

Schumann利用上述因素对Alberto与目的语群体的社会距离做了进一步分析。Alberto与其他5位被试最大的不同在于所属的移民群体不同，Alberto所属的移民群体由来自拉美的工人组成，而其他5位来自拉美技术移民群体，群体的不同带来了以下差异：(1)在社会主导模式上，工人移民因为缺乏技术，社会经济地位低于一般美国人，而技术移民因为他们良好的教育背景而可以与美国人平起平坐；(2)在融入策略上，工人移民更愿意保留自己的传统，会采取保留与适应策略，而技术移民通常采取适应策略；(3)在封闭程度上，工人移民虽然被美国社会所接受，但他们常常住在自己的社区，愿意与和自己身份相同的人一起学习、工作、娱乐，相反技术移民则因为工作需要完全生活在美国人之中；(4)在凝聚程度和群体大小上，工人移民的群体虽然比技术移民的群体大，但在紧密程度上远高于技术移民；(5)在文化相似性上，工人移民和技术移民来自同一个国家，相似性上应该一样，但因为两个群体的地位不同，所以技术移民群体文化与美国文化的相似度更高；(6)态度和打算居住的时间因为难以测量，难以比较，Schumann也没有作具体论述。

通过以上分析，不难看出，在社会距离上，Alberto所属的工人移民群体较之其他被试所属的技术移民群体，与美国群体的接触少，社会距离远，文化适应程度低。Schumann认为，这是造成Alberto第二语言习得过程停滞不前的原因之一。

(二) 心理距离[①]

社会距离考察的是第二语言习得群体和目的语群体之间的社会关系，心理距离是从个人与群体间的关系出发，考察作为个体的学习者由于情感因素造成的与目的语群体的距离。心理距离的大小将影响语言的输入，心理距离越近，语言输入量越大，越有利于习得。

一般来讲，社会距离对第二语言习得效果的影响比心理距离更大。但是，当社会距离对第二语言习得的影响很难说是有利还是不利的时候，个体心理因素对语言习得效果的影响更大。具体来说，心理因素由以下相互关联的四项因素构成。

1. “语言休克”(language shock)，指学习者使用第二语言时的恐惧感。在说外语的时候，学习者可能因为害怕说错而羞于张口，或者觉得自己词不达意，再或因为说不好而失去信心，这些都是语言休克的表现。语言休克的程度越高，越不利于第二语言习得。

2. “文化休克”(culture shock)，指学习者进入目的语群体时的一种焦虑。当我们进入到不熟悉的文化环境后，很多人都会有手足无措的情况，原来的思维模式不被现在的社会接受，原来的行为举止在现在社会中变得古怪，惯用的解决问题的方法也不再奏效。Schumann 认为，作为第二语言学习者，进入到陌生的语言环境后，除了语言休克以外，必然会产生文化休克，而且学习者会分散精力去调整自己。有的学习者会选择拒绝新的文化，把自己封闭起来，有的学习者则选择接受。在选择接受的学习者中，有的需要很长时间才能融入新的文化中，甚至反复好几次，有的则很快就能度过文化休克期。文化休克的时间越短、程度越低越有利于第二语言习得。

3. “学习动机”(motivation)，指学习者学习目的语的原因。学习动机分为两种类型，一种是融合型动机(integrative motivation)，另一种是工具型动机(instrumental motivation)。如果学习者学习目的语是因为对目的语群体

① Schumann 曾经使用心理变量(affective variables)概念(Schumann, 1978b)，但心理距离概念使用得更为普遍。

充满兴趣，理解目的语群体的文化，希望与目的语群体有更多的接触，甚至希望成为目的语群体的一员，则动机类型是融合型动机；如果学习者对目的语群体没有兴趣，学习目的语只是为了掌握一个工具，用来提高自己的知识水平、改善社会地位，则属于工具型动机。

在动机与习得效果的研究中，一般认为，融合型动机比工具型动机更有利于习得，因为工具型动机的学习者只要达到了目的就不再继续学习了，而融合型动机的学习者会因为对目的语群体充满兴趣而不断深入学习。但是，一些实证研究也显示，究竟哪一种动机更有利习得不能一概而论，在不同的习得状态下会有不同的结果。比如，有的学习者对第二语言并不感兴趣，但为了出国工作，或进入大学攻读学位，不得不学习第二语言，这种学习者往往具有极强的工具型动机，语言习得效果也会很好。

4. “语言疆界渗透性”(ego-permeability)，指学习者是否能够打开语言屏障，以开放的态度接受语言输入的意识。1972 年，Guiora 在研究为什么有的学习者的语言水平可以与母语者媲美时提出了“语言疆界”(language ego)的概念。(Schumann，1978a)Guiora 认为，在语言习得的早期阶段，因为学习者还没有形成一定之规，没有语言疆界，所以第二语言更易于渗透到学习者的语言中，因而更容易提高第二语言水平；随着习得时间的增长和语言知识的增多，学习者的语言疆界会被慢慢建立起来，形成一道屏障，阻碍语言的输入，语言开始僵化，这时，提高语言水平比较难。有些学习者之所以能达到较高的水平，原因之一是能够阻碍语言疆界的建立，使语言输入畅通无阻。语言疆界的建立并非不可控制，而是可以通过开放的态度来消除，开放程度越大、渗透性越高，语言输入量越大，可提高的空间越宽广。

为了考察语言疆界渗透性，Schumann 介绍了两个有意思的实验，一项实验是让学习者在语言习得之前饮用含不同酒精浓度的饮品，比较学习者之间习得效果的不同；另一项是在习得之前对学习者进行催眠，比较不同催眠程度下的语言表达效果。第一项实验结果显示，含酒精的饮品比不含酒精的饮品更有助于语言习得；第二项实验的结果显示，催眠程度高的学习者语言习得效果好。这两项实验通过巧妙的实验设计证明了语言疆界的可渗透性，以及当语言疆界打开时，习得效果将提高。下表总结了心理距离的四项因素与第二语言习得的关系。

表 7－2　心理距离与第二语言习得的关系

心理距离	语言休克	文化休克	学习动机	语言疆界渗透性
有利于习得	程度低	程度低	融合型动机	渗透性强
不利于习得	程度高	程度高	工具型动机	渗透性弱

Schumann 同样对 Alberto 的心理距离进行了分析，但是因为缺乏可靠的测量工具，Schumann 只使用了简单的量表对他的态度和动机进行了测量，测量结果并没有发现 Alberto 在心理上疏远目的语群体。Schumann 怀疑 Alberto 没有诚实地回答量表中的问题，同时量表可能缺乏信度和效度，所以 Schumann 又采用观察法对 Alberto 平日的言行举止进行了考察，观察到一些和 Alberto 的回答不相符的事实。Alberto 不愿和说英语的人交谈，而只愿意和少数说西班牙语的朋友们在一起；他不买电视，也没有兴趣看电视，因为电视里说的都是英语；他挣钱不多，但花了很高的价钱买录音机和西班牙语歌曲磁带；他宁愿晚上工作，也不愿意参加英语学习班。相反，其他 5 位被试，或者进入美国学校上学，结交美国朋友，或者选择在美国家庭当保姆，他们都努力地融入美国社会中，缩短和美国人的心理距离。

虽然 Schumann 没能直接测出 Alberto 的内心思想，但对 Alberto 行为的观察显示，Alberto 与目的语群体的心理距离远于其他被试。Schumann 认为，这是除了社会距离之外导致 Alberto 语言进展缓慢的另一个原因，即心理距离。

三、文化适应与语言教学

文化适应模式是针对自然语言习得提出的，但 Schumann 在对文化适应模式进行讨论时，也涉及文化适应与正规语言教学的关系。Schumann 把正规语言教学分为两种，一种是强化语言教学，一种是普通语言教学，在这两种教学中，文化适应程度在某种程度上不能决定语言习得水平的高低，文化适应程度低的学习者同样可以拥有很高的习得水平，这可能是语言教学的作用。但是，虽然文化适应程度在语言教学中并不起到决定作用，Schumann 仍然认为，文化适应在第二语言习得过程中不可或缺。

强化语言教学专门面向语言能力水平很高的学习者，通过高强度的教学在短时间内提高第二语言水平。强化教学的典型实例是美国外交学院（Foreign Service Institute）和美国军方语言学校（The Army Language School）。在教学上，强化教学有特殊的要求：学习者在一年内每天学习 5 小时以上，5 到 6 名学习者组成一个小班，语言教师受过特殊训练，语言课程经过特殊筹划，成绩不够优秀的学习者将被淘汰。在这种情况下，自然语言习得只是语言教学的附属品。

但是，即便在这样的高强度教学中，文化适应仍不可忽视，美国外交学院要求学习者每隔一段时间要与目的语群体的人一起吃饭、活动，美国军方语言学校把学习者带到目的语群体中生活，以催化他们的文化适应过程，更快地提高语言水平。

Schumann 认为，与强化语言教学不同，普通教学无法控制学习者的语言能力、学习强度、学习时间，可以控制的因素只有老师、教学方法和课本，而目前这三项因素已经发展到了很高的水平，不可能再提高了。在这样的情况下，在 Schumann 看来，唯有通过提高学习者的文化适应程度才有可能进一步提高他们的语言水平，因为语言学习的实质不是教学而是文化适应的过程，在普通教学的情况下，没有文化适应不可能有成功的第二语言习得。

四、关于文化适应模式的争议

每一种理论模式的正确性都需要通过理论和实践来检验。文化适应模式自提出之日起，始终是第二语言习得领域的关注对象之一。Schumann 本人以及其他学者们或从理论上、或通过实验对文化适应模式进行探讨，同时也从理论和实证研究两个角度对文化适应模式提出了不同的看法。

学者们首先从理论上对文化适应模式提出质疑。前面曾经介绍，Schumann 观察到 Alberto 的语言和洋泾浜十分相似，又因为有学者提出，洋泾浜的形成原因是社会心理距离，Schumann受到启发，提出了文化适应模式。但是，有学者提出，第二语言习得过程和洋泾浜的形成过程不同。第一，二语习得发生在双语环境中，而洋泾浜的形成环境常常有数种不同的语言；第二，第二语言学习者以前一般只会一种语言，而说洋泾浜语的人通晓不止一种语言；第三，第二语言习得是个人行为，而洋泾浜的形成是团体行为。

对于以上不同意见，Schumann和其他学者从两个方面进行了反驳。首先，Schumann指出，以上学者对第二语言习得与洋泾浜形成过程的比较是错误的，二者不具有可比性；其次，即便第二语言习得过程与洋泾浜形成过程不可比，仍然不能说明文化适应模式是错误的，因为洋泾浜语和Alberto语言的相似性只是给了Schumann启示，激发他提出了文化适应模式的假设，并不是文化适应模式的理论基础。

除了理论上的争论以外，学者们通过实证研究对文化适应模式进行了检验，实验结果有的为文化适应模式提供了支持，有的则与之相悖。Schumann在他一系列的文章（Schumann，1976a，1976b，1978a，1978b，1986）中客观地介绍了以下实验结果。

Stauble（1978）最早证明了文化适应模式。Stauble比较了三位母语为西班牙语的学习者习得英语的情况，否定结构的习得情况被作为评判习得效果的标准。实验结果显示，三位被试在文化适应程度上的不同能够很好地解释他们在习得效果上的差异，同时实验也印证了社会距离比心理距离更具解释力。（Schumann，1978a）

另一项常常被引用来证明文化适应模式的研究是Maple（1982）的大规模实验。Maple以190名在美国上学的母语为西班牙语的学生为被试，考察社会距离与第二语言习得效果的关系。他用一份由100道题目组成的量表测量被试的文化适应程度，用四种语言测验、评价被试的第二语言习得水平。结果显示，在八个社会因素中，除了文化相似性以外，对其他七个因素与第二语言习得效果关系的考察都证明了Schumann的理论。Maple的研究结果进一步拓宽了文化适应模式的适用范围，Schumann在Maple的研究后表示，文化适应模式可能同样适用于非移民群体。

然而，Schmidt，Kelly 和 England 的研究显示了与上面不同的结果。Schmidt(1983)对一位移民到夏威夷的 33 岁的日本学习者进行了个案研究，他以交际能力来衡量第二语言习得水平，研究结果显示，虽然这位学习者的文化适应程度很高，但是在语言上只达到了一般的交际水平。

Kelly(1982)对 6 位移民到美国的西班牙人进行考察，用自己研制的四度量表测量他们的文化适应程度，用否定和 VP 结构的使用情况测试他们的语言水平。Kelly 发现，文化适应程度最高的被试语言进展是最缓慢的，而语言提高最快的被试文化适应程度却比较低。

England(1982)以 84 名移民到美国的成功学习者为被试，就文化适应模式中的学习动机与第二语言习得效果的关系进行了测量，结果发现，融合型动机并非是成功习得的唯一原因。

针对学者们对文化适应模式的争论，Schumann 总结了文化适应模式目前存在的问题。这些问题是文化适应模式引起争论的原因，同时也是文化适应模式后续研究的思路。

第一，对文化适应程度的测量。文化适应模式研究存在的第一个问题是对文化适应程度的测量。现有研究对文化适应程度的测量大部分是通过量表，但是制定一个能有效考察 12 项因素的量表比较困难，尤其是对心理的测量。从目前文献来看，学者们使用的量表不尽相同，而且没有哪一个可以用数据证明它能够准确、全面地反映学习者的文化适应程度。

第二，对习得水平的测量。文化适应模式研究存在的第二个问题仍然在测量方面，即对第二语言习得水平的测量。在前面的几项实验中，学者们测量第二语言习得水平的手段不尽相同，有的立足于交际，有的立足于语法，同样是考察语法也有不同的角度。因此，准确测量学习者的第二语言习得水平是探讨文化适应程度与习得水平关系的另一关键因素。

第三，文化适应程度与第二语言习得水平关系的动态性。文化适应是一个过程，在学习者不断适应目的语群体文化的过程中，社会距离和心理距离存在变化，文化适应程度与习得水平的关系也是动态的，而目前的研究都是在共时层面上的考察，不能全面反映二者之间的关系。

第四，被试数量。以往对文化适应模式的研究在被试数量上存在差异，有的实验是个体研究，有的实验的被试是几个学习者，有的则有数十或数百个学习者。Schumann 认为，对于文化适应的研究，只有建立在大规模被试的基础上才可能准确反映文化适应程度与习得效果之间的关系。

第五，文化适应与语言习得水平之间是否有直接的因果关系。有学者认为，认知能力和学习策略才是直接决定语言习得水平的因素。Schumann 则认为，认知能力和学习策略可以解释为什么有些人能够非常好地习得第二语言，却不能对不成功的学习者作出解释。而且，Schumann 自己也不能证明文化适应模式直接决定第二语言习得水平的高低。

虽然，Schumann 的文化适应模式存在以上问题，但是将社会因素在第二语言习得中的地位提升到了史无前例的高度，对于社会因素的分析也十分全面，拓宽了第二语言习得研究的视野，使后来的学者更加关心社会因素与第二语言习得的关系。

思考和练习

1. 文化适应模式的基本假设是什么？

2. 社会距离和心理距离由哪些因素构成？它们与第二语言习得效果有什么关系？

3. 文化适应理论有哪些问题？

第二节 社会文化理论

与上一节的文化适应模式不同，“社会文化理论”是心理学理论之一，由苏联著名心理学家维果茨基（Lev. Vygotsky，1896—1934）创立，上世纪 80 年代开始被引入到第二语言习得研究中。

维果茨基是前苏联著名心理学家，主要研究领域是儿童的心理发展。维果茨基从上世纪20年代开始探究人类心理的社会起源，提出了人的高级心理机能是社会历史的产物等观点。从1925年到1934年，维果茨基和他的同事们通过一系列的研究，将维果茨基的思想提炼为关于认知发展的“社会文化理论”。(Lantolf and Appel,1994)

维果茨基的思想对西方现代和当代心理学都有卓越贡献，也影响了心理学以外的其他学科的发展，第二语言习得研究就是其中之一。然而，在维果茨基生前，他的理论受到了多方面的批评，长时间处于沉寂状态，直至1962年，他的著作《思维与语言》被翻译成英文，引起了西方学者的广泛关注，并被翻译成多国语言。因此，他的思想得到复兴并被西方学者们进一步发展，心理学界和语言教学界出现了研究维果茨基理论和方法的热潮。限于篇幅，本节主要介绍维果茨基的“社会文化理论”，以及该理论在第二语言习得中的应用。

一、社会文化理论的引入

“社会文化理论”(socio-cultural theory)是关于人类认知发展的理论，强调社会文化因素在人类独特的认知功能发展中的核心作用。在社会文化理论被引入到第二语言习得研究领域之前，学者们已经意识到语言习得不只是个人行为，而具有社会属性，但随着上世纪90年代第二语言习得领域对社会文化理论兴趣的增加，学者们更加关注语言习得与社会因素的关系。

在引入社会文化理论到第二语言习得领域的过程中，James Lantolf做出了突出贡献。80年代，Lantolf最早提出了社会文化理论与第二语言习得的关系。从1994年到2000年，他先后编辑了三本论文集，将维果茨基各方面的思想介绍到第二语言习得中，同时对相关实证研究进行了总结；2006年，Lantolf出版了《社会文化理论和第二语言发展的起源》(*Socio-cultural Theory and the Genesis of Second Language Development*)一书，系统介绍了以维果茨基的理论为基础的研究，以及该理论在第二语言习得中的应用。

二、社会文化理论的主要内容

社会文化理论的主要内容包括“调节论”(mediation)、“最近发展区理论”

(zone of proximal development)、“个体话语和内在言语”(private and inner speech)、“活动理论”(activity theory)四个部分。

(一) 调节论

社会文化理论认为,在个人与社会的发展中,语言起到了不可忽视的调节作用。维果茨基(1987,转引自 Mitchell and Myles,2004)指出,正像人类要通过工具作用于物质世界一样,人类通过符号工具调节与他人的关系,调节自己的行为。在这些符号中,语言是最重要的调节工具,是连接社会和个体的桥梁。

由于维果茨基研究的是儿童心理的发展,所以调节论早期主要用于解释儿童的认知发展。从儿童的认知发展过程来看,儿童是在社会环境中和他人交流,学会知识与技能,其中语言是他们的交流工具,起到了调节语言交际和调节人际关系的作用。在语言的调节下,儿童的认知从完全被环境左右的“客体调控”(object-regulation)阶段,发展到需要别人协助的“他人调控”(other-regulation)阶段,最后获得能够控制自己的高级认知功能,比如记忆、注意、高级思维等,即“自我调控”(self-regulation)阶段。所以,调节论认为,人类的高级认知功能是在参与社会文化活动中通过语言的调节形成的。

对社会文化理论来说,学习的过程也是在语言的调节下实现自我调控的过程。学习者通过第二语言与目的语者交流,参与外部的社会文化活动,不断地将外在的语言形式内化,直到成为自己思维的一部分。

(二) 最近发展区

维果茨基认为,儿童的发展水平有两个层面,一个层面是实际发展水平,指儿童已经具备的独立解决问题的能力,另一个层面是潜在发展水平,指还没有形成的,但可以在成人的帮助下解决问题的能力。最近发展区是实际发展水平和潜在发展水平之间的距离。按照维果茨基的观点,这些处于最近发展区内的知识最容易被习得,所以教学应该走在实际发展水平的前面,激活位于最近发展区内的语言知识,而最好的激活方法是社会互动。

维果茨基认为,通过以语言为调节工具的社会互动,学习者不断接触到知识,并在指引下把外在的知识转化为自己的知识,从社会层面内化为个人心理层面。社会文化理论在以上思想的基础上提出了“支架”(scaffolding)学习法，核心是在交流和互动中，教师等有经验的人通过指导性的语言帮助学习者发现知识的特征，使学习者克服困难，逐步搭建起自己的知识结构，这也是从合作学习逐步达到独立学习的过程。此外，维果茨基提出，最近发展区内的语言知识可以在互动中利用“支架”学习法激活。

对于第二语言习得，最近发展区和“支架”学习法同样存在。最近发展区指一些语言知识或技能学习者还不能独立运用，但是在别人的帮助下可以掌握。“支架”学习法，指教师等有经验的母语者可以通过与学习者的交流互动，引导学习者关注语言的特征，并在交流中促进学习者把语言特征内化到自己的语言体系中，对语言实现从他人调控到自我调控。

学者们进一步总结了“支架”的作用：(1)能唤回学习者的学习兴趣，(2)能使学习任务简单化，(3)可以督促学习者始终保持自己的目标，(4)对学习者的语言进行评判，(5)调整学习者的情绪，(6)向学习者提供最佳答案。(Wood, Bruner and Ross, 1976)

(三) 个体话语和内在言语

在介绍调节论时提到高级认知功能的形成过程，即由客体调控到他人调控，再到自我调控。在这个过程中，起到调节作用的语言也从社会言语(social speech)发展到个体话语(private speech)，又进一步发展为内在言语(inner speech)。用维果茨基的观点来解释，言语发展在开始阶段是社会性的，接着经历了以自我为中心的阶段，再接下来是内部言语阶段。

拿第二语言来说，按照社会文化理论，在第二语言形成的初级阶段，使用第二语言只是为了实现和他人的交流，带有明显的社会性，这时的语言是社会言语；随着学习者与他人互动的增多，学习者能慢慢感悟到语言的特征，但还不能完全掌握，这时会出现个体话语，也就是学习者的自言自语，个体话语是学习者自我调节的表现，引导着学习过程，标志着语言已经从社会层面向个人层面过渡，学习者掌握语言的能力正在提高；最后，当学习者能完全掌握语言时，个体话语会自动消失，内化为内在言语，成为学习者语言体系的一部分，同时也成为学习者思维的工具。

(四)活动理论

活动理论由维果茨基创立,他的继承者 Leontiev 和 Engestrom 发展了该理论。"活动"指在社会文化环境中的集体互动、交流合作等社会实践。社会文化理论认为,活动是把外部社会和内部个人发展联系起来的纽带,人的认知发展在活动中实现。对第二语言学习者来说,社会性的活动为学习者提供了机会,使学习者能够接触语言的知识和技能,把外界的语言形式内化为自己的语言体系。

社会文化理论中的"活动"包括活动的主体(subject)、活动的目标和动机(object)、达到目标的行动(actions)以及行动的操作手段(operation)四个要素,活动会因为以上要素的不同而不同。在这四个要素中,目标和动机尤为关键,因为活动之间的区别主要在于目标和动机。

社会文化理论进一步区分了活动与任务。任务是计划,比如,教师在课前安排好本课要达到的目标,具有稳定性;活动是个体完成任务时的实际表现,比如学生为了完成任务是如何学习的,因为每个个体的动机不同,活动也不同,所以活动具有动态性。

三、社会文化理论在第二语言习得中的应用

社会文化理论是维果茨基创立的认知发展理论,从 80 年代开始,以 Lantolf 为代表的一批学者逐渐把社会文化理论引入到第二语言习得领域,研究者们通过实证研究验证了社会文化理论在第二语言习得中的作用,同时也进一步发展了社会文化理论。

(一)"支架"学习法和最近发展区

社会互动是社会文化理论的重要思想。社会文化理论认为,学习者是在社会互动中习得了新的语言,互动促进学习者达到潜在发展水平,"支架"也是在互动中搭建。第二语言习得研究(Hatch,1978b)也发现,无论是儿童学习者还是成年学习者,在与目的语者交流之后,都开始使用交流中的语言用法,Mitchell 和 Myles(2004)验证了社会互动在第二语言习得中的作用。

学者们还进一步考察了"支架"教学法在第二语言习得中的作用。Aljaafresh and Lantolf(1994)进行了一项纵向研究,研究的被试是一位成年英语学习者。学习者每周和老师面对面纠正英文作文中的错误,在纠正的过程中,老师使用了“支架”教学法。先让学生通读自己的作文,在没有老师帮助的情况下自己检查错误,之后老师和他一起逐句地检查。如果发现错误,老师会提供暂时的恰到好处的帮助,鼓励和指引学习者。实验持续了八个星期,研究者记录了学习者在冠词、时态、介词、情态动词四个方面的习得进展。研究者发现,学习者在使用以上四个语法项目的准确性上都逐步提高,而且尽管在学习中教师纠正的是具体的错误,但学习者已经能从中总结规律。此外,当以上四个方面的错误再次出现时,学习者自我纠正的能力提高了。

以往研究还有两个发现。第一,当语言知识位于最近发展区内时,更容易被激活。第二,维果茨基在提出最近发展区时,是通过“新手”(novice)和“专家”(expert),比如学生和老师的互动达到潜在发展水平。第二语言习得研究发现,互动的作用还存在于同伴之间的合作中,两个人的学习或者小组学习同样能通过互动促进习得进程。(Donato and McCormick,1994;Ohta,2000;Swain and Lapkin,1998;Mitchell and Myles,2004)

对于最近发展区,还有学者探讨了与克拉申“i+1”的异同。两者的习得目标相似,都是让学习者尽可能地发展潜能,加快发展习得步伐,但两者在方法上不同,克拉申的“i+1”是被动的输入,最近发展区突出的是在他人的指引下学习者主动地自我调节。

(二)个体话语和内在言语

第二语言习得研究在个体话语和内在言语方面主要涉及三个问题:个体话语是否存在;个体话语能否起到了自我调节的作用,从而促进任务的完成;个体话语能否转化为内在言语。

Flawley 和 Lantolf 1985 年让被试根据一组图片表述图片中的故事。在描述过程中,被试的语言前后不连贯,杂乱无章,而且出现了一些和图片无关的语言,比如“你们希望我描述他们在做什么,这对我来说是个问题”等,这些语言在母语者描述时是没有的。研究者对这一现象的解释是,这些语言属于个体话语,是学习者在遇到困难时希望通过个体话语来引导自己完成任务的表现，起到了自我调节的作用，标志着学习者努力由客体调控向自我调控发展。(Mitchell and Myles，2004)

Ohta 2001 年通过一项纵向研究证明了个体话语向内在言语的转化。(Mitchell and Myles，2004)Ohta 的实验在一般的课堂中进行，被试是 7 个日本学习者，每个被试的语言都通过自己佩戴的麦克风被记录下来。研究发现，在整个课堂的互动过程中，大多数的学习者出现了个体话语。Ohta 把这些个体话语分成了三种类型：最常见的一类是重复老师或者其他同学的话，在学习新词和重要句子的时候出现得比较频繁；第二种类型是代替回答，比如自言自语地回答老师的问题，或者补充其他学习者的回答；第三种类型是学习者自己组织语言和句子结构时出现的个体话语。Ohta 还发现，个体话语常出现在学习者遇到新的语言点或碰到困难的时候，同时个体话语也帮助他们掌握了新的语言项目，比如通过重复掌握新词的语音，通过和其他学习者的答案进行比较检验自己对语言的认识等。研究显示，学习者的个体话语最后进入了学习者的语言系统，转化为内在言语。

（三）活动理论

社会文化理论认为，活动具有个体性，即便任务相同，学习者也会因为目标和动机等因素的不同，形成不同的活动。Coughlan and Duff(1994)请 5 位被试用语言描述同一张照片，5 位被试的描述各不相同，影响因素包括学习者对交谈者的了解、交谈者的反馈、学习者认为的描述时间的长短等。所以，第二语言习得研究者认为，在使用活动理论对互动进行解释时，必须考虑学习者的主观因素。

McCafferty 等学者(2001)进一步考察了语言项目在活动中的角色与习得效果的关系。这是一项关于词汇习得的小规模对照实验。被试是西班牙语学习者，被分为两组。研究者给第一组的被试一些他们没有学过的动物词汇，要求他们把这些词用到一篇关于动物园的作文中。第二组的任务和第一组不同，要做的是设计并进行一次采访，内容是语言学习的经历，为了跨越沟通障碍，被试可以询问和采访有关的词汇。研究结果显示，第二组被试记住了很多为了采访而询问、之后又在采访中多次使用的词汇，这些词汇在数量上远超过直接提供给第一组被试的动物词汇。此外，从第二组被试的记忆效果来看，当词汇与学习者的采访相关时，学习者的记忆效果最好。从以上实验中可以看出，语言项目的习得效果与其在活动中的地位相关，当语言项目在活动中确实得到了使用，尤其是帮助学习者解决了问题，也就是和学习者的活动目标挂钩时，习得效果更好。

除了以上的实证研究以外，还有一些学者探讨了活动理论与任务教学法的关系。任务教学法在当今教学界十分流行，活动理论和任务教学法有相似之处，都是把任务或者活动看作语言习得的重要途径。但是活动和任务不同，活动注重过程而任务注重目标，所以，活动理论可以用来对任务型教学法进行补充，使任务型教学法增加对过程的关注。

四、意义和局限

社会文化理论从社会文化的角度来阐释第二语言习得过程和习得机制，因而对拓宽第二语言习得研究的视野具有重要的意义。这些意义主要有三个方面：

首先，从学科交叉来讲，社会文化理论原本是心理学领域的认知发展理论，被引入到第二语言习得研究中，拓宽了第二语言习得研究的视野。

其次，从社会文化理论的内容来看，社会文化理论提出了不同于以往研究的新观点：(1)社会文化理论认为语言是思维的工具，具有调节个人行为和调节与他人关系的作用，人类的高级认知功能也是在参与社会文化活动中通过语言的调节形成的；(2)对于习得过程的解释，社会文化理论不同于行为主义倡导的新习惯的形成，也不同于心灵学派普遍语法中的原则与参数理论，而是关注学习的社会属性，将习得看作学习者通过社会互动，将外在语言形式内化为自己的思维，实现对语言自我调控的过程，把学习者、社会、语言联系在了一起。

最后，从语言习得的实践过程看，最近发展区、活动理论等指导下的教学方法确实起到了促进学习者习得进程的作用。

社会文化理论为第二语言习得带来新思路和新观念，但同时也存在一些局限。从目前的实证研究来看，其局限主要反映在四个方面：(1)研究范围比较小，比如在我们前面介绍的研究中被试有的只有两个；(2)研究很多都是在课堂中进行，不能反映自然状态中的习得状况；(3)研究的时间比较短，缺乏长时间的纵向研究；(4)对于第二语言习得研究关注的语言习得速度等方面的问题，社会文化理论几乎没有提及。

思考和练习

1. 社会文化理论具体包括哪些内容？

2. 社会文化理论在第二语言习得中有哪些应用？

3. 第二语言习得中有关社会文化理论的研究存在什么问题？

4. 把社会文化理论引入到第二语言习得研究中有什么意义？

第三节　与第二语言习得相关的其他社会模式

除了“文化适应模式”和“社会文化理论”，在以往的研究中，还有一些其他和第二语言习得相关的社会模式，包括 Lambert 的社会心理模式、Gardner 的社会教育模式、Giles 和 Byrne 的“族群间模式”等。与文化适应模式和社会文化理论相同，这些模式都关注社会因素对第二语言习得的影响，但侧重点各不相同。

一、Lambert 的社会心理模式

“社会心理模式”(The Social Psychological Model)由 Lambert 1963 年提出，经过不断的丰富，1974 年定型。社会心理模式注重语言的社会功能，其主要思想包括：无论是第一语言习得还是第二语言习得，语言都是个人社会身份自我认定(self-identity)的一部分，其中第二语言习得[①]的过程也是学习者重

① Lambert 没有使用第二语言习得(second language acquisition)，而是使用双语发展(bilingual development)。(Lambert，1967)为和全书保持一致，这里依然使用第二语言习得。

新认定身份的过程；学习者使用第二语言的熟练程度(proficiency)会影响学习者对自己身份的认定，从而影响第二语言习得的总体情况；为了实现新的身份认定，在习得第二语言时，学习者必须能够而且愿意接受目的语群体各方面的行为特征，语言是其中之一。(Lambert,1967,1974)

Lambert认为，影响第二语言习得的因素可分为两类：一是认知因素(cognitive factors)，包括语言学能(aptitude)、智商(intelligence)等；二是情感因素(affective factors)，包括态度(attitude)、动机(motivation)等。(Lambert,1963)社会心理模式更为关注情感因素对第二语言习得的影响。

图7-2说明了社会心理模式的组成要素以及各要素之间的关系。

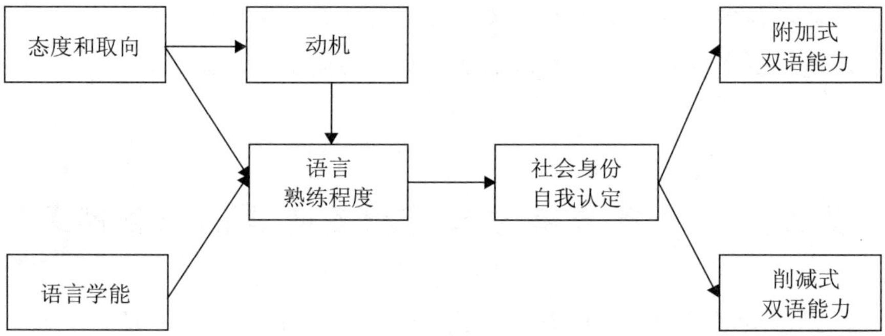

图7-2 社会心理模式(The Social Psychological Model;Gardner,1985:133)

从图中可以看出，学习者的社会身份自我认定是社会心理模式的核心，它把学习者的认知因素、情感因素、使用第二语言的熟练程度，和学习者第二语言习得的总体情况联系在一起。Lambert曾指出，当学习者使用第二语言的熟练程度提高时，他们会改变对自己社会身份的认定，向目的语群体靠拢，学习者将同时具备母语和第二语言两种能力，即附加式双语能力(additive bilingualism)；反之，在学习者具备第二语言能力的同时，母语能力受到削减，即削减式双语能力(subtractive bilingualism)。

社会心理模式出现于第二语言习得发展的早期阶段，在本章介绍的各种理论中，是最早将社会因素引入到第二语言习得研究中的模式，它的出现对后续理论，尤其是Gardner的社会教育模式，有很大影响。但是，由于历史的局限性，Lambert 把社会因素对第二语言习得的影响看得比较简单。

二、Gardner 的社会教育模式

Gardner 等人对“社会教育模式”（The Social-educational Model）的研究始于上个世纪 50 年代，70 年代提出主要的理论，80 年代“社会教育模式”完全形成。

在第二语言习得的研究中，与其他社会模式相比，社会教育模式的体系更为复杂，内容更为丰富，已经超越了单纯探讨社会因素对第二语言习得的影响，而是以社会文化环境为起点，把影响第二语言习得的方面联系在一起，形成了一个影响第二语言习得效果的链条。社会教育模式的四个方面是，社会环境（social milieu）、学习者的个体差异（individual differences）、习得环境（language acquisition contexts）和习得结果（outcomes），每个方面又由不同的因素组成。

Gardner 1985 年的社会教育模式集合了以往的研究成果，清晰地表明了以上四个方面的联系。

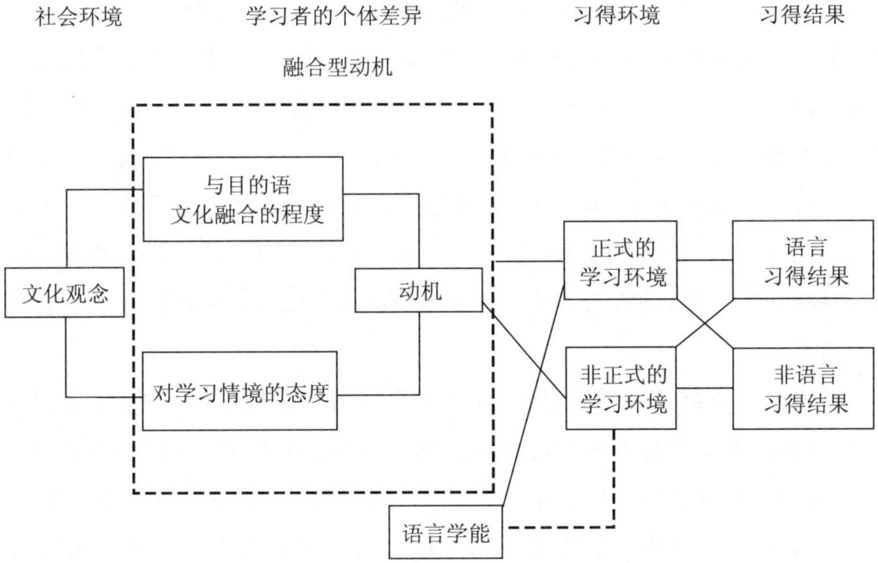

图 7－3　Gardner 的社会教育模式（Gardner，1985：153）

Gardner对上图的主要解释包括:(1)学习者成长的社会和文化环境决定他们对目的语文化的态度,以及在多大程度上愿意与目的语文化相融合;(2)对目的语文化的态度和认同共同决定学习者的动机;(3)语言学能和动机彼此独立,其中动机在正式的学习环境和非正式的学习环境中都很重要;语言学能在正式的学习环境中作用更大;(4)动机和语言学能(还包括智力、情感焦虑等因素)决定学习者在不同习得环境中的表现,影响第二语言习得效果;(5)习得结果分为两种,语言习得结果和非语言习得结果。(Gardner,1985;Ellis,1994)

此外,在组成社会教育模式的诸多因素中,Gardner最关注的因素是动机。Gardner把动机分为两种,一种是融合型动机,另一种是工具型动机。Gardner认为,社会文化环境和学习者的态度对第二语言习得效果的影响是间接的,但是动机和习得效果的关系比较直接,尤其是融合型动机。融合型动机和第二语言习得的关系具体体现为融合型动机指数越高,第二语言习得效果越好。

在社会教育模式的研究中,很多是探讨动机与习得效果的关系,同时,这也成为社会教育研究中存在争论最多的地方。动机与第二语言习得效果关系的争论主要集中于融合型动机是否更有利于第二语言习得。Gardner认为,虽然融合型动机和工具型动机都与习得效果呈正相关,但融合型动机更有利于第二语言习得。(Gardner等,1981,1985,1988等)从实证研究的结果看,有的学者的研究(Spolsky,1969;Laine,1984)证明了Gardner的观点,但是也有研究(Oller,Hudson and Liu,1977)发现,工具型动机的学习者语言熟练程度更高。此外,还有一些学者(Fahmy and Bilton,1992)认为,无法判断哪一种动机更有利于习得,动机与习得效果的关系在不同的社会文化环境下会有不同的结果。

对于社会教育模式的局限性,除了动机与习得效果的关系外,学者们还提出,社会教育模式没有说明学习环境如何对态度、动机、习得效果等产生影响;此外,社会教育模式没有提及第二语言习得在模式中究竟是如何发展的。当然,社会教育模式的提出也推动了第二语言习得研究的发展。社会教育模式把影响第二语言习得效果的诸多因素结合在一起,共同对第二语言习得效果进行解释,并且建立了各因素之间的联系。从目前关于第二语言习得的社会教育模式来看，社会教育模式比较细致、全面。

三、Giles 和 Byrne 的族群间模式

Giles 和 Byrne 1982 年提出了“族群间模式”(the Inter-group model)，其中“族群间”指少数民族族群和社会主流语言群体之间。族群间模式主要研究来自少数民族语言群体(linguistic minority group)的学习者在学习社会主流语言(majority language)时，社会心理因素对第二语言习得的影响。族群间模式十分关注学习者的自我观念(self-concept)，他们认为，学习者习得其他语言的动力是提升或者维持自我形象(self-image)。(Gardner，1985)

族群间模式提出了影响第二语言习得的五个因素：(1)学习者是否觉得自己处在被外界隔离的群体中；(2)在学习者对其母语群体和目的语群体进行比较时，结果是否会带来不舒服的感觉；(3)学习者母语群体的地位；(4)学习者的母语群体是否在语言和文化上被外界隔离；(5)学习者对目的语群体的看法。族群间模式的五个因素分析有利于第二语言习得的情况是：学习者不觉得自己的群体被外界隔离，母语和目的语群体的比较没有给学习者带来不舒服的感觉，学习者母语群体的地位低于目的语群体，学习者母语群体在现实中没有被外界隔离，学习者对目的语群体持正面态度。

族群间模式和文化适应模式有一些相似之处，都对影响第二语言习得的社会心理因素进行了细化，都分析了有利于及不利于第二语言习得的情况，都从学习者群体和目的语群体的关系来阐述第二语言习得的过程。族群间模式和文化适应模式的不同之处在于：文化适应模式从客观产生的社会距离说明对第二语言习得的影响，强调学习者群体与目的语群体的“接触”(contact)；族群间模式则从学生感知的社会距离说明对第二语言习得的影响，强调两个群体之间的“互动”(interaction)。在 Giles 和 Byrne 看来，学习者如何定义和看待学习者群体和目的语群体的关系对第二语言习得非常重要。(王建勤，2003)

族群间模式在研究中存在两个问题。第一，研究中的学习者不是来自少数民族语言群体，所以得到的结果不能用来验证族群间模式(Ellis，1994)；第二，即便学习者都来自少数民族语言群体，学习者之间有很大的个体差异，不

能一概而论(Gardner,1985)。因此,Giles 自己也说,族群间模式有趣但不可测。(Ball and Giles,1982)

思考和练习

1. Lambert 的社会心理模式由哪几个要素组成?它们之间是什么关系?

2. Gardner 的社会教育模式由哪些方面、哪些因素构成?它们之间是什么关系?

3. Giles 和 Byrne“族群间模式”提出了哪些影响第二语言习得的因素?什么样的情况有利于第二语言习得?

第八章　语言输入与互动研究

语言习得的发生取决于两个基本因素，即“内在因素”和“外在因素”。所谓“内在因素”，即通常所说的语言习得机制，这是语言习得发生的前提条件；所谓“外在因素”是指语言输入的环境，没有语言输入，语言习得也就不可能发生。本章主要探讨语言习得发生的外在环境。语言输入与互动作为语言习得发生的外在环境，一直是第二语言习得研究关注的领域，也是争论颇多的领域。学者们关注的问题主要包括两个方面：一是语言输入在第二语言习得过程中的角色和作用，二是语言输入与互动对第二语言习得发展的影响。本章将围绕这两个问题来探讨自上世纪 70 年代以来有关语言输入与互动的研究。

第一节　语言输入与互动研究产生的背景

语言输入与互动的研究始于上世纪 70 年代（Hatch and Wagner-Gough，1976；Hatch，1978a；Peck，1978）。在早期的研究中，语言输入的问题尚未进入学者们的研究视野。学者们关注的主要是学习者的语言产出。由于研究材料来自母语者与学习者交流的转写材料，这些材料使研究者不仅能观察到学习者的语言产出过程，即学习者是怎么说的，同时也可以观察到母语者为学习者提供语言输入的过程，即母语者对学习者是怎样说的。由此，语言输入与互动研究进入第二语言习得研究的视域。

一、语言输入与互动的含义

“语言输入”(input)与“互动”(interaction)在第二语言习得研究领域具有特定的含义。首先,“语言输入”与“互动”是指两种不同的语言输入环境。“语言输入”是指为学习者提供的单向的语言信息,如听广播、看电视、听讲座等。对于学习者来说,这种语言输入是单向的,学习者没有交流和沟通的机会。语言习得经常发生在这种单向的语言输入中。“互动”,简单地说,指双向的语言沟通和交流,如母语者或教师与学习者之间的交流和沟通,当然也包括学习者之间的交流和沟通。这种双向的交流和沟通构成了语言习得发生的互动环境。其次,语言输入与互动显示出一种特定的语域风格。有研究表明,当母亲对学说话的幼儿说话时常常通过一些特定的方式对自己的语言进行调整,如使用简单的词句、采用夸张和重复的方法等。这种经过调整的话语被称作“儿语”(Baby-talk)、“母亲语言”(motherese)、“保姆语言”(caretaker talk)或“儿向语言”(child-directed language)。当母语者与第二语言学习者交流时,母语者使用的语言也具有“保姆语言”的某些特点,如放慢语速、使用简单的词汇、简化的句子结构等。但这种话语与保姆语言还是有许多差别的,因此被称作“外国人话语”(foreigner talk)。见下面的例子:

母语者:你—是—哪—国—人?

非母语者:我—哪国?

母语者:对,你—哪个—国家的?

非母语者:国家?噢,美国。

在对外汉语教学课堂上,汉语教师与学生交流使用的话语也同样具有“外国人话语”的一些特点。不过,这种话语与外国人话语也有一些差别,因此被称作“教师语言”(teacher talk)。见下面的例子:

教师:请大家打开书。

学生:开书?

教师:对。书 Book,打开 open。

学生:噢,打开书?

然而，无论是保姆语言、外国人话语还是教师语言，都表现出一些自己特有的语域风格。此外，母语者在与学习者交流的过程中不仅进行话语形式的调整，还进行话语结构和功能的调整。调整话语结构和功能的目的都是为学习者提供“可理解输入”(comprehensible input)，以顺利完成交际任务。

从上述分析可以看出，语言输入和互动作为语言习得发生的外在环境，在第二语言习得过程中具有不同的作用，但却对第二语言习得的发展具有重要的影响。一方面，母语者与第二语言学习者交流使用的话语与母语者之间的话语在语域风格上有很大的不同，即具有“外国人话语”或“教师语言”的特点。这些具有特定语域风格的话语为第二语言学习者提供了一个可理解输入环境。这种特定的语言输入环境必然会对第二语言学习者的语言习得发展产生某种影响；另一方面，母语者与第二语言学习者的交流除了话语形式的调整，还有话语结构和功能的调整。这种互动环境对第二语言学习者的语言习得过程也会产生重要的影响。

二、三种不同的语言输入观

对于正常的儿童来说，语言习得是自然发生的。然而，即使是正常的儿童，如果没有语言输入，语言习得也不会发生。一些关于“狼孩”的报道充分说明了语言输入对语言习得的重要性。对于第二语言学习者而言，语言输入也是第二语言习得发生的必要条件。然而，不同学派对语言输入在语言习得发展过程中所起的作用的看法却大相径庭。

行为主义学习理论认为，语言输入在语言习得过程中具有重要作用，强调外在因素的中心地位。行为主义学习理论之所以强调语言输入的中心地位，是因为他们反对把“心理”(mind)作为研究的对象。正如学者们指出的那样，行为主义心理学是没有“心理”的心理学。因此，行为主义学习理论忽视学习者内在习得过程的研究。行为主义学习理论强调外在语言输入的重要性，主要基于以下假设：(1)语言输入是由外在的语言刺激和反馈构成的。学习者通过对语言刺激的模仿，如语言结构或语言模式的模仿，便可以形成固定的言语行为模式；(2)语言输入通过正面的反馈和纠正得到强化；(3)通过语言形式的操练可以达到语言习得的目的。总之,行为主义学习理论认为外在因素是语言习得的决定因素,否定学习者内在因素的作用。他们认为学习者完全依赖于外在因素,被动的接受语言输入,否认学习者语言习得的创造性和主观能动性。因此,行为主义学习理论的语言输入观后来逐渐被放弃。

与行为主义学习理论相反,心灵学派认为,学习者的内在因素,即语言习得机制,在语言习得过程中具有重要作用,他们把语言习得机制看作语言习得的决定性因素。语言输入,在心灵学派看来,不过是语言习得发生的“触发”(trigger)因素而已。心灵学派的这种观点源于“刺激贫乏论”(poverty of stimuli)。心灵学派认为,学习者,特别是儿童,不可能接触到所有的语言现象,更何况有些语言特征是隐性特征,有些现象在实际的语言运用中很少出现。但是学习者可以造出以前从来没有听到过的句子。这说明,语言输入是贫乏的,学习者不可能通过外在的语言输入获得完整的语言能力。这种观点就是第二语言习得研究领域经常讨论的语言习得的“逻辑问题”,即学习者具有一种先天的语言习得机制,这种机制是语言习得的决定因素。在乔姆斯基看来,把语言的获得归因于外在的语言输入是十分“荒唐的”。(Snow, 1994:4)因此,心灵学派把内在的习得机制看作语言习得的决定因素,而语言输入环境仅仅是语言习得发生的次要因素。

语言输入观的第三种观点,即所谓“互动论”(interactionist)的观点。Ellis(1994:243)认为,在互动论的旗帜下包括两个不同理论:一是以认知心理学为基础的“认知互动理论”(cognitive interactionist theory);二是“社会互动理论”(social interactionist theory)。认知互动理论不单单强调语言输入环境的重要性,也不仅仅强调语言习得内在因素的重要性,而是将两者结合起来。该理论认为,语言输入的外在环境和语言习得的内在因素都是语言习得发生的必要条件。语言习得是学习者内在加工机制与语言环境相互作用的结果。社会互动理论则强调言语互动对语言习得的重要性。通过互动,可以凸显某些语言现象,有助于学习者的语言习得。社会互动理论主要是从社会语言学的角度来研究语言输入环境与第二语言习得的关系。

上述三种语言输入观对语言输入在第二语言习得中的作用看法迥然不

同。第一种是环境决定论，第二种是内在机制决定论，而互动理论则把语言输入环境与内在机制结合在一起，辩证地看待二者的关系，从内因和外因两个方面来阐释第二语言习得发生与发展的动因。

三、语言输入与互动的三个假设

关于语言输入与互动的研究，有三个重要的理论假设：一是 Krashen(1985)的“语言输入假设”(input hypothesis)，二是 Michael Long(1981，1983)的“互动假设”(interaction hypothesis)，三是 Swain(1985，1995)的“语言输出假设”(output hypothesis)。这三个理论假设反映了早期关于语言输入与互动研究的理论框架和基本线索。

“语言输入假设”是克拉申语言习得“五个假设”中的一个核心假设。按照克拉申的假设，学习者接触“可理解输入”是第二语言习得发生的充要条件。换句话说，没有可理解输入，语言习得便不会发生。他认为，“人类只能以一种方式习得语言，即通过信息的理解，或通过‘可理解输入’的方式……我们通过理解包含 i+1 水平的语言输入，按照自然习得顺序，从目前的习得水平 i 进入下一阶段的习得水平 i+1。”(Krashen，1985)克拉申关于语言输入的假设，描述了第二语言习得发生和发展的过程与习得机制，表明了他对第二语言习得发展的基本观点。

首先，在克拉申看来，语言输入是第二语言习得发生的必要条件，但不是充要条件。语言输入对学习者来说必须是可理解的，这才是第二语言习得发生的充要条件。因为，对语言信息理解了才谈得上获得。对具有中级英语水平的学习者而言，美国之音的“慢速英语”是比较理想的语言输入，因为它比正常语速的英语广播提供了更多的可理解输入。藉此，学习者可以听得懂略微高于学习者水平的内容。这就是克拉申所说的“i+1”的含义。

其次，克拉申认为，言语的产出是语言习得的结果，而不是动因。这就是说，语言操练与模仿并不能促进语言习得。因为语言习得是一种“内隐学习”(implicit learning)。因此，语言产出不是语言习得的直接动因而是结果。语言习得发生的直接动因是可理解输入。由此可见，克拉申把可理解输入看作语言习得的决定因素。

第三，克拉申认为，有了足够的可理解输入，语言习得就会自然发生。语言不是直接教会的，语言能力是通过可理解输入自然“浮现”(emergence)的结果。换句话说，学习者的语言能力是在可理解输入的作用下自然获得的。

克拉申的上述观点受到许多批评，有些观点至今仍然是学者们争辩的话题。尽管如此，克拉申的语言输入假设在第二语言习得研究领域引发了许多实验研究。后来的研究或多或少都从克拉申的理论假设中获取了一些灵感。

作为克拉申语言输入假设的扩展，Michael Long(1981)提出了“互动假设”。Long 认为，要想充分的理解和认识语言输入的本质及其对第二语言习得发展的影响，仅仅考察单向的语言输入是不够的，应该高度关注母语者和学习者共同参与的互动过程。互动过程为学习者提供的不仅仅是输入和反馈。当双方进行意义的沟通时，母语者为学习者提供的语言输入在本质上已经发生了变化。这种变化主要表现在两个方面，一是语言形式的调整，二是话语结构和功能的调整。语言形式的调整使语言输入更简单易懂，更适合学习者的语言水平；话语结构和功能的调整通过询问、重复、确认、解释等方式使语言输入更容易理解。这种语言输入带有“外国人话语”或“教师语言”的特点。Long 认为，这种语言输入越多越具有可理解性，这种可理解性话语更有助于第二语言学习者语言习得的发展。这就是所谓“互动假设”的含义。

继 Long 的语言输入假设之后，Swain(1985)提出了“语言输出假设”。这一假设的提出源于 Swain 的语言教学研究。她在加拿大中学进行的一项“基于内容”(content-based)的法语作为第二语言教学的研究中发现，经过一段沉浸式教学，法语作为第二语言的学习者的理解能力接近法语母语者的水平，但是这些学习者的法语表达能力却没有理解能力提高得那么快。Swain 认为，这主要是因为这种基于内容的沉浸式课堂涉及的主要是阅读和听力任务，学习者主要是获得来自视觉和听觉的语言输入，而没有相应的语言产出的机会。通过语言输入，学习者对语言信息的加工仅仅局限于意义的加工，而这种加工是不完整的。因此学习者语言产出能力落后是不言而喻的。按照 Swain 语言输出的假设，语言输入对学习者语言习得的影响是有限的，只有语言产出才能真正促进学习者语言表达能力的发展。因为语言产出迫使学习者必须对语言表达的形式进行加工，只有这样才能使第二语言学习者的语言能力得到全面的发展。这就是“语言输出假设”的基本观点。

上述三项理论假设反映了学者们对语言环境在第二语言习得过程中的作用和角色的不同看法。克拉申的假设强调可理解输入是语言习得发生发展的基本动因，但他没有说明怎样为学习者提供可理解输入；Long 的互动假设丰富和发展了克拉申的可理解输入的观点，加深了对语言输入本质的认识，使可理解输入更具有可操作性；Swain 的假设指出了语言输入假设的局限，强调语言产出是第二语言学习者语言能力全面发展的必要条件。总之，上述理论假设从不同的角度来阐述语言输入环境对第二语言习得的影响，尽管这些理论假设都有一定的局限性，但对我们理解语言输入环境与第二语言习得的关系都具有重要的启示作用。

思考和练习

1. “语言输入”和“互动”有什么特定的含义？
2. “外国人话语”和“教师话语”有什么特点？
3. 行为主义学习理论是怎样看待语言输入的本质的？
4. 心灵学派是怎样看待语言输入环境与语言习得机制的关系的？
5. “互动理论”对语言输入与习得机制的看法与心灵学派有何不同？
6. 语言输入假设、互动假设和语言输出假设各有哪些局限？

第二节　语言输入与互动的前期研究

关于语言输入与互动研究，大致可以分为两个阶段：第一阶段是从社会语言学的角度来探讨语言输入环境对第二语言习得的影响，主要是描写和阐释“外国人话语”的特点，探讨“意义沟通”是否可以提供可理解输入，是否可以促进第二语言习得;第二阶段是从心理语言学的角度,将语言输入环境和语言习得的内在因素结合在一起来探讨影响第二语言习得的因素。为了叙述方便,我们将第一阶段的语言输入与互动研究称作前期研究,把第二个阶段的语言输入和互动研究称作后期的实验研究。这一节主要讨论前期语言输入与互动研究。讨论的内容包括,早期的“外国人话语”研究,Michael Long 的互动研究,Pica,Gass 和 Varonis,以及 Mackey 的实验研究。

一、语言输入与语言形式调整的研究

早期关于语言输入与语言形式调整的研究主要集中在“外国人话语”的研究方面。有关“外国人话语”的研究主要涉及三个方面的问题:一是关于“外国人话语”的特点;二是“外国人话语”是否合语法的问题;三是针对外国人的话语形式调整是否可以为学习者提供可理解输入。

(一)“外国人话语”的特点

克拉申的“语言输入假设”在第二语言习得研究领域引发了许多实验研究。到 80 年代初,至少有 30 多项关于“外国人话语”的研究。所谓“外国人话语”并不是指外国人的话语,而是指对外国人说的话语。这种话语,按照 Ferguson(1971)的定义,是指“说某语言的人对该语言能力有限者或者根本没有该语言能力者所使用的一种简化的语体”。Ferguson 用改写句子的方式考察了英语母语者在与母语为非英语国家的文盲交流时怎样使用英语的情况。通过对比分析发现,这种“外国人话语”与标准的英语有三个方面的不同:在语音方面,具有放慢语速、发音清楚、停顿、重音以及夸张等特点;在词汇方面,偶尔使用来自其他语言的词汇、近义词替换、释义等方式;在句法方面,有三种不同的调整方式,即省略、扩展、替换或重置等。省略的成分大都属于功能词,如冠词、系动词、屈折语素、连词等。扩展大都是在问句后附加一些成分。替换一般采取宾格替代主格,如“him go”替代“he go”,“no like”替代“don't like”等。Ferguson 所描述的这些“外国人话语”的特点具有一定的普遍性。在其他语言,如德语、法语、芬兰语的“外国人话语”中也观察到了同样的现象。在对外国学生的汉语课堂里,这种现象也是司空见惯的。比如汉语教师在课堂上使用指导语,“我(用手指自己)说(指嘴),你们(指学生)听(指耳朵)。”这种简短的指导语,除了使用手势以外,还使用了夸张的语音,简单的词汇,简短的话语以及简化的句法结构等方式。这一系列调整都是为了进行意义的沟通,为学习者提供可理解输入。这种语言形式上的调整实际上是基于这样一种假设,即语言形式的调整有助于可理解输入,自然有助于语言习得。

为了进一步分析“外国人话语”的特点,Freed(1980)比较了母语者与非母语者交流的语言与15名美国妈妈和儿童的对话。研究发现,美国母语者对非母语者的语言与美国妈妈对儿童的语言有许多相似之处。如发音比较清楚、话语比较简短、句子比较简单,以及问句比例比较高等。当然,二者之间也有一些不同之处,如“外国人话语”陈述句比较多,祈使句比较少。Freed 认为,这主要是因为,成人之间的“外国人话语”以信息交流为主,祈使句较少;而“儿向语言”以引导儿童的行为为主,因此祈使句比较多。

(二) 合语法的与不合语法的“外国人话语”

对外国人的话语在不同的场合、针对不同对象,其语言形式有较大的差别。有研究表明,在有些场合,母语者与非母语者的交流不仅在形式上进行调整,而且有些话语是不合语法的。在另外一些场合,在母语者与第二语言学习者的交流中,不合语法的话语则比较少。

Ferguson(1977)发现在有些场合,英语母语者与非母语者的交流常常省略系动词,如“Mary (*is*)doctor”,“this (*is*)car”之类。这显然是不合语法的。Ferguson 认为,这种不合语法的现象主要表现为三种类型:一是省略某些功能词,如系动词、冠词、连接词以及屈折语素等;二是不恰当的扩展,如在祈使句前直接插入主语,“you give me money”等;三是重置,即用动词前否定替代动词后否定,如“no drive car”之类。有研究表明,这种不合语法的外国人话语常常发生在工厂的工头和移民工人之间的交流中,属于一种特殊的话语类型。这种话语常常让人感觉到母语者对非母语者缺乏尊重,而且有高人一等的感觉。但也有研究表明,在行人与旅游者之间,甚至朋友之间也会出现这种不合语法的话语。然而,并不是在所有的场合母语者与非母语者之间的交流都会出现这种不合语法的话语。Arthur 等(1980)记录了 60 个非英语母语者与机场售票员的电话交流，没有发现不合语法的语言输入调整。关于第二语言课堂教师话语的研究也表明，在大多数第二语言课堂中，语言教师虽然对语言输入的形式作一些调整，但是很少发现不合语法的语言输入调整。也就是说，在大多数情况下对外国人的话语基本上是合语法的，除非母语者认为非母语者的语言水平很低，交流比较困难时，对外国人的话语往往会不合语法。

Ellis(1994:254)认为，合语法的外国人话语通常采取三种方式对语言输入形式进行调整，即“简化”、“规则化”和“繁化”。“简化”是指母语者在与非母语者交流时，为了使语言输入的形式简单易懂所进行的话语调整；“规则化”则是指母语者选择那些对非母语者来说最基本、最简明的结构以减轻非母语者语言加工的负担；“繁化”与“简化”过程相反。虽然这种繁化的目的也是为了使非母语者易于理解母语者的语言输入，但由于采取迂回或附加的方法，使语言输入中增加了过多的冗余成分。比如，为了解释“茶根儿”这个词，可以采取迂回的方式释义，“‘茶根’就是，你那个，喝茶水……剩下的，你明白吧，那个茶水底儿。”像“你那个”、“喝茶水”、“你明白吧”都是冗余成分。由于增加这些冗余成分，语言输入形式反而复杂化了。但不管怎样，母语者与非母语者交流，包括课堂上语言教师与第二语言学习者的交流，目的都是为了为学习者提供可理解输入。那么，这些语言输入形式的调整是否可以为非母语者或第二语言学习者提供可理解输入呢？这种语言输入形式是否有助于语言习得呢？这是学者们一直关注的问题。

（三）语言形式的调整与可理解输入

许多学者认为，可理解输入是语言输入形式简化的结果，是语言习得发生的主要动因。问题是，是否有证据表明语言输入形式的调整可以促进语言输入的可理解性？究竟哪些因素有助于可理解输入？

研究表明，语速是提供可理解输入的一个重要因素。Conrad(1989)在一项实验研究中要求三组被试(29 名母语者、17 名高级水平非母语者和 11 名中级水平非母语者)回忆通过五种语速呈现的 16 个英语句子。实验结果表明，母语者在每分钟 320 字语速呈现条件下几乎可以完全正确地回忆 16 个英语句子，而两组非母语者被试即使在最低语速，即每分钟 196 字的呈现条件下也难以完整地回忆16个英语句子。由此可见,语速是影响语言输入信息可理解性的重要因素。

另外,“繁化”调整也是促进语言输入可理解性的一个重要因素。Parker and Chaudron(1987)在分析了12项相关实验研究后指出,尽管语言输入形式的调整,如简单的句法、简单的词汇,可以提供可理解输入,但并不是所有语言形式的调整都可以提供可理解输入。已有实验表明,“繁化”调整始终对提高语言输入的可理解性具有重要作用。一种繁化调整类型是冗余度,如句子成分的重复、解释、利用同义词、左位错①等方式;另一种繁化调整类型是明确主位结构,如成分外移、分裂结构②等。这些语言输入的调整方式都有助于语言输入的理解。但是,Parker 和 Chaudron 他们自己的研究却没有发现语言输入形式的调整促进语言输入的可理解性。他们认为,繁化调整虽然可以促进语言输入的可理解性,但如果语言输入的难度超过了学习者的水平,这种调整将无助于语言输入的可理解性。

上述研究表明,语言输入形式的调整在一定程度上可以提高语言输入的可理解性,换句话说,可以为学习者提供可理解输入。但是语言输入形式的调整对语言输入可理解性的影响是有条件的,因而是有限的。

二、Michael Long 关于互动与话语结构调整的研究

上世纪80年代许多关于“语言形式调整”(modification of linguistic input)的研究普遍认为,语言形式的调整有助于第二语言学习者对目的语的理解。然而,Michael Long(1983:126)发现,为第二语言学习者提供可理解输入,仅仅作语言形式的调整是远远不够的。事实上,与第二语言学习者说话的母语者会对“话语结构”(interactional structure of conversation)作许多调整。而恰恰是这种调整最多,而且对提供可理解输入更为重要。因此,Michael Long 刻意区分了两个不同的概念,即“语言输入调整”(modified input)与“互

① “左位错”指句中某一正常位置的成分,由于强调或引起新的话题而被位移到句子左侧。如:鸡,我把它吃了。Pizza,Mary made it.

② 如英语中的分裂句:It was Mary who give it to me.

动调整”(modified interaction)。前者指语言形式的调整，后者指话语结构的调整。我们举例来说明这两个概念。

(1)那个孩子的名字叫什么?

(2)那个孩子，他叫什么名字?

显然，例(1)和例(2)的句长都一样，用词也都一样。但是，如果按照母语者与第二语言学习者会话结构来排列这两个单句，情况就大不一样。

(3)母语者：那个孩子的名字叫什么?

二语者：嗯?

母语者：那个孩子，他叫什么名字?

虽然例(3)中单句与例(1)(2)都一样，但是从话语结构的角度来分析，例(2)在例(3)的会话结构中被看作“话题句”(topic-comment construction)，其话语功能是起“自我重复”的作用(self-repetition)。因此，“语言输入调整”关注的是语言形式变化的分析，而“互动调整”注重话语结构所表达的话语功能的分析。

为了检验其“互动假设”，Michael Long(1983)进行了一项基于配对互动任务的实验。48名被试被分为两组，即母语者—母语者16对，母语者—非母语者16对，每16对被试面对面的进行6项口头表达任务，如自由交流、游戏提示、参与游戏等。游戏结束后，首先对两组被试语言形式调整进行统计分析，如平均句长、名词和动词的频次以及句子复杂性的分析；然后对两组被试的“互动调整”进行统计分析，如“自我重复”、“确认”(confirmation check)、“理解检查”(comprehension check)、“请求澄清”(clarification check)等分析。研究结果表明，母语者—母语者与母语者—非母语者两组在语言输入形式的调整上没有差异，而两组被试在话语结构和功能的调整上存在重要的差别。当母语者—非母语者交际遇到困难时，双方更多地采取诸如重复、确认、理解检查、请求澄清等话语策略。特别是母语者为了解决交际困难会采取这些策略与非母语者进行意义的沟通，而不是通过教语法来解决问题。Michael Long认为，互动话语结构的调整是语言习得发生的必要条件，尽管不是充要条件。意义的沟通在帮助学习者获得可理解输入方面扮演着重要的角色。VanPattern (2002:39)举出的一段对话生动地说明了互动调整中意义沟通对语言习得的作用。

(4) Bob：So where's Dave?

Tom：He vacation.

Bob：he's on vacation?（确认）

Tom：Yeah. On vacation.

Bob：Lucky guy.

Tom 作为非母语者在回答 Bob 时说 He vacation，Bob 通过调整话语结构，即“重述”(recast)的方法来确认 Tom 提供的信息。Tom 的第二次回答表明他已经注意到 Bob 重述话语中使用了介词结构 on vacation。从 Bob 的角度来看，他并没有采取纠正 Tom 语法的方式，而是通过重述的方式进行意义沟通。对于 Tom 来说，Bob 重述的话语并没有增加任何新的信息，话题也没有改变。Tom 不必利用更多的注意资源进行语义加工，所以很容易习得介词结构的用法。

已有的研究表明，无论语言输入调整还是互动调整都可以为学习者提供可理解输入。Michael Long 则认为，互动调整更有助于语言输入的可理解性。但是 Long 的研究并没有证明语言输入调整或互动调整有助于语言习得。

三、基于互动假设的相关研究

Michael Long 提出“互动假设”，将语言输入环境与学习者语言习得的发展联系在一起。然而，直接证明语言输入环境与语言习得发展的关系比较困难，因此 Michael Long(1985)基于互动假设提出了间接证明二者关系的研究方法：(1)研究语言形式调整和互动调整是否可以为学习者提供可理解输入；(2)研究可理解输入是否能够促进语言习得；(3)由此推断，语言形式和互动调整是否有助于语言习得。

Michael Long 的这一方法，引发了许多相关研究。其中之一是 Pica 等(1987)关于互动调整与输入可理解性的研究。Pica 的研究根据输入调整方式的不同将被试分为两组，实验任务是要求被试根据听到的文本在图纸上摆放图形。第一组被试听到的文本是经过语言形式调整的文本，即增加冗余词汇、简化语法，但根据听到的指令摆放图形时不能问任何问题；第二组听到的是母语者未经调整的录音文本，但被试在摆放图形时可以通过询问以澄清听到的指令。这两组被试通过控制实验任务来控制语言形式调整和互动调整。实验结果表明，由于互动调整允许被试询问以澄清输入信息，因此，与指令内容相关的实词重复的最多，而不是经过简化的语法。互动的语言输入要比经过简化的语言输入更为复杂。此外，尽管互动组听到的指令是未经调整的，但允许被试与发出指令者进行意义沟通，因而有助于指令内容的理解，所以互动组的实验结果好于语言形式调整组。Pica 的实验仅仅研究了 Michael Long 提出的第一个命题，没有涉及第二命题。

与 Pica 不同，Loshky(1994)的实验研究除了涉及第一个命题外，还试图研究第二个命题，即互动调整是否有助于语言习得。Loshky 在实验中选择日语作为外语的学习者为被试，实验任务是不同控制条件下的听力理解的纸笔测试。内容涉及方位的表达。被试根据实验条件分为三组，第一组被试听到的是未经调整的语句，第二组听到的是经过语言形式调整的语句，第三组听到语句后允许询问。三组被试中，第一组实际上是参照组，第二组是语言形式调整组，第三组是互动组。此外，Loshky 在实验中还增加了被试习得水平的前测和后测，即要求被试在前后两次测试时对相关词汇进行再认和语法判断。通过实验，Loshky 发现，第三组被试，即互动组的成绩好于其他组，也就是说，围绕意义的互动有助于语言的理解。这一结论与 Michael Long 和 Pica 的研究结果毫无二致。但是，词汇再认和语法判断的前测和后测结果表明，可理解输入与语言习得之间不存在显著的相关性。Michael Long 提出的第二个命题没有得到证实。

此外，Mackey(1999)在上述研究的基础上，进行了更为严格的实验设计，试图证明 Michael Long 的第二个命题。Mackey 的实验研究在悉尼一所私立英语学校选择了 34 名来自不同的母语背景的英语学习者作为被试。被试被分为五组，一个控制组，其他四个实验组由两组参与互动组和两组不参与互动组构成。前者，即参与互动的两组在语言水平上不同，一组为初级，一组为中级；后者，即不参与互动的两组，一组看到和听到的文本未经调整，另一组听到的文本是经过调整的。实验任务是要求被试通过问答完成四项交际任务，即完成故事、排列故事图片、指出图片的差异和画图。考查的目标结构为英语的疑问句。为了考查互动调整是否促进了学习者疑问句的习得，实验采取了前测和后测以及延时测试的实验设计。Mackey 的实验结果完全支持 Michael Long 的互动假设，研究表明，互动调整有助于学习者的语言习得，学习者参与互动和意义沟通越主动越有助于其语言水平的提高。

Mackey 的结论证明了 Michael Long 的第二个命题，然而，Loshky 的结论与 Mackey 的结论正好相反。因此，关于互动调整是否有助于语言习得的命题还有待于更多的实验研究来证明。

思考和练习

1. 母语者与外国人交流时，通常采取哪些方法对语言形式进行调整？调整的目的是什么？

2. 根据你与外国人交流的经历，你觉得对自己的语言表达方式进行调整能够促进双方有效的交流吗？

3. 为什么说“互动调整”可以为学习者提供可理解输入？

4. Pica，Loshky，Mackey 三项研究的实验设计有何不同？其结论有何不同？

第三节　语言输入与互动的后期研究

前期基于互动假设的研究得出的结论不尽相同，因而促使学者们对互动假设进行重新思考。这些新思考使后期的研究在理论导向上发生了一些变化：一是学者们不再仅仅从语言输入角度而是从语言输出的角度来考察语言环境对语言习得的影响；二是从学习者内在的心理加工机制来考察语言环境对语言习得的影响。

一、语言输出在语言习得中的作用

在第一节我们已经谈到，由于基于“互动假设”的研究还缺乏足够的证据证明互动调整对第二语言习得发展的影响，于是学者们寻找影响第二语言习得发展的其他因素。由此，Swain(1985)提出了“语言输出假设”。Swain认为，语言输入对学习者语言习得的影响是有限的，只有语言产出才能真正促进学习者语言表达能力的发展。因此，学者们试图通过实验研究来证明Swain的假设。Ellis and He(1999)以此为目的进行了一项实验研究。实验选择英语水平较低的学习者作为被试，实验任务要求被试在设计好的图纸上摆放家具的图片，这些家具的名称都是被试不熟悉的词汇，如台灯、床垫等。被试根据实验条件分为三组：第一组被试接受事先经过语言形式调整的指令，但不能与发指令者进行沟通；第二组被试接受的指令与第一组相同，但允许被试与发指令者进行沟通；第三组被试的实验任务是向会话的对方发出指令。这三组被试实际上是根据语言输入和输出调整的方式进行分组的。第一组是语言输入形式调整组，第二组既包括语言输入形式调整也包括互动调整，第三组是语言输出组，目的是为了检验语言产出效应。此外，该实验还采取了前测和后测的实验设计，测试内容是与家具名称相关的词汇。实验结果表明，第三组，即语言产出任务组，无论是词汇理解还是产出都好于其他两组。这一结论说明，至少在词汇层面，Swain的“语言输出假设”得到证实。语言输出促使学习者进行更为准确的表达，因而产出任务有助于语言习得。

在语法层面，也有学者进行实证研究。如Nobuyoshi and Ellis(1993)关于英语过去时的实验研究；Izumi(1999)以及Izumi and Bigelow(2000)关于英语虚拟语气产出的实验研究。这些研究虽然在某种程度上显示出语言输出对语言习得的促进作用，但学习者的语言习得发展是否完全得益于语言输出这一因素，目前还很难证实。因此，有学者提出应该关注学习者语言输出的心理过程和信息加工机制的研究。

二、互动研究的心理语言学视角

到目前为止，无论是“语言输入假设”还是“语言输出假设”都缺乏足够的证据证明语言输入调整或语言输出调整可以促进语言习得。因此，学者们试图从心理语言学的角度来进一步探讨语言习得环境对语言习得的影响。学者们关注最多的是语言“反馈”(feedback)在母语者与第二语言学习者的互动过程中的作用。

关于语言反馈在母语者与第二语言学习者互动过程中的作用问题，主要源于心灵学派对语言习得机制的探讨。心灵学派认为，语言不是通过外在的输入习得的。一方面，语言输入是贫乏的，如果学习者没有与生俱来的习得机制，单靠语言输入是学不会语言的；另一方面，外在的语言输入为学习者提供的仅仅是关于目的语结构规则的“正面证据”(positive evidence)，缺少“反面证据”(negative evidence)。学习者在缺少语言规则的反面证据的情况下，无法发现语言规则的限制。换句话说，学习者从语言输入中只能获得正面的语言规则知识，知道“怎样说”，但却无从获得反面的规则知识，即哪些规则“不能说”。因为有学者在“儿向语言”的研究中发现，儿童的父母或保姆为儿童提供的都是符合规则的话语，几乎很少纠正儿童的语法错误，为儿童提供不合规则的反面证据。因此，在心灵学派看来，学习者只能依靠普遍语法的原则来排除那些可能存在的、但事实上不正确的语法规则。然而，有的学者并不赞成这种看法。他们通过重新考察“儿向语言”的材料发现，虽然儿童的父母或保姆并不是通过明确地纠正儿童的语法错误的方式给儿童提供语言习得的反面证据，但是成人会通过其他方式给儿童提供语言习得的反面证据，比如“重述”(recast)的方式。Bohannon 等(1990)和 Farrar(1992)在研究“儿向语言”时发现，儿童保姆的语言中以这种重述方式向儿童提供语言规则的反面证据的情况比以往研究想象的要多得多。

那么，在第二语言习得中，母语者在与第二语言学习者互动和交流时，是否也会给第二语言学习者提供语言规则的反面证据呢？研究表明，在母语者与第二语言学习者的互动和交流中同样存在这种现象。根据 Oliver(1995)的研究，第二语言学习者有60%以上的错误得到母语者提供的“负反馈”（negative feedback）。母语者最常用的反馈方式是“意义沟通”（negotiation of meaning），另一种方式就是“重述”。所谓“重述”，按照 Mackey（2000：36）的定义，是指母语者对非母语者不合规则话语的一种反应或反馈。这种反馈为非母语者的原意提供了正确的表达方式。见下列例句：

（5）学生：Why *does*the aliens *attacked* earth?

教师：Right. Why *did* the aliens *attack* earth?

（6）学生：我在北京学习了一个年汉语。

教师：啊，你在北京学习了一年汉语。

学生：对，一年汉语。

在例（5）和例（6）中，教师并没有明确指出学生前述表达中的语法错误，也没有对学生的语法错误作明确的解释，而是采取重述的方式，即通过订正学习者的错误、重新组合学习者的前述话语这些方式给予反馈。这就是所谓“负反馈”。Leeman（2003）对这种“负反馈”现象曾给予明确的阐释。她认为，“重述”不仅为第二语言形式提供了正面证据，而且也提供了反面证据。因为“重述”本身就包括了正面证据，即正确的说法，反面证据则是通过重述话语与学习者错误的前述话语形成的对比，学习者通过这种对比可以意识到正确的说法。

“负反馈”，特别是“重述”方式无论在儿童母语习得还是成人第二语言习得过程中都是客观存在的。然而，学者们更为关心的是，在面对面的互动过程中，这种负反馈方式是否有助于学习者第二语言习得能力的发展。有学者认为，“重述”作为一种有效的语言输入，可以促进第二语言习得；而有的学者则认为，学习者在母语者提供负反馈之后能够立即改正错误的表达方式，如例（6），很可能是一种即时纠正的结果，而这种反馈可能不会对第二语言学习者的中介语系统产生影响。为了进一步证实这一问题，Mackey and Philp（1998）进行了一项有针对性的实验研究。实验目的是探讨“重述”方式的使用是否对英语问句形式的习得产生影响。被试由35名英语作为第二语言的成人学习者组成，分为三组：一组为互动+重述组，即被试在与母语者沟通时一旦出现问句错误，母语者就会以“重述”的方式向被试提供负反馈；一组为互动但不提供“重述”;另一组为控制组,该组只参加前测和后测,既不参与互动也不提供“重述”。实验任务包括三项,即完成故事、排列图片、画图。实验结果表明,就英语问句的习得而言,“重述”这种反馈方式的确能够促进语言习得。Mackey 和 Philp 在研究中发现,最初,母语者为学习者提供“重述”后,只有5%的学习者能够纠正自己的错误。但在后测中,大多数学习者都获益于“重述”这种反馈方式,英语问句的习得水平得到了提高。而其他两组被试,即互动组和控制组在英语问句习得中都没有取得任何进展。显然,即使有互动,但如果不给学习者提供任何反馈信息,也无助于语言习得。

此外,还有一些学者也进行了类似的实验研究(Han,2002;Ayoun,2001;Long,1998)。但这些研究并没有得出与 Mackey 和 Philp 一致的结论。有学者认为,“重述”这种负反馈方式是否能够促进语言习得,目前还难下定论。问题在于,我们不知道学习者是否注意到或在多大程度上注意到了母语者以“重述”等方式提供的反馈。换句话说,假定“重述”等反馈方式的确能够促进第二语言习得,但是,如果学习者在与母语者的互动过程中根本就没有注意到,或很少注意到这种反馈,那么这些提示信息对语言习得就很难产生影响。因此,学习者对语言形式的自我意识和注意程度就成为连接互动环境与语言习得二者之间的关键因素。

三、互动研究的信息加工理论视角

1996 年 Michael Long 对其互动假设重新进行表述,提出了互动、注意与语言习得之间的接口问题。这一假设强调语言输入形式、互动环境与学习者内在因素的结合,试图从外在互动环境和学习者内在因素两个方面来阐述这些因素对第二语言习得的影响。Long(1996:414)指出,“互动环境是通过选择性注意(selective attention)和学习者发展中的第二语言加工能力来促进第二语言习得的。这些资源结合在一起成为意义沟通过程中最重要的因素。”如果说,Long 最初的互动假设强调的是互动环境与语言习得的关系,那么,重新表述的互动假设则强调“注意”(noticing)在互动环境与语言习得二者之间的中介作用。也就是说,“注意”成为互动环境与语言习得之间的接口。从某种意义上说，第二语言学习者对语言形式注意的程度直接影响学习者将语言输入信息转化为“吸纳”(intake)信息的程度。只有那些被学习者注意到的语言形式才能够得到充分的加工，并内化为学习者语言系统的一部分。Long 的这一假设引起学者们进一步研究的兴趣。

Schmidt(1990)根据自己学习葡萄牙语的日记，发现“注意”在语言形式的加工和获得上具有重要意义。他刻意区分了“noticing”和“understanding”、“awareness”这两类概念。“noticing”指使某些刺激成为注意焦点的过程，而保留“understanding”、“awareness”这两个概念来指称“外显的知识”(explicit knowledge)，即对语言规则的意识和理解。需要说明的是，Schmidt 的这一区分，实际上是把“noticing”看作语言加工的“内隐学习”(implicit learning)过程。在 Schmidt(1994)看来，“注意”是将语言输入转化为习得知识的充要条件。因此，他认为，对语言形式注意得越多，获得的语言知识就越多。

为了证实这一假设，Philp(2003)进行了一项实验研究，以考查“选择性注意”是否对互动过程中的言语加工产生影响。实验任务采取 Mackey 等在实验中使用的“完成故事”和“图片学习”。要求学习者通过提问来完成实验任务，当语言表达出现错误的时候，母语者将主动提供正确话语的“重述”。与以往研究不同的是，当母语者重述学习者前述话语后，提示学习者重复一遍母语者重述的话语，目的是考查学习者是否注意到母语者重述的话语。实验结果表明，学习者能够重复母语者提供的重述话语的比例非常高。至于重复的精确程度主要受三个因素的影响：(1)学习者的语言水平；(2)重述话语的长度；(3)重述话语包含纠错的数量。这就是说，学习者的水平越高，重复的精确程度就越高；重述话语越长，重复的精确程度就越低；重述话语包含的纠错数越多，重复的精确程度也就越低。问题的关键在于，学习者重复的疑问形式是否是学习者已经获得的语言系统的一部分。如果学习者重复的话语含有尚未习得的疑问句式，这种疑问句式的重复就比较困难，因为这种疑问句式还没有内化为学习者语言系统的一部分。当然，重复的精确程度就比较低。

总之，Philp 的实验结果支持 Long(1996)修正后的互动假设，即注意资源的利用是衔接互动环境和语言习得的关键因素。学习者充分利用注意资源，便可以将语言输入转化为内在的语言知识。

此外,Leeman(2003)以西班牙语为第二语言的成人学习者为被试,进一步探讨了“重述”在第二语言习得中的作用。实验目的是探讨西班牙语名词与形容词的一致性问题。实验要求学习者和母语者共同完成图片比较任务。学习者根据接受的反馈方式被分成四组:第一组为提供负反馈组,即当学习者语言表达出现错误时,母语者给予提示,但不提供任何正面的反馈;第二组为目的语特征凸显组,即母语者通过夸张的方式来凸显目的语特征;第三组为凸显+重述组,即母语者通过“凸显”和“重述”两种方式为学习者提供负反馈;第四组为控制组,不提供任何方式的反馈。实验结果表明,目的语特征凸显组和凸显+重述组所有实验项目测试的成绩都好于控制组。而第一组,即负反馈组的测试成绩与控制组没有差异。这一结果说明,互动中的“重述”能够凸显某些语言形式,当学习者注意到这些形式时才能进行加工并内化为学习者的语言系统的一部分。

思考和练习

1. Swain提出“语言输出假设”的理由是什么?她的假设得到相关实验研究的证明了吗?

2. 为什么心灵学派不赞成语言可以通过外在的语言输入习得的观点?你认为“重述”可以为学习者提供语言习得的反面证据吗?

3. Michael Long 1996年为什么对其互动假设重新进行表述?修订后的互动假设的基本观点是什么?

4. 后期基于互动假设的研究的理论导向与前期的研究有什么不同?后期基于互动假设的研究在理论导向上的变化有什么意义?

第四节　互动研究的理论局限

上世纪70年代提出的语言输入假设、80年代提出的语言输出假设和互动假设引发了许多相关研究。从理论导向上看，前期的研究在本质上属于描写性研究。学者们试图从外部语言环境的角度来阐释影响第二语言习得发展的因素。后期的研究，特别是Michael Long后期的互动假设在理论导向上更倾向于从学习者的内在因素来阐释语言输入和互动环境与语言习得的关系。尽管这些研究到目前为止尚未取得一致的结论，但是有些研究结论对后续的研究具有一定的启示和借鉴作用。Mitchell and Myles(2004:191)把互动研究取得的成果归结为四点：

1. 研究表明，母语者与非母语者积极的互动和沟通，至少在完成较为宽泛的任务时可以促进双方的理解；

2. 研究表明，无论是基于语言形式的调整还是互动调整的意义沟通，都能够为学习者不断提供"注意"语言形式的机会，提供正面的或反面的反馈；

3. 研究表明，参与意义沟通的非母语者能够注意、吸纳和运用母语者提供的语言结构；

4. 有些研究表明，在某些情况下，学习者接受与某些特定的目的语结构相关的负反馈，在这些相关结构的测试中就会具有明显的习得优势。

这四条结论，简单地说，就是互动和意义沟通可以为学习者提供可理解输入，可以为学习者提供注意新的语言结构的机会，同时为学习者吸纳和内化这些语言结构提供了可能。由于互动假设涉及的有些理论问题尚待进一步研究，因此Mitchell和Myles对互动研究结论的理论阐释持谨慎态度。因为学者们也认识到，基于互动假设的研究本身还有一定的局限性。

根据上述研究结论，我们认为，基于互动假设的研究试图从语言输入和互动的外在环境对第二语言习得的发展过程作出解释，但是，如果不涉及学习者语言习得的内在机制，便无法对这一过程作出合理的解释。尽管Long在后期的互动假设中已经意识到学习者内在的语言加工能力的重要性,然而,到目前为止,还没有人提出具有一定预测力和解释力的系统理论。另外,“注意”作为连接语言输入与语言习得发展的接口,仅仅为学习者提供了吸纳和内化语言规则的前提和可能,至于学习者是怎样将可理解输入内化为学习者的语言系统的,这些加工机制目前尚不清楚。此外,有学者认为,互动环境可能对习得核心语法之外的边缘语法更有帮助,但对核心语法的习得是否有帮助或者说是否有必要,这些涉及习得机制的重要理论问题,基于互动假设的研究鲜有涉及。

思考和练习

1. 基于互动假设的研究得出的基本结论是什么?
2. 基于互动假设的研究在理论上的局限是什么?

第九章　普遍语法与第二语言习得

语言的普遍性可以从两个不同的角度进行研究，一是从语言类型学的角度，二是从普遍语法的角度。语言类型学的方法从收集特定的语言材料入手来描写不同语言类型之间的共性，因此语言类型学方法基本上属于数据驱动的描写性研究。普遍语法则是根据母语者的语法直觉来研究构成语言普遍性的抽象原则，因此普遍语法被称作研究语言本质的理论(a property theory)。有学者认为，任何第二语言习得理论如果不是建立在适当的语言理论基础之上都将被证明是不适当的理论。(Gregg，1989)言外之意，普遍语法理论是目前最好的语法理论，这一理论理所当然应该贯穿于第二语言习得研究之中。实际上，普遍语法也的确是迄今为止对第二语言习得研究影响最大的理论。所以，本章将主要介绍普遍语法及其与第二语言习得研究相关的理论问题。

第一节　普遍语法

“普遍语法”的概念并不始于乔姆斯基，尽管这一概念与其生成语言学理论密切相关。早在17世纪以前就有学者提出普遍语法的概念。[1] 只是在不同的历史时期，不同的学者赋予这一概念的含义有所不同而已。正如乔姆斯基所说，普遍语法，“这是一个传统的概念，我们又在新的意义上使用。”(乔姆

① 见 Margaret Thomas. Universal Grammar in Second Language Acquisition：A History. Routledge，Taylor and Francis Group. London and New York.2004.

斯基,1982)直到20世纪60年代中期,乔姆斯基在生成语法的框架内开始重新构建"普遍语法"这一概念,并赋予特定的内容和含义。

一、普遍语法的性质

在上世纪60年代末、70年代初,"普遍语法"这一概念被乔姆斯基赋予特定的含义。乔姆斯基认为,"普遍语法是由一些原则、条件和规则构成的系统。[①] 这些所有人类语言具有的因素或特性是必然的而不是偶然的。当然,我指的是生物学上的必然性而不是逻辑上的必然性。普遍语法表达的是人类语言的本质,而且在所有人类语言中都是不变的。"(Chomsky,1975:29)乔姆斯基的这个定义表达了他早期关于普遍语法的基本思想。

按照乔姆斯基的定义,普遍语法是由一些普遍的原则、条件和规则组成的。这反映了他在80年代以前转换生成语法的基本观点。在乔姆斯基看来,普遍语法中的原则和规则构成了普遍语法的两大系统,即原则系统和规则系统。规则系统,如语类规则、转换规则、语音规则和语义规则,与语言的生成过程有关。而原则系统是普遍的、抽象的,适用于所有的语言,反映了人类语言的共性。因此,它反映了人类语言的本质特性(properties)。这些本质特性构成了学习者语言习得的起点,即学习者的"初始状态"。学习者的语言能力就是在这种初始状态的基础上发展起来的。普遍语法作为抽象的原则并不能直接生成特定语言的"个别语法"(particular grammar),学习者只能根据这些原则确定在特定语言中哪些语言形式是可能的,哪些语言形式是不可能的,并在语言经验的基础上生成特定语言的个别语法。

至于乔姆斯基所说的"生物学上的必然性"问题,实际上是从发生学的角度阐明了普遍语法的生物遗传属性。换句话说,乔姆斯基认为,普遍语法是先天的、是一种生物遗传属性,人类只要具备这些基本原则和特性,语言习得就会自然发生。乔姆斯基这一假设是基于这样一个基本事实,即所有正常的儿童都能学会说话,而再聪明的猫狗,包括大猩猩却学不会说话,其根本原因在于,这些动

---

① 在普遍语法中,有些原则也称作条件,如"A盖A条件"(A over A condition)。

物不具备人类共有的这种生物属性。狼孩虽然具有人类共有的生物遗传属性，但因失去语言习得的环境，因而丧失了语言能力发展的条件。但是，对于动物而言，即使让它生活在人类正常的社会环境中，仍然学不会说话。这是由人类这种生物属性决定的。

至于这种生物遗传属性的先天性问题，70年代，生成语法学派提出了“刺激贫乏”的概念。他们断言，儿童如果没有这种与生俱来的遗传属性是不可能学会语言的。原因是外界语言输入是贫乏的。一方面，儿童可以生成大量的、从来没有听到的话，可以理解在经验中从未遇到的句子，这种能力显然不是在后天的言语活动中获得的；另一方面，儿童可以正确判断在现实生活中很少出现的不合法的句子，这些语言知识显然也不是后天学来的。因此，儿童获得的有限的语言输入与其语言能力的不对称性为普遍语法的先天性提供了强有力的证据。

二、普遍语法的构成

上世纪70年代，在生成语法的理论框架内，普遍语法主要是由规则系统和原则系统构成。80年代，“管辖约束理论”的提出，为普遍语法理论注入新的内容。乔姆斯基(Chomsky，1981，1986a，1986b)在“管辖约束理论”中提出了“原则”和“参数”这两个核心概念。乔姆斯基认为，所有的人类都传承了一套普遍的原则和参数。这些原则和参数构成了人类语言可能具有的形态。因此，人类所有的语言都是由这两种成分构成的，从而也构成了普遍语法的核心部分。按照乔姆斯基的观点，普遍语法中的“原则”是恒定不变的，适用于所有的语言。相反，“参数”是由有限的数值构成的，不同的参数设置形成了语言之间的差异。乔姆斯基关于原则与参数的理论的提出使普遍语法的内容更加清晰、更加明确，更具有操作性。这一理论对母语习得研究乃至第二语言习得研究产生了极大的影响。许多第二语言习得研究就是建立在原则与参数理论基础之上的。

上世纪90年代，乔姆斯基关于普遍语法的理论内容又发生了重大变化，但原则与参数的基本思想并没有改变。按照乔姆斯基的“最简方案”(Minimal Program)，人类语言的核心是“词库”(lexicon)。“词库”由两部分构成，即“词汇语类”(lexical categories)和“功能语类”(functional categories)。所谓“语类”(category)是指句法结构成分的类别。“词汇语类”，通俗地讲，是指包含实词的类别，如名词和名词性短语、动词和动词性短语等；而“功能语类”包括指示词、助词以及抽象的语法特征，如时态、主谓一致性等形态特征。在最简方案中，普遍语法的“参数”属于“词库”范畴，包括在“功能语类”中。参数的变化是通过功能特征来描述的，这些功能特征形成了不同语言之间在表层结构上的差异，如语序、形态上的差异。

普遍语法从生成语法到管约理论一直到最简方案，内容发生了很大变化。但是普遍语法理论的目标并没有变，即对先天的语言能力进行充分地描写和解释，即所谓“描写的适宜性”(descriptive adequacy)和“解释的适宜性”(explanatory adequacy)。为了实现描写的适宜性，需要对学习者的“稳定状态”(steady state)提供完整的、清晰的描写；为了实现解释的适宜性，需要对学习者在特定语言习得过程中如何从“初始状态”达到“稳定状态”的过程作出充分的解释。因而普遍语法既是一种语言描写理论，同时也是阐释语言知识如何获得的理论。(Ellis，1994：430)

三、原则、参数与语言习得

按照乔姆斯基的理论，原则与参数是普遍语法的核心概念，这两个概念构成了普遍语法的基本内容。对母语学习者而言，普遍语法中的基本原则构成了学习者语言习得的“初始状态”，学习者面临的任务就是根据语言输入选择和设置参数，参数设定后，语言习得的任务就完成了，即实现所谓“稳定状态”。下面，我们通过具体的例子来说明母语学习者是怎样从“初始状态”实现“稳定状态”的。

(一) 普遍语法的原则

普遍语法中的原则是高度限定性的，换句话说，它事先规定了有限的规则或限制，限定了哪些规则是可能发生的，哪些规则是不可能发生的。这些有限的规则为母语学习者的语言获得奠定了基础。为了说明普遍语法中的普遍原则，我们以“结构依存原则”(the principle of structure dependency)为例来说明这一个过程。

结构依存原则认为，语言是以这样一种方式构成的，即主要由句子中的词、语素等成分组成的“结构关系”构成的。一个句子可以切分为短语，短语还可以切分为词或语素。但是，句子不是词、语素或短语的简单的线性排列。词与词之间、短语与短语之间存在着层级关系。比如：“那个孩子画了一只大象。”可以通过树形结构[①]的层级关系作如下描述：

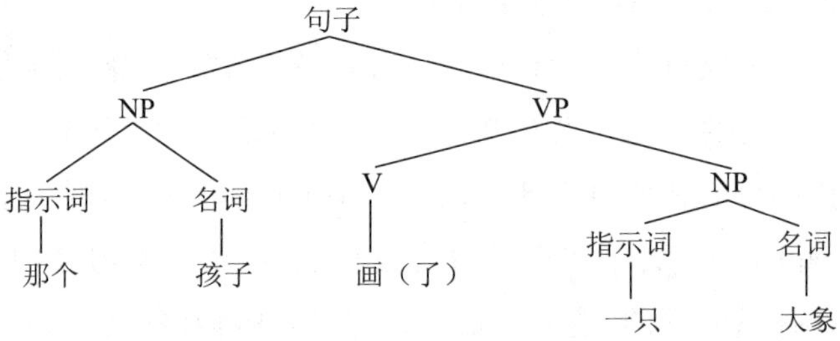

图 9 - 1

从上图可以看出，词与词或语素构成了短语(NP、VP、NP)，这些短语构成了句子。短语与短语之间不是线性关系，而是有层次的结构关系。乔姆斯基认为，这种结构关系不是某种或某些语言的特定关系，而是所有语言都遵循的结构关系。因此，这种结构关系构成了普遍语法的一条普遍原则。为了证明这条原则的普遍性，我们来看下面的例子：

(1a)老板解雇了在公司效力十年而且业绩显著的张三。

(1b)谁被老板解雇了?

(1c)在公司效力十年而且业绩显著的张三被老板解雇了。

*(1d)张三被老板解雇了在公司效力十年而且业绩显著的。

(1a)作为主动句由三个短语构成“老板”、“解雇”、“在公司效力十年而且业绩显著的张三”。当问及“谁被老板解雇了?”(1c)变成了被动句。在(1c)中，“张

① 为了说明该句的结构关系，树形图忽略了一些细节。

三"及其修饰成分一起由原来的宾语提升为主语。而(1d)中只有"张三"被提升为主语,显然是不合语法的。因为,(1d)违反了"结构依存原则"。我们再看一个英语的例子:

(2a) The manager who will fire Barnes will succeed.

(2b) Will the manager who will fire Barnes succeed?

*(2c) Will the manager *who fire Barnes* will succeed?

(2a)是一个主语包含定语从句的陈述句。如果要构成疑问句,助动词 will 要移位到句首。因此,(2b)是合法的疑问句。那么,(2c)为什么不合法呢? 因为(2c)违反了"结构依存原则"。在英语中,移动哪个成分取决于句子的结构关系。(2a)句中有两个助动词 will,构成疑问句,按照"结构依存原则",只能移动主句中的助动词 will,而不能移动从句中的助动词 will。如果超越了移位的范围,就破坏了句子的结构关系。正如 Cook and Newson(1996:11)指出的那样,"结构依存可以作为语言的一条原则:句子成分的移位,无论是构成被动句还是疑问句,或者其他句子,这种移位都要考虑句子的结构关系,而不是词与词之间的线性关系。"需要说明的是,这种结构依存原则并不是某些特定语言的规则,而是适用于所有语言的一种语言知识,这种知识反映了人类语言一种内在的心理结构。那么,儿童是怎样习得这一原则的? 在现实的语言经验中,儿童不可能遇到"Is John is the man who tall?"这种违反结构依存原则的句子,也就是说,儿童不可能从语言输入中习得关于移位的结构依存知识。按照普遍语法理论,这些原则是不可能通过外在的语言输入习得的,也正因为如此,这些原则不是习得的,而是人的心智的一部分,是先天具有生物属性,它作为一种"初始状态",构成了儿童语言习得的基础。

(二) 普遍语法中的参数

在前面介绍普遍语法的构成时,我们谈到,在乔姆斯基的最简方案中,普遍语法的内容发生了重要变化。其中一个重要变化是,乔姆斯基提出,学习者的"语言能力"(language faculty)是由在所有语言中恒定不变的"计算程序"(computational procedure)和词库两部分构成的。(Chomsky,2000:120)在这个理论框架中,原有的 D-结构和 S-结构都被放弃。最简方案的框架可用下图表示：

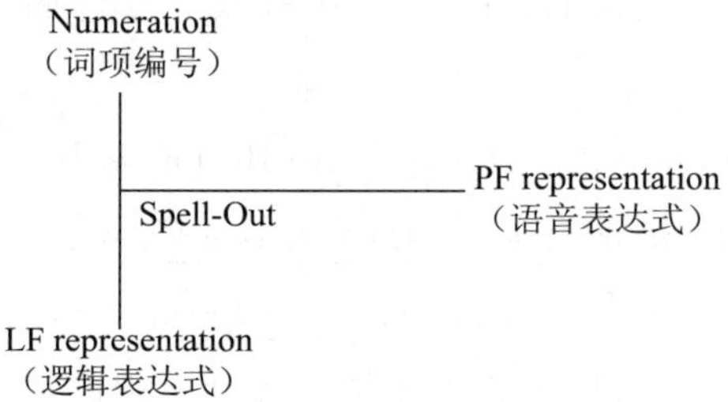

图 9－2

“计算程序”对从词库中选取的词项编号，然后通过计算构成“结构描述”(structural description，简称 SD)，并通过“Spell－Out”这一操作将“结构描述”中的信息分裂为语音表达式和逻辑表达式。这就是基于最简方案理论框架的生成过程。[①] 在此，我们强调的是，普遍语法的内容虽然发生了变化，但是构成普遍语法的原则在最简方案中仍然很强大，仍然有效。在最简方案中变化最大的是关于参数的描述。在管约理论框架中，抽象的原则与参数是联系在一起的。在最简方案中，原则体现在“计算模块”(computational module)中，参数则包含在词库中。按照这种观点，语言之间的不同和差异仅仅是因为词库不同。那么，语言习得的主要任务是学习词库。与此同时，学习者的另一项主要任务是在词库学习的过程中设定所习得语言的参数，但这些参数主要包含在“功能语类”中。下面我们以“中心语参数”(head parameter)为例来说明参数的设置过程。

上世纪 70 年代，乔姆斯基在《论名物化》一文中提出了“X 阶标理论”(X－bar theory)。按照这一理论，语言中所有的短语都是一种向心结构，都有一个“中心语”(head)。这个“中心语”与其“补足语”(complement)共同组成短语结构。这一原则适用于所有的语言。在词汇语类中，名词短语(NP)的中心语是名词，如“doctors from England”中“doctors”是中心语，介词短语“from

① 关于最简方案理论框架的描述，详见 Cook and Newson (1996:314)。

England"作为补足语。见下图：

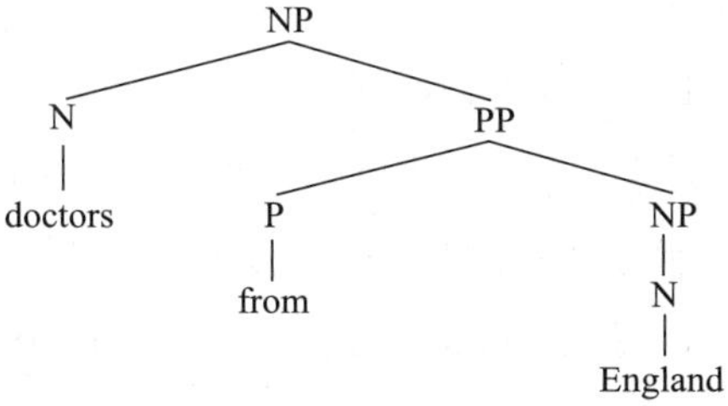

图 9-3

动词短语(VP)的中心语是动词,如"drink milk"中,drink 是中心语,milk 是补足语。见下图：

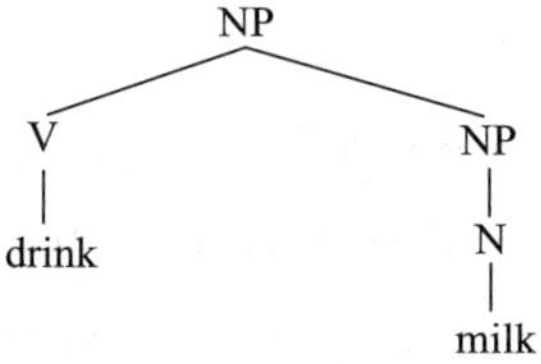

图 9-4

同理,形容词短语(AP)的中心语是形容词,如:"jealous of Peter"中,"jealous"是中心语,"of Peter"作为补足语;介词短语(PP)的中心语是介词,如"of Peter",介词"of"是中心词,后接成分"Peter"是补足语。在功能语类中也是如此,指示词短语(DP)的中心语是指示词,如英语的"the",标句词短语(CP)的中心语是标句词"whether",屈折短语(IP)的中心语是由时态(如-ed,或第三人称单数-s 等)标记构成。

然而,在不同类型的语言中,中心语的位置是不同的,有的语言是"中心语前置"(head initial),如英语;有的语言是"中心语后置"(head final),如日语。中心语位置的变化就构成了短语结构中的"中心语参数"。看下面的例子①：

① 例句引自 Mitchell and Myles (2004:67)。

(3) (the) girl with blue trousers

(4) hit the girl

(5) whether he is too old

在上述例句中,例(3)是名词短语,因此"girl"是中心语,位于补足语"with blue trousers"的左侧;例(4)是动词短语,动词"hit"是中心语,位于补足语"the girl"的左侧;例(5)是标句词短语(Complementizer Phrase),标句词"whether"是中心语,位于补足语"he is too old"的左侧。这些例句说明,英语在中心语参数设置上属于"中心语前置"。日语的中心语参数设置与英语不同。见例句:

(6)E wa kabe ni kakatte imasu

(picture wall on is hanging)

画挂在墙上。

例句(6)动词中心语"kakatte imasu"在补足语"kabe ni"的右侧,介词短语"kabe ni"中的中心语"ni"位于补足语的"kabe"的右侧。显然,日语在中心语参数的设置上是属于"中心语后置"。那么汉语的情况如何呢?徐烈炯(1988:264)认为,汉语短语结构中的中心语既可以前置也可以后置。见例句:

(7)a. 爱孩子们 / love the children

b. 对孩子们的爱 / love for the children

例句(7)表明,汉语中动词短语中中心语位于补足语左侧,即前置,与英语的动词短语的中心语位置相同;而名词短语中中心语位于补足语的右侧,这一位置与英语不同。汉语中中心语参数的设置显然不是非此即彼。至少可以有两种参数选择。上述分析表明,在中心语参数中,不同的参数设置,构成了不同类型语言语序上的差别。

然而,按照最简方案的观点,参数设置包含在功能语类中。因此,我们再来看一下功能语类中参数的设置。以"屈折短语"(Inflection Phrase)为例。屈折短语属于功能语类,包括时态、人称、数等屈折变化范畴。屈折短语如同名词和动词短语一样也是由中心语和补足语构成的。这类短语的参数设置在不同语言中的表现也是不同的。在功能语类中,参数设置主要表现为与功能语类相关的屈折特征变化的强弱。Mitchell and Myles(2004:69)对英语和法语屈折特征的强弱进行了比较。在英语中，屈折形式变化属于弱特征，法语的屈折变化属于强特征。在法语中，限定性动词必须移位到“屈折短语”(IP)中中心语的位置，即“I 位置”(I position)，通过特征核查以获得时态、性、数、格等特征。因此，法语的动词必须提升到“I 位置”。而英语却不需要提升动词短语中的动词以获得时态等特征。这一参数特征的变化导致了一系列的变化，从而导致两种语言在语序上的差异。为了更为直观地描述这一参数特征的变化，我们用树形图[①]来表述。见下图：

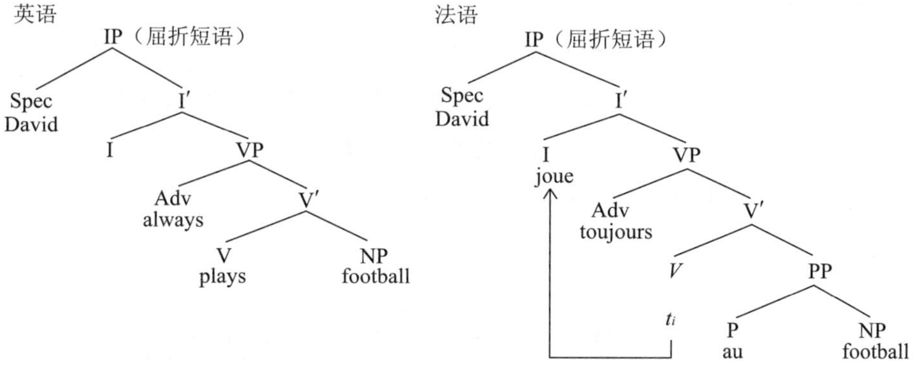

图 9－5

上图中，英语中的动词 plays 仍然位于动词短语的中心语位置，不需要提升到“I 位置”。而法语中的动词 joue 则必须从动词短语中提升到屈折短语中的“I 位置”以获得时态和一致性特征，在动词短语的中心语位置留下语迹 t_i。通过这个例证可以看出，与功能语类相关参数的设置是以屈折特征的强弱为特点的。

从语言习得的角度来看，儿童习得母语无需对复杂而又抽象的语言结构进行分析，他们只需根据有限的语言输入设定所学语言的参数而已。儿童很快就会发现所学语言的参数是中心语前置，还是中心语后置。有研究表明，英

① 树形图引自 Mitchell and Myles(2004:69)。

语为母语的儿童大约在一岁半左右似乎就已经了解英语是中心语前置。但是，当儿童经历语言习得的第一个阶段，他们首先获得的是词汇语类，而不是功能语类。大约在双词句阶段，儿童掌握的大都是“实词”(content words)，儿童的语言缺少诸如指示词、时态标记这些功能语类，如 play ball，dolly drink 之类的表达方式。按照最简方案的观点，这是因为控制语法表层结构的功能语类尚未习得的原因。

思考和练习

1. 如何理解普遍语法的生物遗传属性？
2. 管辖约束理论与最简方案对普遍语法的定义和阐述有何不同？
3. 请举例说明什么是普遍语法的原则和参数。
4. 最简方案中是怎样定义功能语类的？

第二节　与第二语言习得相关的理论问题

上一节我们概要地介绍了普遍语法的性质和基本概念及其对儿童母语习得的意义。这一节我们主要探讨与第二语言习得相关的理论问题，如普遍语法对第二语言习得是否也会产生影响？普遍语法是否也适用于第二语言习得？普遍语法对第二语言习得的影响与其对母语习得的影响有什么不同？这些问题都是第二语言习得领域需要探讨的与普遍语法相关的理论问题。

一、语言习得的逻辑问题

“语言习得的逻辑问题”(the logical problem of language acquisition)的提出源于儿童母语习得机制的探讨。有学者(White，1989)认为，儿童的语言能力是不可能通过所接触的有限的语言输入获得的。换句话说，儿童如果没有先天的语言习得机制的帮助，是不可能在贫乏的语言输入的基础上发现目的语规则的。由于语言输入的贫乏，儿童只能借助于普遍语法来获得母语的语言能力。儿童在认知水平很低的情况下很难掌握抽象的概念，而语言对儿童来说是最为抽象的知识，如果没有天赋的普遍语法这种生物遗传属性，儿童是学不会语言的。这就是所谓语言习得的逻辑问题。

那么，第二语言学习者是否也同样面临母语习得的逻辑问题？这个问题，第二语言习得研究领域的学者有不同的看法。

有些学者认为，第二语言学习者习得第二语言与儿童习得母语一样，都会面临语言习得的逻辑问题。Cook（1988：176）认为，与儿童母语习得一样，第二语言学习者的第二语言知识是不会从语言输入中获得的，因此，一定是在大脑里已经存在了。换句话说，“刺激贫乏论同样适用于第二语言习得”。在Cook看来，母语习得与第二语言习得的本质区别是，第二语言学习者已经掌握了一种语言，而这种语言会成为另外一种通达普遍语法的来源。而另外一些学者认为，儿童母语习得与第二语言习得所面临的语言习得的逻辑问题有很大的不同。Schachter（1988）认为，许多第二语言学习者能够用目的语流利地交际，但是并没有完全掌握正确的语法规则。比如，有些高水平的第二语言学习者仍然没有习得“话题化”（topicalization）以及副词的位置这些规则。她甚至怀疑成人第二语言学习者是否能够达到母语者的那种稳定状态（mental state）。Schachter的观点表明，第二语言学习者的语言能力与母语学习者的语言能力在本质上是不同的。也就是说，二者所面临的“逻辑问题”是根本不同的。

上述关于语言习得的逻辑问题的讨论都是在普遍语法的框架下进行的，但是，在第二语言习得研究领域的认知学派看来，似乎根本就不存在语言习得的逻辑问题。因为，认知学派不认为人的大脑中存在先天的语言习得机制，在他们看来，语言习得与其他知识获得的机制没有什么不同。关于心灵学派和认知学派之间的争论，在此不再赘述。

二、普遍语法的可及性问题

关于第二语言习得的逻辑问题，学者们的看法不尽相同。这些不同的看法可以归结为一点，那就是，如何看待普遍语法在第二语言习得中的作用。这个问题就是第二语言习得研究领域一直争论不休的“普遍语法可及性”(accessibility or availability of UG)问题。目前对这一问题的看法主要有三种观点，即“完全可及观”(full access view)、“不可及观”(no access view)和“部分可及观”(partial access view)。

(一) 普遍语法“完全可及观”

普遍语法“完全可及观”认为，普遍语法不仅适用于儿童母语习得，而且也适用于第二语言习得。赞成这种观点的学者大都反对语言习得存在“关键期”(a critical period)的说法。因为，有学者认为，在关键期以前，正常的儿童凭借普遍语法不仅可以成功地习得母语，而且可以成功地习得第二语言。过了关键期，普遍语法便不再适用。这也是大多数成人第二语言学习者第二语言的最终水平不及儿童第二语言学习者的一个重要原因。但是，有学者认为不存在什么关键期的问题。即使存在的话，在关键期后，普遍语法仍然可以在第二语言习得中起作用。Flynn(1996:134)指出，“如果可以证明第二语言学习者可以利用普遍语法的原则实现与母语不同的第二语言参数设置，那最好的解释就是，普遍语法仍然在起作用。”许多研究表明，第二语言学习者可以成功地对第二语言的参数进行重设。比如，英语为第二语言的日本学习者不仅能够成功地重新设置“中心语参数”，即实现由日语的中心语后置到英语的中心语前置的参数重设，而且能够运用在日语中不起作用的一些原则，如“毗邻原则”(subjacency principle)，即在英语中能够正确地将“wh-短语”移位到句首。此外，日本学习者还能够成功地习得日语中不存在的一些功能语类。因此，Flynn 认为，“第二语言学习者的确可以在普遍语法限定的条件下构建新目的语的语法。目前经过仔细考查的那些普遍语法的原则表明，即使是在母语中未显现或未使用的原则在第二语言中仍然可以起作用，事实上第二语言学习者是可以习得的。”由此，Flynn 的结论是，普遍语法制约着第二语言习得。成人第二语言习得与母语习得一样，都与基本的语言能力密切相关。

从 Flynn 的分析和结论可以看出，首先，日本学习者成功地运用普遍语法的原则以及正确设置英语中参数的例证，证明普遍语法依然适用于第二语言习得；其次，即使有些原则在日语中没有显现，但是日本学习者仍然可以运用在第二语言中显现的原则，如“毗邻原则”。这说明普遍语法的原则在第二语言习得中是可及的，学习者可以凭借这些原则习得新的目的语；再次，日本学习者能够成功地重设“中心语参数”表明，普遍语法中的功能语类也是可及的，第二语言学习者可以成功地习得这些新参数。基于上述三点推论，结论就是，在第二语言习得中，普遍语法是完全可及的。

（二）普遍语法的“不可及观”

普遍语法的“不可及观”认为，普遍语法不再适用于第二语言习得。证据是基于可观察到的一个基本事实，即移民儿童的第二语言大都能够达到类似母语者的水平（native-like），而他们的父母却很少如此。主张普遍语法不可及观点的学者认为，这一基本事实主要与两个因素有关，一是语言习得的关键期，二是语言习得机制。按照语言习得的关键期假设，成人第二语言习得与母语习得之所以有很大的差别，一个很重要的原因就是普遍语法在关键期后就不再起作用，也就是说，普遍语法不再适用于成人第二语言习得。Johnson and Newport（1989）在英语语法直觉判断的研究中发现，移民美国的儿童的英语语法直觉判断成绩与其到达美国的年龄相关。7 岁以前移民美国的儿童以类似母语者的方式进行语法判断，而年龄大的学习者语言判断的错误多于前者。这意味着，在关键期前的儿童第二语言学习者与成人第二语言学习者在语法判断中依据的心理机制不同，因此二者的习得水平以及习得顺序都会不同。为此，Clahsen and Muysken（1986）对德语作为母语和德语作为第二语言的习得顺序进行了比较。研究发现，二者在德语语序的习得顺序上存在着很大的差别。造成这种差别的主要原因是，儿童母语习得凭借的是“语言能力”（language faculty），或者说普遍语法，而第二语言学习者只能凭借一般的学习策略，这些策略源于信息加工和“问题解决”（problem-solving）策略。Meisel（1997）对第一语言学习者和第二语言学习者习得法语和德语否定结构的过程进行了大量的研究，他的结论是，第二语言学习者凭借的主要是表层结构的“线性序列策略”（linear sequencing strategies），而不是受普遍语法制约的“结构依存原则”。因此，他认为，普遍语法中最为基本的原则，即“结构依存原则”对第二语言学习者不再起作用。

显然，主张普遍语法不可及观点的学者主要强调第二语言习得与母语习得的差异，即二者在语言习得结果上的差异和语言习得机制上的差异。换句话说，如果普遍语法是可及的，那么第二语言习得与母语习得无论在语言习得机制上，还是在语言习得的最终结果上都应该是一致的。

（三）普遍语法的“部分可及观”

普遍语法的“部分可及观”源于 Schachter(1988)的假设。她认为，第二语言学习者可能会通达(access to)普遍语法的原则，但是可能不会习得所有的参数。证据是，成人第二语言学习者的语言表达并没有出现所谓“野语法”(wild grammars)。也就是说，学习者不会产出不符合普遍语法原则的语法错误，因为他们的语言产出是受普遍语法制约的；另外，尽管他们可以通达普遍语法的原则，但是，当第二语言的参数与其母语参数不同时，他们却不能够正确地设置，或者说习得第二语言的参数。换言之，对第二语言学习者而言，普遍语法是可及的，但是第二语言的参数却是不可及的。这就是所谓“部分可及观”的含义。

与这种观点略微不同的是所谓“间接可及假设”(indirect access hypothesis)。这一假设认为，第二语言学习者只能通过自己的母语间接地通达普遍语法。因为这些学习者已经了解适用于自己母语的原则和参数，这些原则和参数成为他们第二语言习得的基础。其他的原则和参数在其母语中没有显现，或者第二语言的参数与母语的参数不同时，他们会借助其他的认知机制，如“问题解决”策略来习得第二语言。但是这种认知机制是不受普遍语法制约的。Schachter(1996)援引自己的研究证明了普遍语法的“间接可及假设”。在一项要求韩国的英语作为第二语言的学习者进行语法判断的测试中，Schachter 发现，韩国学习者不能正确地判断英语中“wh-位移”的合法性。原因是，英语中“wh-位移”受“毗邻原则”的制约，只能在领属条件规定的界限节点内移动。但是在韩国语中，这个原则不起作用。因此，Schachter 认为，只有那些在学习者母语中起作用的原则在第二语言习得中才是可及的，而在母语中不起作用的原则在第二语言习得中则是不可及的。Dami Lee(1992)对韩—英双语者进行了一项关于英语特定参数，即“管辖语域”(Governing

Category)参数设置的测验。在英语中,“管辖语域”与反身代词的约束条件有关。比如,“John wants 〔Mary to criticize herself〕”是合法的,而“John wants 〔Mary to criticize himself〕”则是不合法的。因为,前者 herself 指内层句子的先行语 Mary,二者之间的互指关系符合管辖语域的限制,而后者的 himself 以外层句子的成分作为先行语,超越了管辖语域的限制。然而,在韩语中,这些反身代词既可以指内层句子的先行语也可以指外层句子的先行语。因此,两种语言的管辖语域参数设置不同。Lee 的研究发现,在三组被试中,只有年龄较大的儿童能够习得英语这一参数,而年龄最小的儿童组和年龄最大的被试均不能成功地设置这一参数。由此,Lee 得出结论,对成人第二语言学习者而言,只有在第一语言中激活的那些原则和参数才是可及的。

除了上述观点,还有一些其他观点,在此不再赘述。就上述三种观点,我们如何评价? Ellis(1994:455)认为,上述实证研究是否可以作为适当的评价基础还值得怀疑。因为还有一些问题值得进一步探讨。一是在下结论之前,赞成普遍语法可及性的学者必须在普遍语法的理论框架内对第二语言习得中已经证实的母语影响因素作出解释。比如,第二语言学习者在语言表达中出现母语中“代词脱落”[①](pro-drop)的现象,并不能构成学习者通过母语中介通达普遍语法的令人信服的证据。至少目前还没有充分、明确的证据。二是,关于关键期的问题,有学者否认关键期的存在,但是,许多关于关键期的研究表明,成人第二语言学习者的确很少能达到类似母语者的语言能力。这一基本事实使人们对普遍语法完全可及的观点提出质疑。三是,上述观点都有各自的实证研究,而且这些研究的依据和结论往往相左,这些结论由于坚持各自的理论,往往只能反映第二语言习得的某一个侧面。因此,目前关于普遍语法可及性问题还不能得出确定的结论。不过,最近的研究表明,学者们关注的焦点已经发生了变化,最初关注最多的是普遍语法本身可及与不可及的问题,而现在研究的焦点集中在构成普遍语法的子模块的可及性问题,而不是整个普遍语法的可及性问题。

---

① 有学者将 pro-drop 译为“代词省略”,为避免混淆,本文采用“代词脱落”这一译法。

三、第二语言习得与标记理论问题

“标记”理论也是第二语言习得研究领域比较关注的问题。在第二语言习得研究中，一种是基于语言类型学中“标记”理论的研究，如，语言标记的强弱与语言的可迁移性问题。一种是基于乔姆斯基普遍语法理论中定义的“标记”理论的相关研究。因此，在不同的研究领域，“标记”理论的含义也不同。在此我们仅介绍基于普遍语法理论的标记理论及其与第二语言习得相关的问题。

按照乔姆斯基的普遍语法理论，语言规则可以分为两部分，即“核心规则”(core rules)和“边缘规则”(peripheral rules)。“核心规则”是指那些受普遍语法原则制约的规则。这部分规则，按照乔姆斯基的观点，是先天的，当然是“无标记”(unmarked)的，比如语言中最基本的语序就属于核心规则部分，即无标记的。所谓“边缘规则”指不受普遍语法原则制约的规则。这些规则需要大量的后天的经验才能获得，因而是有标记的。一个语言特征标记性的强弱与参数的设置有关，比如，相对于“非代词脱落”(non-pro-drop)，“代词脱落”参数就被看作是无标记的，如西班牙语和意大利语；而英语在这一参数上属于“非代词脱落”语言。

Mazurkewich(1984, 1985)基于标记理论考察了第二语言学习者习得英语“与格变化”(dative alternation)的过程。Mazurkewich 认为，英语中 NP + PP 结构属于无标记的，而 NP + NP 结构则属于有标记的。原因是，前者比后者更能产，即几乎所有的与格动词都以 NP + PP 结构作为补足语，而很少以 NP + NP 形式作为补足语。另外，前者在“格的指派”(case assignment)上要比后者更清楚。因此，她的假设是，下面例句①中，(8a)比(8b)更容易习得。

(8a) John baked a cake for Mary. (____NP + PP)

(8b) John baked Mary a cake. (____NP + NP)

Mazurkewich 的研究表明，无论是法语被试还是“伊努伊特语”(Inuktitut)被试在句子判断任务中，对 NP + PP 结构判断的准确率都高于 NP + NP 结构。

① 例句转引自 Ellis (1994:448)。

这一结论说明,第二语言学习者首先习得无标记结构,或者说,无标记结构更容易习得。

然而,Mazurkewich 的研究受到一些学者的批评,除了实验设计上的问题以外,主要问题是“标记性”概念的定义模糊不清,学者们对标记性概念的理解各不相同。因此,Ellis(1994:449)认为,根据普遍语法中的定义,在第二语言习得中,标记性理论是否是一个适合的理论目前还无法定论。

思考和练习

1. 什么是语言习得的逻辑问题?第二语言习得面临的逻辑问题是什么?
2. 什么是普遍语法的可及性?
3. 你认为普遍语法是可及的还是不可及的抑或是部分可及的?理由是什么?
4. 乔姆斯基的普遍语法理论是怎样定义“无标记”和“有标记”的?

第三节　基于普遍语法的第二语言习得研究

围绕普遍语法与第二语言习得相关的理论问题,第二语言习得研究领域涌现了许多相关研究。这一节将在第二语言习得研究领域与普遍语法相关的理论探讨的基础上,简要介绍一些基于普遍语法理论的第二语言习得研究。

一、关于普遍语法原则的第二语言习得研究

在基于普遍语法的第二语言习得研究中,有许多验证普遍语法的普遍原则在第二语言习得中的作用的研究。其中关于普遍语法中“毗邻原则”的研究成为学者们关注的一个重要领域。“毗邻原则”是普遍语法中限制移位成分移动距离的一条原则。这条原则规定,移位必须在一定的界限之内,每次移位不能超过一个以上的“界限节点”;另外,移位成分可以从内层“标句词”(CP)位

置到外层“标句词”(CP)位置逐层外移。见下面例句：

(9a) [CP What did [IP John think [CP t2 [IP his brother had won t1]]]]

(9b) [CP What did [IP John wonder [NP whether [CP t2 [IP his brother would win t1]]]]]

按照“毗邻原则”(9a)的移位是合法的。What 首先由“语迹”t1 移至第一个标句词位置 CP 然后再次外移至最高级别的 CP,即标句词位置,留下“语迹”t2。两次移动都在界限节点的范围之内。(9b)的移位之所以不合法,是因为 what 第二次移位跨越了两个界限节点 NP 和 IP。在 NP 这个节点由 whether 占据,没有空位,因此违反了每次移位不能超过一个以上节点的原则。可见,英语的“wh-移位”的规则是很复杂的。为了简明起见,我们在上例中没有涉及其他成分的移位问题。那么,在第二语言习得过程中,如果学习者的母语系统没有体现这一原则,是否能够在第二语言中通达这一原则呢?

Ritchie(1978)为了证实毗邻原则在第二语言习得中仍然可以通达,选择了 20 名在美国大学就读的日本研究生和 6 名英语母语者判断一组句子是否符合语法。其中有符合毗邻原则的句子,也有不符合毗邻原则的句子。大多数被试都认为那些违反毗邻原则的句子不太合语法。也有一些被试的判断是违反毗邻原则的。Ritchie 的初步结论是,尽管在日语中毗邻原则并不起作用,但是在习得第二语言的时候,他们仍然可以通达这一原则。

Bley-Vroman, Felix and Ioup(1988)选择了 92 名韩国学习者作为被试,考察了他们习得英语特殊疑问句(wh-question)的情况。在韩国语中,特殊疑问句不受普遍语法中毗邻原则的限制。这些被试在美国居留的时间比较长,因此有较多的机会自然习得英语特殊问句。实验任务是语法判断,请被试指出哪些特殊疑问句是合语法的,哪些是不合语法的。目的是检验学习者是否可以通达毗邻原则。研究结果表明,韩国学习者的反应模式与母语者相似。因此,Bley-Vroman 等认为,这一结果不支持成人第二语言学习者无法通达普遍语法的假设。

尽管上述研究大都支持普遍语法的基本原则在第二语言习得中依然适用,但是也有研究的结论与上述结论相反。Schachter(1989)针对上述研究,选择了四组被试,一组是韩国学习者,韩国语中特殊疑问句不受毗邻原则限制;另一组是中国学习者,汉语的特殊疑问句受毗邻原则的限制不明显;第三组是印度尼西亚学习者,印尼语虽然受毗邻原则限制,但不涉及"wh-移位"。此外,还有一组英语母语者作为控制组。实验任务是语法判断测验,目的是检验这些学习者的语法判断是否违反毗邻原则。实验结果表明,三组学习者被试与母语者被试语法判断的差异非常显著。虽然三组被试语法判断的成绩也有差异,但差异不显著。因此,Schachter认为,即使在学习者被试组中有的被试的母语受毗邻原则制约,仍然不能保证他们在第二语言习得中通达这一原则,更何况那些母语不受毗邻原则制约的学习者了。因此,这一结论对普遍语法的原则仍然适用于第二语言学习者的主张提出了严肃的挑战。

综上所述,Ellis(1994:445)认为,尽管上述研究都有一些证据,但是在普遍语法的可及性问题上还应持谨慎态度。至于成人第二语言学习者是否可以通达毗邻原则,显然还需要进一步的研究,目标不是绝对的服从普遍语法,而是相对的可及性。理想的研究材料不应该仅仅是来自语法判断这种实验任务。

二、关于普遍语法参数的第二语言习得研究

在第二语言习得研究领域有许多基于普遍语法的参数研究。其中"代词脱落"在不同语言中的表现,以及第二语言学习者在这一参数上的表现成为学者们最为感兴趣的研究领域。我们首先简单介绍一下普遍语法中的"代词脱落"参数。

在普遍语法中有一条"扩展投射原则"(extended projection principle)。这一原则要求所有的句子都应该有主语。比如英语中说"he speaks"是合法的,说"____ speaks"则不合语法。但是在意大利语和西班牙语中,没有主语却是允许的,如意大利语可以说"Parla"(speaks),虽然动词是第三人称形式,但没有主语。通过动词"parla"可以知道说话的人是"he",即男性第三人称单

数。这种变化就构成了普遍语法中的“代词脱落”参数。在意大利语或西班牙语中，所谓“代词脱落”，实际上是指在这些语言的表层结构不出现主语，但在其D-结构和S-结构中是以“零形式”(null subject)存在的。这种零形式被称作“pro”。英语、法语属于前者，即“非代词脱落”语言，意大利语和西班牙语属于后者，即“代词脱落”语言。由于汉语是所谓“话题突出”语言，在话题链中可以省略代词，因此，有学者认为，汉语也属于代词脱落语言。(黄正德，1982，1984)但也有学者不同意这种看法。(徐烈炯，1986)此外，“代词脱落”这一参数的变化还会引起与这个参数相关特征的变化，即所谓“参数丛效应”(clustering effects)。Cook(2000:161)对这一效应作了三条解释：

1. 主谓语序倒置。在代词脱落语言中，陈述句的主语可以出现在动词后边：“Parla lui.”(speaks he.)；在非代词脱落语言中，如英语和法语则不允许陈述句中主谓倒置，如“smoked he a cigar.”。

2. 允许“that-语迹”出现。如在西班牙语中，主语位置的特殊疑问词“wh-”移位后，在表层结构允许留下标句词“que”，相当于英语中的“that”。如“Quién dijiste ***que*** vino?”(Who did you say ***that*** came?)而英语在S-结构中，我们可以看到只有“t-语迹”，如“Who did you say ***t*** came?”这是由于“who”位移留下的语迹。但在英语中不存在“that-语迹”，因此在表层结构中“Who did you say ***that*** come?”是不合法的。

3. 形式主语“it”和“there”。在非代词脱落语言中，如英语，在存现句中句首要求出现形式主语“it”和“there”：“There is a big table in the room.”；“It's snowing.”。这些逻辑主语通常叫做“填充词”(expletive)。但是，在代词脱落语言中，这些填充词是不允许的。

上述阐述特征的变化反映了语言之间的各种差异，至于说为什么这些变化在有的语言中是合法的，在有的语言中是不合法的，为什么代词脱落会引起其他相关特征的变化，目前还没有更为全面的解释。Haegeman (1991)对这一现象作过简单的解释。Haegeman认为，在代词脱落语言中，动词本身的屈折形式已经包含了许多关于动词主语的信息，如人称、单复数。意大利语“Parliamo”(we speak)，这个动词本身表明空主语“pro”是第一人称，是复数。

“Parla”则表明脱落的代词“pro”是第三人称、单数、男性。但非代词脱落语言中，动词本身则缺乏足够的线索来传达这些信息。如英语“go”的主语既可以是第一人称，也可以是第二人称，当然也可以是第三人称复数。因此，英语能通过主语来弥补动词不能够提供的信息。

普遍语法中的代词脱落从语言学的角度来讲是一个很复杂的现象。然而，第二语言习得的研究者们感兴趣的问题是，不同母语背景（代词脱落语言和非代词脱落语言）的学习者在这一参数设置的表现上有何不同；另外，与这一参数相关的特征是否都能够被成功地设置。为此，White（1985，1986）进行了两项研究。1985年的研究包括两组被试，一组是母语为西班牙语的英语学习者，一组是母语为法语的英语学习者。1986年的研究还包括了两名母语为意大利语的英语学习者。西班牙语和意大利语同为代词脱落语言，法语和英语都是非代词脱落语言。实验任务是要求两组被试对英语的句子进行语法判断。这些句子包括省略代词主语的句子，如“there、it、he、she”等；有的包含不合语法的主谓顺序倒置的句子，有的包含带“that”语迹的句子。研究结果清楚地表明，两组被试，即西班牙语和意大利语组被试和法语组被试的语法判断差异非常明显。西班牙语和意大利语组更倾向于接受那些无主语的句子，而且比法语组被试更容易接受包含“that”语迹的句子。但是两组被试在主谓倒置的句子判断上差异不显著。另外，随着被试总体水平的提高，语法判断的正确率也逐渐提高。由此，White得出三个结论：(1)第二语言输入材料不直接对第二语言学习者产生作用，相反，学习者在最初阶段采取母语参数设置的策略；(2)在一定时间里，第二语言学习者会成功地进行第二语言参数的重设；(3)目的语的参数特征在其学习者中介语语法中是相互联系在一起的，尽管这种现象不能在理论上全部预测出来。（Ellis，1994：446）

White的研究似乎证明了这样一个假设，即第二语言学习者最初采取母语参数设置策略，随着目的语水平的提高，逐渐转向第二语言参数的设置。但是，Ellis认为，由于实验采取的是语法判断的研究范式，因此需要其他研究范式获得的材料来进一步证明。Hilles（1986，1991）进行了两项儿童第二语言学习者的纵向研究。她利用Cancino1978年研究西班牙儿童习得英语否定结构和助动词的自然习得材料，重点考察了一个12岁的哥伦比亚儿童的习得情况。基于这一个案的考察，她提出两个假设：一是，儿童第二语言习得始于母语参数设置，即代词脱落，然后转向第二语言参数的设置，即非代词脱落；二是，这种变化伴随着助动词的出现，这可能是由于英语填充词"it"和"there"的习得触发的结果。Hilles1991年的研究利用Cancino研究中的6个被试，即2个儿童，2个青少年，2个成人。研究的目的是考察代词脱落参数中，代词主语习得及其动词屈折形式习得之间的关系，此外，希望证明年龄是否是影响普遍语法可及性的一个因素。研究的结论是，两个儿童和一个青少年在主语的出现和动词屈折形式的习得之间高度相关。因此，Hilles认为，这三个被试的习得是由普遍语法引导的。此外，她认为，这些被试的习得顺序反映了儿童母语习得的顺序，即始于空主语和无动词屈折变化的习得，然后转向主语和动词屈折变化相一致的习得。

然而，正如Ellis指出的那样，Hilles的研究缺少控制组，因此很难说西班牙语被试早期的代词脱落倾向真实地反映了儿童母语习得的过程，也难以确定是否是母语迁移的结果。不过，Lakshmanan(1991)的研究弥补了这一缺陷。Lakshmanan研究了三个不同母语背景(西班牙语、日语、法语)的儿童习得代词脱落参数的过程。日语和西班牙语一样都属于代词脱落语言，法语属于非代词脱落语言。然而，Lakshmanan的研究结果既不支持Hilles研究中得出的母语迁移结论也不支持母语习得发展顺序的结论，而且也没有证据证明"参数丛效应"，即代词脱落参数习得对其他特征的影响。Lakshmanan指出，这些结果还无法根据普遍语法理论作出解释。

上述研究表明，目前还无法对第二语言习得的参数设置模型提供可靠的依据。因此，Ellis(1994:447)认为，目前的一般结论是母语是代词脱落语言的第二语言学习者在习得第二语言参数时，最初表现出省略代词主语的倾向，而后才转向第二语言参数的习得。但是，这些结论还无法从普遍语法中的参数设置理论中得到解释。

三、关于普遍语法功能语类的第二语言习得研究

在本章的第一节，我们简要地介绍了最简方案对功能语类的定义和描述。这一小节主要介绍基于最简方案中功能语类的第二语言习得研究。

在最简方案中，功能语类被看作是构成语言间变化和差异的主要原因。因为普遍语法中的参数包含在功能语类中。因此功能语类及其特征是不同语法间参数变化的根源。按照乔姆斯基的观点，功能语类中参数的变化主要表现在附着在功能语类上的特征，如时态、性、数、格等特征的强弱变化。在英语中屈折变化属于弱特征，在法语中屈折变化属于强特征。乔姆斯基认为，动词屈折特征强的语言在"语音式"①(Phonetic Form)中动词必须提升，即将动词从"动词短语"(VP)的中心语位置提升到"屈折短语"(IP)的中心语位置，目的是通过特征核查获得时态、性、数、格等特征，如法语；而动词屈折特征弱的语言，如英语，在语音式中则不允许动词提升，而只能在"逻辑式"(Logical Form)中隐性提升。(参见本章第一节第三小节"普遍语法中的参数"中的例句)

根据这一观点，学者们提出了一些理论假设，试图阐释第二语言习得参数设置过程。其中，有三个理论假设引起学者们的关注，即 Eubank(1996)的"特征无值假设"(Valueless Feature Hypothesis)，Beck(1997，1998)的"局部损伤假设"，Hawkins and Chan 的(1997)"特征失效假设"(Failed Feature Hypothesis)。Eubank 的"特征无值假设"认为，第二语言习得最初，无论是词汇语类还是功能语类都会发生迁移，当然，在一个较短的时期内只会出现词汇投射。但是，功能语类的迁移是无值的，即缺少动词屈折形式，如时态、一致性等等。Beck 的"局部损伤假设"认为，动词短语中心语的提升与否取决于功能语类中屈折特征的强弱。但是，如果第二语言学习者的年龄超过关键期，与功能语类相关的特征在第二语言习得中就不会正常运作。在这种状态下，第二语言学习者的语法特征与母语者的语法特征相比，具有泛化的特点，即允许动词的任

① 有学者译为"音系式"，见 Yuan(2001)，徐烈炯译为"语音式"，本文采用后者的译法。

意提升。Hawkins 和 Chan 的“特征失效假设”认为，适用于第二语言习得的功能语类特征仅仅是在其母语中具有的那些特征，而且这些功能语类特征受到关键期的影响。如果这些特征在第二语言学习者母语中没有体现，在第二语言习得中也就不会起作用，学习者也无法习得这些特征。换句话说，母语的功能语类特征在第二语言习得中就失效了。

上述三个理论假设虽然名称各不相同，但其理论主张却有某些相似之处。简而言之，三种理论假设都认为功能语类特征在第二语言习得中不再起作用，至于这些功能语类中的特征为什么不再起作用，三种理论假设的解释略有不同。“特征无值假设”认为功能语类中的特征不再起作用是因为这些特征没有特征值（valueless）。其表现是第二语言学习者常常省略功能词以及动词无屈折形式；“局部损伤假设”则认为，功能语类特征在关键期后出现了局部损伤，因而不能正常运转了；“特征失效假设”比较极端，认为功能语类特征在关键期后在第二语言习得中完全失效了。英语作为第二语言的学习者经常遗漏第三人称单数“-s”，以及动词过去时“-ed”的现象，既可以看作是功能语类特征无值，也可以解释为局部损伤或特征失效。问题的关键在于，这些假设是不是真实地反映了第二语言学习者习得第二语言功能语类特征的实际过程。有学者对这些假设提出了挑战。

袁博平（2001）针对上述三种理论假设，通过实证研究提供了反面的证据。袁的研究调查了法国人、德国人、英国人习得汉语题元动词的情况。一般认为，在汉、法、德、英四种语言中，频率副词都位于动词短语的左侧。但是，按照乔姆斯基的观点，动词屈折属于强特征的语言，即动词屈折变化丰富的语言，动词需要在语音式上提升，而动词屈折属于弱特征的语言，即动词缺少屈折变化的语言，则不允许动词在语音式上提升。这一参数变化使上述四种语言在表层结构上产生了不同的变化。

（10）Marie boiti souvent ti de la biére. (法语：S–V–Adv–Obj.)

Mary drink often beer

（11）He often drinks beer. (英语：S–Adv–V–Obj.)

（12）Er trinkti oft ti bier. (德语：S–V–Adv–Obj.)

He drink often beer

（13）他 常常 喝 啤酒。(汉语：S–Adv–V–Obj.)

从上述例句[①]可以看出，法语和德语属于动词屈折变化丰富的语言，因此，动词在语音式上均需提升，只不过这两种语言提升的位置有所不同；英语和汉语属于动词屈折变化不丰富的语言，因此，禁止题元动词提升，动词仍然保留在动词短语中。袁的研究质疑的是，汉语作为第二语言的学习者习得汉语语法时，其功能语类特征真的像上述理论假设所说的那样无值、失效和永久损坏了吗？袁通过口头叙述任务和语法判断任务考察法、德、英三组汉语学习者母语系统功能语类特征对汉语习得的影响。研究结果表明，所有被试，不论母语是英语、法语还是德语，在他们的汉语语法中都能清楚地区分正确的语序 S－Adv－V－XP 和不正确的语序 S－V－Adv－XP。无论是口头叙述还是语法判断都没有发现 Beck 在其理论假设中所说的那种动词随意提升或语序误用的情况。这说明，既不存在功能语类特征无值的情况，也不存在局部损伤和失效的情况。

此外，为了进一步证伪，袁还对相对于题元动词的否定词的位置进行了考察，因为这一特征可以可靠地显示题元动词的提升状况和功能语类特征的设置。否定词的位置如同频率副词的位置一样，在动词屈折变化丰富的语言中，由于动词的提升一般位于动词的右侧，如法语、德语；而在缺少动词屈折变化的语言中，否定词则位于动词的左侧，因为这种语言不允许动词在语音式上提升，如英语、汉语。袁这一研究的假设是：(1)如果在第二语言习得中，功能语

① 例句引自袁博平(2001)。

类特征是无值、失效或永久损坏，那么，在第二语言学习者的汉语语法中，题元动词在否定句中就会紊乱、随意提升或接受母语语法的参数值；(2)如果功能语类特征，如时态(TP)和一致性(AgrP)特征在第二语言学习者的汉语语法中有充分的标志，那么，相对于题元动词的否定词的位置就不会是紊乱的、随意的，而且在第二语言学习者的汉语语法中，功能语类的特征值将一直会设定为弱特征。参与该实验的被试分为三组，即英、法、德三组汉语学习者，另有10个中国人作为控制组。实验任务仍然是口头叙述和语法判断。实验结果表明，三组被试在两项实验任务中与控制组，即中国人组被试表现非常相似，而且不同汉语水平的各组被试表现均一致。根据这一结果，袁认为，这些数据为我们提供了清楚的证据，证明第二语言学习者的汉语中，动词并不会任意提升，题元动词仍然留在动词短语(VP)中，不会越过否定词提升。

通过上述两项实验研究，袁进一步指出，这些数据表明，功能语类特征，如时态、一致性等特征在第二语言学习者的汉语中被充分标注为弱特征，就像中国人的汉语语法中一样，二语汉语语法禁止题元动词在音系式中提升。因此，上述三种理论假设的可靠性值得怀疑。事实上，成人第二语言学习者的汉语语法中，功能语类既不是无值，也没有失效，更不是永久损坏了。

思考和练习

1. 在第二语言习得研究中，学者们是怎样证明普遍语法中的原则的可及性问题的？

2. 本节关于毗邻原则的可及性研究为什么得出了相互矛盾的结论？

3. White(1985,1986)两项关于“代词脱落”参数的研究结论的含义是什么？这些结论在 Hilles 和 Lakshmanan 的研究中得到证实了吗？

4. 特征无值、特征失效和局部损伤三种理论假设的含义是什么？袁的研究证实了这三种理论假设吗？

第四节　对基于普遍语法理论的第二语言习得研究的简要评价

毋庸讳言，普遍语法理论对第二语言习得研究产生了巨大的影响。在这一理论的指导下涌现了大量的基于该理论的第二语言习得研究。这些研究加深了我们对第二语言习得过程和习得机制的理解。普遍语法作为一个非常有用的语言分析工具，不仅可以帮助研究人员构建明确的理论假设，而且能够通过实证的方法进行检验。此外，普遍语法不仅可以用于描述第二语言习得的语言现象，而且可以有效地解释这些现象。比如，有学者用原则与参数理论来解释语言迁移现象，而且通过实证研究来检验语言参数重设的过程。总之，普遍语法的确是用来研究第二语言习得的一种比较完备的理论。这一理论还将继续对第二语言习得研究产生重要的影响。

尽管普遍语法对第二语言习得研究产生了重大影响，基于这种理论的第二语言习得研究也产生了丰富的研究成果，但是，这些研究也难免受到一些学者的批评。除了对普遍语法理论本身的批评外，一些学者对基于这一理论的第二语言习得研究也提出了一些质疑。正如 Ellis(1994:457)指出的那样，一些学者极为坚定地忠实于基于普遍语法的第二语言习得理论，同样，有些学者极为坚决地反对这一理论。持反对观点的学者认为，基于普遍语法的第二语言习得研究范围过于狭窄。早期的研究仅仅关注由抽象的语法原则确定的语法能力，而其他许多方面被排除在外，如这些研究不关注学习者是怎样运用他们的语法知识获得语言技能的，忽视语言能力的其他方面，如学习者心理词典的发展，学习者如何构建形式与意义的网络等等。在研究方法上，有学者一直认为，目前基于普遍语法的第二语言习得研究过于依赖语法判断的方法，缺少纵向的研究。因为，人们不知道，通过语法判断方法获得的到底是“内隐知识”(implicit knowledge)还是“外显知识”(explicit knowledge)。还有的学者认为，基于普遍语法理论的第二语言习得研究很难得到确定的结论，比如，普遍语法在成人第二语言习得中的可及性的问题,有研究表明普遍语法在成人第二语言习得中是完全可及的,有的研究结果表明是不可及的,也有的研究认为是部分可及的,莫衷一是。然而,White 认为,这丝毫不奇怪,因为,我们目前所运用的理论是发展中的理论,研究结论不一致是可以预想到的。

思考和练习

1. 普遍语法理论对第二习得研究有哪些影响?
2. 学者们认为基于普遍语法理论的第二语言习得研究有哪些局限?

第十章　多元发展模式

"多元发展模式"(Multidimensional Model)实际上也是一项关于第二语言学习者语言习得发展模式(developmental pattern)的研究。在第四章,我们系统地介绍了20世纪70年代的第二语言习得发展模式研究,即所谓第二语言学习者语言习得顺序的研究。但是,多元发展模式与70年代的研究在理论导向上完全不同。此外,多元发展模式的研究汲取了许多第二语言习得研究的理论和方法,因此,在整个80年代乃至90年代的影响都很大,Ellis对这个模式给予了高度评价,认为其全面性仅次于Krashen的监控模式,其预测力仅次于竞争模式。

多元发展模式的理论内容非常丰富,本章将从四个方面对这一理论模式进行简要的介绍:(1)多元发展模式产生的理论背景,(2)多元发展模式的基本理论,(3)基于多元发展模式的相关研究,(4)多元发展模式的理论价值与局限。最后,还将对"可教性假设"作简要介绍。

第一节　多元发展模式产生的理论背景

一、什么是"多元发展模式"

"多元发展模式"最初是在70年代末由ZISA① 小组的几位学者(Meisel, Clahsen and Pienemann,1981)提出来的,后来发展成为一种第二语言习得的理

① ZISA是德语"Zweitspracherwerb Italienischer und Spanischer Arbeiter"项目的简称,即"意大利语和西班牙语工人的第二语言(德语)习得"。

论模式。

20世纪70年代末，以汉堡大学为主的“ZISA研究小组”进行了一项关于德语语序的习得研究。ZISA研究小组的主要成员有Meisel，Clahsen和Pienemann。在Meisel的带领下，ZISA研究小组对德语作为第二语言（GSL）的习得顺序进行了调查研究。该项目既包括对45名成人（他们都是母语为西班牙语和意大利语的外籍工人，其中20名来自意大利、19名来自西班牙、6名来自葡萄牙）的横向研究，又包括对12名成人的纵向研究（进行为期两年的跟踪调查），研究者通过访谈的方法收集数据（interview data），对不同母语者习得德语语序的情况进行了考察和详尽的分析，在此基础上提出了多元发展模式理论。

与以往的第二语言习得研究不同，Meisel，Clahsen and Pienemann（1981）认为，学习者习得第二语言的过程是一个多元发展的过程，而不是一个线性发展过程（linear process）。“多元发展”这一名称反映了这个理论模式的核心观点，它是指第二语言习得有多个发展方向：一方面，某些语言特征的发展具有严格的“发展顺序”（developmental sequences），这种顺序既不受学习者个体因素的影响，也不受学习环境的影响；另一方面，各个学习者的语言发展又具有“个体差异”（individual variation），不同的学习者在某些语言特征的发展上会有所不同。（Ellis，1994：382）在ZISA小组的学者看来，发展顺序是由语言发展过程中的一些普遍性因素，即学习者的“言语加工策略限制”（processing constrains of strategies）所决定的；而学习者的个体差异则是由社会心理因素造成的。显然，多元发展模式不仅对学习者的语言发展顺序作出解释，而且对学习者的个体差异也作出了相应的解释。它不仅考虑到学习者内在的加工机制，而且考虑到社会心理因素对学习者语言发展模式的影响。因此，这种理论模式很全面，而且预测力也很强。它所提出的一些加工策略在十几种语言习得的研究中得到了印证。

二、多元发展模式产生的理论背景

20世纪70年代，以Dulay和Burt等人为代表的关于习得顺序的研究，在第二语言习得研究领域引起了很大反响，许多学者加入到习得顺序的研究队伍当中。当时的第二语言习得顺序研究不仅提出了一系列重要的理论问题，而且产生了一批重要的理论成果(详见本书第四章)。但是，这些研究所得的结论分歧较大，存在比较多的理论争议，学者们对习得顺序研究的理论和方法也提出了种种质疑。诸如母语迁移问题、“正确顺序”与“习得顺序”是否等价、L1 是否等于 L2 等等，学者们在这些重要的理论问题上各抒己见，见仁见智。这一方面反映了当时的研究和探讨缺乏一个统一的理论框架，另一方面，许多研究结论彼此相左，莫衷一是。因此，学者们试图寻找更加适合的理论框架，这在客观上促进了当时第二语言习得顺序研究的理论发展。在这种理论背景下，70 年代末 80 年代初，多元发展模式应运而生。这种新的理论模式从认知的角度探索和解释第二语言学习者的语言发展模式，从而为第二语言学习者语言发展模式的研究提供了新的视角，注入了新的活力。

三、多元发展模式的理论基础

多元发展模式是关于第二语言学习者语言发展模式研究的理论模式，但是它与 20 世纪 70 年代的第二语言学习者语言发展模式研究在理论导向上有本质的不同。换句话说，二者研究的问题相同，但研究的理论基础不同。

70 年代的第二语言学习者语言发展模式研究是以心灵学派的普遍语法理论为基础的。Dulay 和 Burt 等学者试图通过对第二语言学习者的语言习得顺序的研究来证实语言习得机制的普遍性，他们认为，由于这种语言习得机制的普遍性，第一语言习得和第二语言习得具有相似的发展模式。而多元发展模式是建立在认知加工理论基础之上的。这一理论模式把第二语言学习者语言发展模式的研究同学习者的言语加工策略联系在一起，从认知的角度对学习者的语言发展模式作出解释。可见二者的理论基础截然不同。

理论基础的不同必然带来理论解释上的差异。如上所述，Dulay 和 Burt 等人的习得顺序研究是在心灵学派的普遍语法理论指导下进行的，他们注重寻求儿童母语习得、儿童第二语言习得和成人第二语言习得之间的共性，从而验证语言习得机制的普遍性，而不太重视不同学习者之间的个体差异。而多元发展模式认为，第二语言学习者的语言发展模式具有高度的一致性，即遵循相同的发展顺序；此外，第二语言学习者语言发展还具有个体差异。第二语言学习者语言发展模式的一致性是由学习者的言语加工策略决定的，而学习者语言发展的个体差异则是由社会心理因素造成的。20 世纪 70 年代的研究强调第二语言习得发展顺序的一致性，而其理论本身无法解释学习者语言发展的个体差异。

思考和练习

1. 什么是多元发展模式？它的核心观点是什么？
2. 多元发展模式与 70 年代的习得顺序研究的理论基础有何不同？

第二节 多元发展模式的基本理论

多元发展模式是在德语作为第二语言(GSL)习得的一系列研究的基础之上提出来的。这些研究对第二语言习得研究领域产生了很大的影响，并引发了英语作为第二语言(ESL)和日语作为第二语言的(JSL)习得(自然情景)与学习(课堂教学情景)研究，同时也促进了欧洲和北美地区第二语言习得研究在方法上的转变，使其成为当时第二语言习得研究的一个理论热点。这一节我们将对多元发展模式的基本理论进行简要的介绍。

一、多元发展模式的基本观点

ZISA 小组进行了大量的实证研究，这些实证研究为多元发展模式奠定了坚实的理论基础。Ellis(1994:382)在多元发展模式实证研究结论的基础上，将多元发展模式的理论观点概括为以下几个方面：

1. 学习者在一些语法结构(例如语序和一些语素)的习得上呈现出一定的发展顺序(developmental sequences)。比如，以德语为第二语言(GSL)的学习者在习得德语语序规则的过程中最先经历典型顺序阶段，最后到达动词

结尾阶段,遵循以下的习得顺序(Pienemann, Johnston and Brindley,1988):

典型顺序(SVO) < 副词前置(ADV) < 动词分离(SEP) < 倒装(INV)< 动词结尾(V-END)

以日语为第二语言(JSL)的学习者在习得日语小品词“wa、ga、o”时遵循wa<o<ga 的习得顺序。(Yoshioka and Doi,1988)

2. 学习者之间存在个体差异,这种差异不仅表现在发展性语言规则(发展性语言特征)的习得和运用程度上,还表现在那些不受发展限制的语法结构(差异性语言特征)的习得和使用程度上。按照学习者在习得和使用语言特征时所受限制的类型,我们可以把语言特征分为两种类型,一种是受到言语加工策略限制的语言特征,我们称之为发展性语言特征,或者是发展性语言规则,或者叫发展性语言结构;另一种类型的语言特征则不受言语加工策略的限制,而受到外部因素的影响,比如对目的语社团的态度和社会心理因素等,洋泾浜化就是受这些因素影响造成的,我们把受这些因素影响、在不同的学习者之间表现出不同的习得差异的这类语言特征称之为差异性语言特征或者差异性语言规则,或者称之为差异性语言结构。无论是在发展性语言特征的习得和使用上,还是在差异性语言特征的习得和使用上,不同的学习者之间都存在着个体差异。

3. 发展顺序反映了学习者克服言语加工限制(processing constraints)的系统方式。从本质上说,这些言语加工的限制属于一般的认知加工限制,它制约着言语的产出。只有不断地克服各种言语加工的限制和束缚,才能促进语言习得的不断发展。因此,第二语言学习者语言的发展过程就是学习者不断摆脱不同言语加工的限制的过程。

4. 学习者之间的个体差异反映了学习者对语言学习任务的整体倾向性(orientation),反之,这种倾向性又是社会心理因素的产物。如果学习者具有想要融入目的语社团和文化的强烈愿望时(融合型动机),或者虽然不想融入目的语社团但是为了工作升迁而努力学习、想要学好目的语时(工具型动机),那么学习者就会使用较多的目的语形式;如果既没有融合型动机又没有工具型动机时,那么学习者就会使用较少的目的语形式。

5. 以发展性语言特征为目标的正式教学只有在学习者已经掌握了与前一阶段的习得相联系的必需的加工操作之后才会获得成功，然而，以差异性语言特征为目标的正式教学则没有这些限制。也就是说，有的语言特征受学习者认知发展的制约，对于这些语言特征，只有当学习者已经获得了学习这些规则的先决条件、心理上已经准备就绪时，才能够进行这些规则的教学，学习者才能习得这些规则，否则过早的规则教学只能诱发学习者的回避行为；而有的语言特征不受学习者认知发展的制约，只是在不同的学习者之间表现出来不同的个体差异，这类规则的教学则不受这些限制，在哪个阶段进行教学都可以。

上述五个方面是多元发展模式对第二语言学习者语言发展模式的主要理论观点。这些理论观点构成了多元发展模式的理论框架。根据这些理论观点，我们将在下文对多元发展模式进行详细的阐述。

二、多元发展模式的理论框架

按照多元发展模式的基本观点，多元发展模式的理论框架概括为"五个阶段"、"两条线索"、"三种策略"。（王建勤，2003：40）所谓"五个阶段"是指德语作为第二语言的学习者语言发展顺序，这一发展顺序反映了第二语言习得发展的共性；"两条线索"是指第二语言学习者语言发展的两个维度，即语言发展维度和个体差异维度；"三个策略"是指多元发展模式的言语加工策略。

（一）德语作为第二语言（GSL）语序发展的"五个阶段"

"五个阶段"指的是 ZISA 项目的研究者们在考察德语作为第二语言的语序（word order）习得顺序时所发现的学习者所经历的五个语言发展阶段。他们发现，学习者在习得某些语法结构时，遵循着一定的发展顺序，具有清晰的发展序列。这种发展顺序表现为一定的发展阶段。（Pienemann，Johnston and Brindley，1988）具体表现如下：

第一个阶段是典型顺序（Canonical Order）阶段。研究者发现，母语为罗曼语的学习者在学习德语语序之初，倾向于使用诸如"die kinder spielen mim ball"（＝the children play with the ball）之类的结构，学习者把"主语＋动词＋宾语"顺序（SVO）作为他们对德语语序的最初假设。

第二个阶段是副词前置（Adverb preposing）阶段。在这一阶段，学习者能够使用诸如“da kinder spielen”（＝there children play）之类的结构，他们能够将副词移动到句首位置，但是，当一个句子以副词开头时，他们还不会把主语和动词倒装（在德语中，当状语前置于句首时，主语和动词需要倒装），这个规则直到第四个阶段他们才能够掌握。

第三个阶段是动词分离（Verb separation）阶段。在规范的德语中，助动词和动词必须进行分离。在这一阶段学习者能够掌握这一规则，使用“alle kinder muss die pause machen”（＝all the children must the pause make）这样的句子。

第四个阶段是倒装（Inversion）阶段。在德语中，某些结构成分前置以后（比如句首是副词或疑问词时），主语和屈折形式的动词必须倒装。在这一阶段，学习者能够使用符合德语倒装规则的句子：dann hat sie wieder die knocht gebringt（＝then has she again the bone brought）。

第五个阶段是动词结尾（Verb-end）阶段。在德语中，从属句中的限定动词必须出现在从句末尾的位置上。在这一阶段，学习者能够按照德语的要求，使用这样的句子：er sagte dass er nach hause kommt （＝he said that he to home comes）。

德语第二语言学习者的语序习得严格遵循上述五个阶段顺序逐步发展，这种发展是渐进式的，而不是跳跃式的，学习者的语言发展不会跳过某一个阶段而直接进入下一个发展阶段。当进入一个新的发展阶段时，学习者的中介语系统仍然保持着前几个阶段所习得的语序。也就是说，这五个阶段存在一种蕴涵关系，当学习者的中介语系统中出现某一阶段的语序时，也就意味着他的中介语系统中同样会出现前几个阶段的语序。以德语为第二语言的学习者在习得德语语序规则时严格遵循 SVO ＜ ADV ＜ SEP ＜ INV ＜ V-END 这种习得顺序，习得了副词前置规则（ADV）就一定习得了典型顺序（SVO）规则，而不一定习得动词分离（SEP）规则；若学习者已经习得了动词分离规则，那么同时也就意味着他已经习得了典型顺序规则和副词前置规则，以此类推，习得了动词结尾（V-END）规则的学习者也已经习得了前四个规则。前边已经指出，把日语作为第二语言(JSL)的学习者在习得日语小品词“wa、ga、o”时遵循 wa<o<ga 的习得顺序(Yoshioka and Doi，1988)，这意味着能够正确使用“o”的学习者也能够正确使用“wa”，但是能够正确使用“wa”的学习者并不一定能够正确使用“o”；同样，能够正确使用“ga”的学习者也能够正确使用“wa”和“o”，但是能够正确使用“wa”和“o”的学习者并不一定能够使用“ga”。

（二）第二语言习得发展的“两条线索”

“两条线索”是指学习者第二语言习得发展的两个维度：语言发展维度和学习者个体差异维度。从第二语言学习者的语言发展维度来看，学习者在习得某些语言特征(发展性语言特征)时遵循严格的发展顺序，这种发展顺序既不受学习环境的影响，也不受学习者个体因素的影响，它是由学习者的言语加工策略限制(processing constraints of strategies)决定的；个体差异是指学习者第二语言能力的发展具有个体差异，学习者的个体差异是由外部的社会心理因素造成的。这两条发展线索决定了学习者第二语言习得发展的途径。多元发展模式的两个维度如图 10－1 所示：

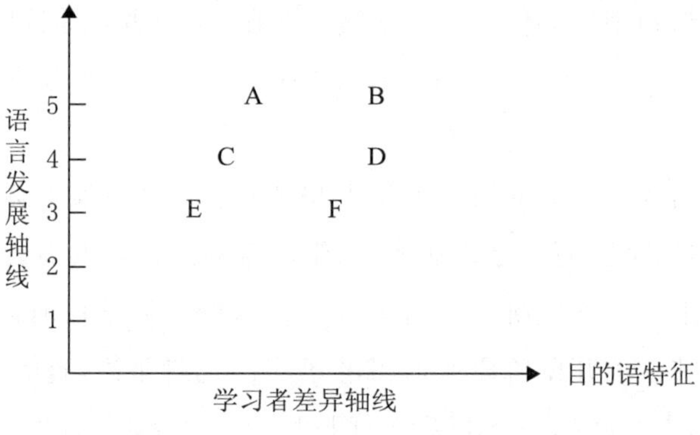

图 10－1　多元发展模式的两个维度(根据 Ellis，1994：384)

如上图所示，两个学习者(A 和 B)处于发展阶段 5，两个学习者(C 和 D)处于发展阶段 4，两个学习者(E 和 F)处于发展阶段 3，发展阶段 3、4、5 反映了他们在发展轴线上所处的位置。上图也反映了处于相同发展阶段的学习者之间的个体差异。例如，同处于发展阶段 5，但学习者 B 能够比学习者 A 产出更多的合乎目的语规则的话语。学习者 ACE 属于限制简化(restrictive simplification)组,他们看重的是如何传达言语信息,让交际的另一方明白自己想要表达的意思,而不太注重语言形式的准确性;学习者 BDF 属于类推简化(elaborative simplification)组,他们更加注重语言形式的准确和规范,都比处于同一语言发展阶段的学习者(ACE)使用更多的目的语形式。

那么这两个维度之间的关系是什么呢? Meisel, Clahsen and Pienemann (1981)强调指出:学习者在一个维度上取得的进步与在另一个维度上取得的进步相互独立。因此,从理论上说,一个使用类推简化策略的学习者可能在整体上比一个处于更高的语言发展阶段的学习者使用更多的目的语形式。比如学习者 F,只处于发展阶段 3,但是他却比处于发展阶段 5 的学习者 A 使用更多的目的语结构。可见,这两个维度是相互独立的,一个处于较高语言发展阶段的学习者可能正确使用的目的语规则有限,而能够正确使用较多目的语规则的学习者所处的语言发展阶段可能并不高。

ZISA 研究小组的研究者注意到,在上述语言发展阶段内,不同的学习者之间还存在着相当大的个体差异(Meisel, Clahsen and Pienemann,1981),学习者的个体差异表现在两个方面(Ellis,1994:383;蒋祖康,1999:84)。一是学习者运用某一语序结构的广泛程度不同,也就是说不同的学习者在把某一个特定的词序规则运用到不同情景中去的程度上存在差异。比如德语中的倒装规则可以应用到下面几种语言环境中去:(1)在疑问代词之后,(2)在前置副词之后,(3)在话题化了的直接宾语之后,(4)在句首状语之后。但是学习者在这些强制性的语言环境中使用倒装规则的情况不尽相同,有的学习者能够在所有的情况下都使用倒装规则,有的学习者可以在某一种或几种情况下运用倒装规则,而有的学习者只能在另外的情况下运用倒装规则。研究者还发现,就德语倒装规则的掌握程度而言,学习者之间也存在一些个体差异,有的学习者是在已经能够很好地掌握某一发展阶段所包括的全部倒装结构的情况下进入下一个发展阶段的,而有的学习者却是在并没有充分掌握的情况下就进入下一个语言发展阶段的,他可能只掌握了某一发展阶段所包括的几种倒装规则。

二是学习者在限制简化和类推简化的使用上也存在差异。这两种简化策略是由 Meisel(1980:36)提出来的,所谓限制简化就是第二语言学习者通过简化语法形式使其易于操作从而达到最佳的交际效果,也就是说,学习者在运用目的语进行言语交际时,为了完成交际,达到交流的目的,“省掉那些交流上多余而语法上却必不可少的成分”(Larsen-Freeman and Long,1991:282),如“Julia happy”,“He eat sandwich”,等等。前者省略了系动词和时态,后者动词上省略了数和时态的变化。这种简化策略通常出现在习得的早期阶段,因为在习得的早期阶段,学习者掌握的目的语规则有限,熟练程度不够,言语加工的自动化程度不高,在有限的时间内不能兼顾语言形式的准确性和意义传达的及时性,学习者只能通过简化语言形式,从而完成言语交际。类推简化是指学习者通过形成一些与真实的语言规则相似的假设来帮助学习者使其语法系统复杂化。(Ellis,1994:383)与限制简化正好相反,为了使其中介语语法更加接近目的语形式,学习者不但不省略那些语法上必不可少的成分,反而过度使用(over-suppliance)这些成分,从而造成某些规则的过度扩展(over-extention),如以英语为第二语言的学习者会使用这样的形式:“Theys go”,“He wented”等。学习者一律用加“s”的方法来表示事物的复数形式,不管是名词还是代词,不管代词是单数还是复数形式;用加“ed”的方法来表示动词的过去式,不管动词是规则变化动词还是不规则变化动词。其实,运用类推简化策略的结果可能反倒会使语言形式更加复杂化(“they”本身就是复数形式,“went”本身已经表明是过去时,加“s”和“ed”反倒复杂了),但是它却更便于学习者对语言进行加工,因为操作规则更加简单了,学习者只需要在名词性成分后加“s”就构成了复数形式,在动词后加“ed”就构成了过去时形式。

学习者在这两类简化策略的使用上存在的个体差异表现在以下两个方面:一是对不同的学习者来说,他们在这两类简化策略的使用程度上存在差异,有的学习者倾向于使用限制简化策略(如图 10-1 中的 ACE 组学习者),而有的学习者倾向于使用类推简化策略(如图 10-1 中的 BDF 组学习者);二是对同一个学习者来说,在不同的发展阶段,他所使用的简化策略也会有所不同,他可能在某一个发展阶段倾向于使用某一种简化策略,而在另一个发展阶段则倾向于使用另一种简化策略。

为什么学习者在这两类简化策略的使用上会存在个体差异呢？我们可以从多元发展模式的另一个维度找到答案，这个维度就是社会心理学维度。它实际上是一个连续体(continuum)，它反映了学习者对语言学习任务的倾向性(orientations)。(Meisel, Clahsen and Pienemann, 1981)这个连续体的一端是疏离性倾向(segregative orientation)，另一端是融合性倾向(integrative orientation)。当学习者不愿跟母语者接触、对母语者有歧视或者既缺乏工具型动机又缺乏融合型动机的时候，就会产生疏离性倾向。当学习者有想要融入第二语言文化社团的强烈愿望时，或者虽然不想融入第二语言文化社团中去，但是有学习第二语言的强烈的工具性需要时，也会产生融合性倾向。ZISA 小组的研究发现，有些学习者不愿意跟德国人过多地交往，他们对德意志文化不感兴趣，也不愿意长期留居德国，这些学习者对德语学习的态度就属于典型的疏离性倾向，他们比较倾向于使用限制简化策略，只注重言语交际中意义的表达而不太注重语言形式的规范和准确，因此使用的目的语形式相对较少。相反，有的学习者对德意志文化很感兴趣，非常愿意和德国人交流，并且希望能够长期留居德国，这些学习者就属于具有融合性倾向的学习者，他们比较注重语言形式的准确性和规范性，因此使用的目的语形式也就相对多一些。在图 10－1 中，学习者 BDF 比 ACE 使用更多的目的语规则，这是因为学习者 BDF 处于靠近融合性倾向的一端，他们倾向于使用类推简化策略，而学习者 ACE 靠近疏离性倾向的一端，倾向于使用限制简化策略。

多元发展模式从语言发展的维度和学习者差异的维度来描述学习者的语言发展情况，并分别从言语加工策略和社会心理因素来解释学习者的语言发展情况，这两个方面可以看作是多元发展模式的核心观点。那么多元发展模式是如何从言语加工策略的角度来解释学习者的语言发展的呢？这个问题涉及下文探讨的言语加工的“三种策略”。

(三) 学习者进行言语加工的“三种策略”

“三种策略”指的是学习者所采用的三种言语加工策略，它们是 Clahsen (1981)根据第二语言学习者习得德语语序的研究提出来的，这三种言语加工策略是：

1. 典型顺序策略，即 Canonical Order Strategy(COS)。这种言语加工策略限制学习者对语言结构成分作出变动，既不允许有语言构成成分的换位，也不允许对其顺序进行重新排列，学习者产出的话语体现的是最基本的语序，它反映了意义和句法形式的直接映射关系。所谓"典型顺序"指的是在多数语言中的 SVO 语序。比如以德语为第二语言的学习者在学习德语词序规则时首先采用 SVO 顺序，因为这也是德语最基本的语序，不涉及语言内部结构成分的变动。可见，在习得的最初阶段，学习者总是尽量避免句子结构内部成分的位移变化，这种基本语序反映了形式和意义的简单对应关系。由于这种加工策略只涉及简单的心理操作，并且限制了对潜在结构(underlying structure)的破坏，因而是学习者首先采用的策略。

2. 首位/尾位策略，即 Initialization/Finalization Strategy(IFS)。这种加工策略并不对语言结构的内部构成成分进行位移变化，但是可以将处于结构首位的成分移到尾位，也可以将处于结构尾位的成分移到首位。比如，学习者可能把"WXYZ"结构通过位移改变为"XYZW"，或者相反，将"XYZW"结构通过位移变成"WXYZ"结构。显然，这种位移只是在"XYZ"结构的外围进行的位置移动，学习者只是简单地将句子前面的成分后置或者是将句子后面的成分前置，并没有打破"XYZ"这种基本的语言结构。这实际上是学习者典型顺序策略对语言结构内部构成成分进行位移的限制。

3. 从属句策略，即 Subordinate Clause Strategy(SCS)。这种加工策略允许学习者对主句中的结构成分进行移动，但是限制学习者对从属句中的结构成分进行移动。也就是说只能进行主句成分的移动而不能进行从句成分的移动，这种策略限制了学习者对第二语言结构进行深度加工。

下面我们将结合表 10-1 对德语作为第二语言的语序发展阶段与言语加工策略进行简要的分析。ZISA 项目对德语作为第二语言语序的五个发展阶段的解释如下：

表 10－1 GSL 语序发展阶段与言语加工策略分析

GSL语序发展阶段	结构语序变动	支配策略
I (SVO)典型顺序	[W X Y Z]	[+COS, +SCS]
Ⅱ (ADV)副词前置	[W X Y Z]	[+COS, +IFS, +SCS]
Ⅲ (SEP)结构分离，其中的某些成分移动到突显位置	[W X Y Z]	[−COS, +IFS, +SCS]
Ⅳ (INV)结构成分内部位置的移动	[W X Y Z]	[−COS, −IFS, +SCS]
V (V-END)从属结构分类	[W X Y Z] A B C	[−COS, −IFS, −SCS]

根据 Diane Larsen-Freeman and Michael H. Long(1991:273)；蒋祖康(1999:89)

从中可以看出，三种策略相互结合，进而形成不同级别的言语加工限制。其中每一阶段的言语加工策略都以前一阶段的加工策略为前提，即学习者不可能跨越当前阶段的加工策略直接加工下一个阶段的结构，因为受前一阶段和当前阶段加工策略的限制。因此，学习者只有不断克服这些相应的言语加工策略的限制才能促进语言习得的发展。俗话说，“不破不立”，就是这个意思。如表 10－1 所示，没有克服典型顺序策略和首位/尾位策略的限制时，学习者处于发展阶段 II；当克服了典型顺序策略但没有克服首位/尾位策略时，学习者的语言就发展到了阶段 III，当克服了典型顺序策略和首位/尾位策略之后，学习者的语言就发展到了阶段 IV。值得注意的是，克服了一种言语加工策略的限制，就会促进可能不止一种语言结构的习得，甚至会促进受这种言语加工策略限制的所有结构的习得。比如，以英语为第二语言的学习者克服了首位/尾位策略的限制以后，就促进了处于发展阶段 III 的 yes/no 倒装结构、补语插入结构和小品词分离结构的习得(见表 10－2)。

可见，“这三种策略构成了自上而下的层级，即学习者要学习新的规则必须克服前面的加工策略的限制，然后才能进入下一阶段的习得过程”。因此，

“第二语言习得的过程就是不断地克服和摆脱各种言语加工策略的限制的过程”。(王建勤,2003:41)

多元发展模式提出的这种言语加工策略限制的观点具有普遍意义(Larsen-Freeman and Long,1991:275),可以推广到不同语言中不同结构的习得中去,不仅仅局限于德语第二语言习得,还可以推广到语素、句法结构等方面的习得。任何语言的任何结构,只要它们能够由某种言语加工策略进行处理,那么学习者就能够在大致相同的时间内习得这些结构。言语加工策略限制的普遍性是多元发展模式的一个重要理论观点。

思考和练习

1. 多元发展模式是怎样阐述第二语言学习者的语言发展顺序和个体差异的?

2. 什么是“言语加工策略限制”?

3. 如何理解言语加工的“三种策略”?

第三节　基于多元发展模式的相关研究

除了对德语作为第二语言习得的言语加工策略的研究以外,Pienemann和Johnston又将多元发展模式理论扩展到英语作为第二语言的习得顺序研究中来。他们采用横向研究的方法收集数据,然后运用蕴涵量表对数据进行分析,并在此基础上描述英语作为第二语言习得的发展顺序和发展模式(见表10-2、表10-3)。

表 10-2　ESL 发展阶段与实例说明

阶段	主要特征	例句	说明
Stage I	主+动+宾(SVO) no+X	You are student? I like Sydney. I no like.	符合 SVO 的典型顺序。
Stage II	状语前置 do 前置 特殊疑问词(wh-)前置	In Vietnam, I am teacher. Do you have apartment? Why you no eat?	结构成分的前置移动并未打破 SVO 的典型顺序。
Stage III	yes/no 倒装 补语插入 小品词分离	Have you job? I like to eat my friend house. You can take your coat off.	由于内部成分移到首位或尾位,典型顺序受到破坏。移动的成分属于特定的语法范畴,并且处于语言结构内部。
Stage IV	助动词处于第二位并与主语一致 "do"处于第二位并与主语一致 反身代词 与格 to 第三人称单数"-s"	Why did you go? She does not know. I wrote it myself. He gave the money to me. She eats too much.	需要学习者确认这些移动的成分属于某些特定的语法范畴,是结构内部成分。
Stage V	使役动词 副词与动词组合 附加疑问	She makes me work hard. He has never met her. He didn't leave, did he?	在从属结构内部或者跨从属结构的范围进行语言操作。

根据 Diane Larsen-Freeman and Michael H. Long(1991:276);蒋祖康(1999:90)

表 10-3　语法规则习得过程中的言语加工操作

阶段	加工操作	语言实现
1	语言产出依靠非语言的加工装置,学习者不了解句法范畴。	对词汇项目不加区分,使用程式话语,如"I don't know"和"I can't"。
2	根据意义和信息焦点,将一些成分进行简单的组合。学习者仍然不了解句法范畴。	采用典型词序,通过语调来提问,如"You playing football? "。

续表

3	学习者能够辨别一个语串的开始和结尾，并且能够对这两个位置上的某个成分进行操作。比如，学习者能够将一个成分从语串的首位移到尾位或者从尾位移到首位。不过这些操作仍属于前句法阶段。	副词前置，如“Today I play football.”；do 提前，如“Do you play football?”；否定词 + V，如“No play football.”。
4	学习者能够辨别语串内的某个成分，并能够把这个成分从语串的中间位置移到语串的首位或尾位。不过，这种操作也还是前句法阶段的。	是非问，如“Can you swim?”；半倒装，如“Where is my purse?”。
5	学习者能够意识到语串内的不同成分分属于不同的句法范畴，并且能够在语串内部自由移动这些成分。	疑问词倒装（wh-inversion）如“Where are you playing football?”；内部否定（Internal neg）如“He did not understand?”。
6	学习者能够把成分从一个子语串移出，并将它依附于另一个成分。这个阶段的显著特征是学习者不仅能够进行语串内的加工，而且还能进行语串之间的加工。	附加问句（Q-tags）如“You're playing football today, aren't you?”；动词的补充成分（V-complements）如“He asked me to play football?”。

根据 Johnston (1986)；Pienemann, Johnston and Brindley(1988)

Johnston(1986)根据 Clahsen 提出的三种言语加工策略，对在澳大利亚学习英语的第二语言学习者的基本习得模式进行了描写，并指出了学习者在每一个发展阶段所采用的言语加工策略。学习者每掌握一种加工策略，就会促进不止一个而是一些结构的习得。

Yoshioka and Doi(1988)运用多元发展模式理论对日语作为第二语言的语素习得情况进行了研究，作者通过对日语“wa”、“ga”和“o”的横向研究与考察，指出日语第二语言学习者遵循 wa<o<ga 的习得顺序。

孙书姿(2004)运用多元发展模式理论对韩国留学生习得汉语双音节 VO 型离合词的言语加工策略进行考察。根据蕴涵量表排序的结果，作者发现韩国留学生离合词的习得过程基本上遵循“合用<分用<分开后倒装”这样的习

得顺序，采用的言语加工策略主要有典型顺序策略、插入策略和内部位移策略等。在习得的初期，学习者首先采用合用（VO）的形式，把它们当做一般动词看待，比如“我才不愿意生气他呢”、“他正睡觉着呢”、“洗澡完”等等，虽然出现了一些“分用”的形式，但数量相对较少，这说明离合词“分用”形式的习得已经开始，但可能还处于无意识状态，因此这一阶段学习者主要受到“典型顺序策略”的限制，尽量避免离合词内部结构成分的位移变化；到了第二和第三个阶段，学习者倾向于使用“分用”的形式，即把某些成分（如补语、动态助词、定语等）插入V和O之间，比如“他在生谁的气呢”，这两个阶段学习者已经摆脱了典型顺序策略的限制，起支配作用的言语加工策略是插入策略；到了第四个阶段，学习者能够把VO分开，移入其他成分后再VO倒装，最终习得了“昨天晚上觉睡好了吗”这样的结构，起支配作用的言语加工策略是内部位移策略。我们可以用一个具体的例子来大致说明学习者在习得汉语离合词时所经历的语言发展阶段和采用的言语加工策略：学习者先习得“我不帮忙这个”，然后习得“我不帮这个忙”，最后习得“这个忙，我不帮”。起支配作用的言语加工策略依次是典型顺序策略、插入策略和内部位移策略。

以上介绍的这些研究运用不同的语言材料在不同的目的语、不同的学习者当中验证了多元发展模式的理论内容，可见多元发展模式具有强大的理论力量。总而言之，多元发展模式为我们观察、解释和预测学习者的语言发展模式提供了强有力的理论和实践依据。

思考和练习

1. 多元发展模式的言语加工策略限制在英语习得中是怎样体现的？
2. 言语加工策略限制是否适合于解释汉语中其他语言特征的习得？

第四节　多元发展模式的理论价值与局限

一、多元发展模式的理论价值

多元发展模式的理论价值不仅体现在它能够充分地解释学习者语言的发展，而且还在于它构建了一个预测学习者语言发展的框架。(Ellis，1994：387)通过确定潜在的言语加工策略和心理操作过程，我们就能够预测学习者会在语言发展的哪个阶段习得哪些语法结构，而且这种预测是可以接受检验的，较之于 Krashen 的“i＋1”概念的不确定性，多元发展模式的预测框架是一个较大的进步。前面我们多次提到的 Yoshioka and Doi(1988)的研究就是把多元发展模式的预测框架运用到日语的习得研究中，用它来验证在一项关于日语作为第二语言习得的横向研究中形成的一些假设是否有效。研究结果支持日语中“wa”、“ga”、“o”三者的习得顺序是 wa＜o＜ga 这一基本的预测。Pienemann and Johnston(1988)也指出，他们运用多元发展模式成功地验证了一些跟形态和句法规则相关的预测是正确的。并进一步提出学习者在学习语法形态时也遵循一定的发展序列，这就极大地扩展了这个模式的适用范围。可见，多元发展模式具有很强的预测力。

作为一种理论，多元发展模式不仅具有很强的解释力和预测力，而且也可以运用到实践中来。Larsen-Freeman and Long(1991：287)指出多元发展模式可以运用到以下几个方面：首先，我们可以根据语言发展阶段来制定教学大纲。就某一具体语言的习得(第二语言习得)来说，知道了第二语言学习者在语言习得过程中所经历的发展阶段，我们就可以据此制定相应的教学大纲，作为进行第二语言教学的根据。由于发展阶段指明了教师可以在语言发展的哪个阶段教给学习者哪些规则，因此，在制定教学大纲的时候，我们就可以根据发展阶段对语言项目进行排序，确定哪些项目必须先教、哪些项目必须后教(对发展性语言特征而言)，以及哪些项目(差异性语言特征)不受这些限制。

其次，我们还可以把它运用到教学法中去。了解了学习者的语言发展阶段，知道哪些是发展性语言特征，哪些是差异性语言特征之后，我们就可以据此对学习者的语言表现进行评估，发现学习者偏误的类型，知道哪些偏误属于受发展制约的，哪些属于个体差异，进而确定是否可以予以纠正，对于那些发展性语言特征上出现的偏误，教师不必刻意纠正(也纠正不过来)，因为这些偏误会随着学习者语言发展阶段的提高而逐渐消失，对于那些差异性语言特征上出现的偏误，教师可以采取相应的手段予以纠正。最后，多元发展模式还可以运用到分级测试(placement test)和成绩测试(achievement test)中去。以往的语言测试基本上集中在学习者使用目的语的准确度的测试上，我们真正需要的是中介语敏感度测试(IL-sensitive tests)，就是充分利用第二语言习得研究中关于发展顺序的研究成果进行语言测试，从而了解学习者所处的语言发展阶段。Pienemann and Johnston (1986), Pienemann, Johnston and Brindley (1988)在这方面已经作了一些有益的尝试。当然，语言教学项目的排列、偏误类型的判断和语言测试的实施都必须以语言发展阶段的确立为基础和前提，没有关于语言发展阶段的研究，后边的这些工作就无法进行。

二、多元发展模式的局限

任何理论都不可能是十全十美的，多元发展模式也不例外，它也存在一定的局限。首先，正如 Larsen-Freeman and Long(1991:284)所说的那样，多元发展模式并没有解释学习者是怎样克服言语加工的限制以及为什么要克服言语加工的限制的。多元发展模式提出学习者语言的发展受言语加工策略的制约，由于它所提出的言语加工策略具有普遍的意义，可以推广到其他语言的习得中去，所以确定言语加工策略的本质就显得格外重要，这是一个非常重要的前提条件，但是多元发展模式除了提出言语加工策略限制的观点之外，它本身也并没有具体说明学习者到底是如何掌握语言规则的，比如，它没有说明，受加工限制的语言结构是哪种类型的语法规则？它们是如何习得的？这些语法规则属于先天的知识，还是其他类型的语法规则属于先天的知识。这些多元发展模式都没有明确告诉我们。

其次，多元发展模式在如何确定学习者语言中的套话（formulaic chunks①）以及在如何建立判定变异性特征的先验的知识（a priori）上存在一定的困难。假如一个学习者处于阶段 1，却产出了属于阶段 3 的话语（包括形态），那么这会在多大程度上影响这个理论的正确性？当然我们可以说这样的话语是一种公式化话语，因而它不受言语加工的限制，从而很容易就维护了这个理论的正确性。但是除非在进行分析之前就已经确定了明确的方法来辨认哪些是套话，哪些是受言语加工限制的语言结构，否则人们就会对这个理论的正确性提出质疑。变异性特征（指受个体差异支配的语言特征）也是这样，只有事先确定一些方法来分辨哪些是变异性特征哪些是发展性特征（指受发展制约的语言特征），我们才能够将那些不符合这个模式的预测框架的特征排除掉。另外，多元发展模式并没有指出如何建立一种先天的知识，由此我们可以确定哪些是不受加工限制的变异性特征，这些问题，我们从多元发展模式中找不到答案。

Ellis 指出，多元发展模式面临的另一个问题是对"习得"（acquisition）的操作性定义问题。就某一语言特征来讲，到底怎么样才算习得了呢？在以前的研究中，研究者往往通过计算某些特征在所有的强制性语境中出现的比例来确定其是否习得，如果某一个语言特征在强制性语境中正确出现的比例可以达到 80%—90%，那么就可以说学习者已经习得了这个语言特征。Pienemann 等研究者则对习得进行了重新定义，按照他们的理解，"起始"（onset）即语言特征的第一次出现就意味着习得。这个定义其实也存在一定的问题，Hulstijn（1987）指出在一个强调加工操作重要性的理论模式里，对"起始"的研究是必要的，但是他认为许多工作还不够严密，因为 Pienemann"并没有确定定性或者定量的标准来衡量学习者的语言产出，并把它看作对某种已知的加工策略进行操作的证据"（Hulstijn，1987：14）。Ellis（1994：387）指出，在"起

① Formulaic chunks，就是第二语言学习者使用的公式化的语言结构，或者叫语言模块，学习者通常把它作为一个不可拆分的整体来使用，它不光是话语层面的，也可以是词汇和语素层面的，我们这里用套话来通指这些情况，包括学习者在语素层面、词汇层面、短语层面和句子层面所使用的模块化语言结构。

始”(onset)的定义上遇到的问题,部分源于确定套话和变异特征的困难。

最后,多元发展模式只是根据学习者的话语产出对习得提供了一种解释。它既没有告诉我们学习者怎样理解语法结构,也没有告诉我们理解和产出是如何互动的。特别是这个理论并没有告诉我们学习者如何将语言输入进行内化,并怎样用内化了的知识来重构自己的内部语法(internal grammars)。这是多元发展模式的局限和不足之处。

虽然多元发展模式存在以上问题,但是这些问题大部分反映的是这个理论模式的局限而不是缺陷,正如 Larsen-Freeman and Long(1991:283)所指出的那样,不管多元发展模式最终的有效性如何,这个模式和 ZISA 项目已经为第二语言习得研究作出了一些重要的理论贡献。

思考和练习

1. 多元发展模式在理论上有哪些创新和贡献?
2. 多元发展模式有哪些不足之处?你是如何理解这些不足的?

第五节 可教性假设

第二语言习得研究的一个重要领域就是探讨正式的课堂教学对第二语言习得的影响,学者们关注的一个重要方面就是正式的课堂教学是否会改变第二语言的习得顺序,对于这个问题,不同学者从不同的角度进行了相应的论述,虽然大家的看法不尽相同,但是一般认为正式的课堂教学虽然不能改变习得顺序,但是却能够加速语言习得的进程,并且能够增加第二语言使用的准确性。(Ellis,1994:659)

Pienemann (1984)通过访谈(oral interview)对 10 名以意大利语为母语的儿童(7—9 岁)习得德语倒装规则的情况进行研究,并在此基础上提出了可教性假设(the Teachability Hypothesis),这一假说又称为可学性假设(the

Learnability Hypothesis)。Pienemann 的研究发现,学习者是无法跨越学习阶段的:只有当学习者在心理上"准备就绪"(psycholinguistically ready)时,他们才能接受和掌握在课堂上所学习的内容,这就是可学性假设。这一点同样制约课堂教学:只有当所教的语言结构接近学习者现阶段在自然环境中有能力习得的语言结构时,正式的课堂教学才能促进语言习得;超越学习者心理语言接受程度的课堂教学无法帮助他们掌握所教的内容,也无法使他们跨越语言的发展阶段,这就是"可教性假设"。"可教性假设"的基础是加工所学或所教的语言结构的先决条件(prerequisite),只有当这些条件具备时,我们才能说学习者对这一语言结构在心理语言上已经"准备就绪"(蒋祖康,1999:169),这时进行正式的课堂教学才能促进学习者的语言发展。

Pienemann (1984)指出,学习者在习得德语副词(adverb)、小品词(particle)和倒装(inversion)规则的过程中遵循"副词<小品词<倒装"这样的顺序,不可能不遵守典型顺序策略和首位/尾位策略,也不会跳过小品词阶段而直接进入倒装阶段,这是因为加工小品词规则的先决条件也是加工倒装规则中的一个先决条件,如果学习者能够掌握倒装规则潜在的加工过程(procedures),那么他也能够自动加工小品词规则。在正式的课堂教学中,如果学习者已经掌握了学习倒装规则的先决条件,已经作好了习得这一规则的心理准备,那么这时候就可以进行倒装规则的教学;相反,如果学习者还处在副词规则阶段,那么这时候就不能够把倒装规则教给他们,因为学习者心理上还没有作好学习倒装规则的准备,还没有能力掌握这一规则,即使教授也无法使学习者掌握所教内容,也不可能使他们跨越这一发展阶段。

Pienemann (1987)还讨论了正式的课堂教学超前于学习者的语言习得阶段可能会带来的后果。他认为超前教学引起的后果之一就是诱发学习者的回避行为,从而对语言习得带来消极影响。Pienemann 对三名在正式的课堂教学环境中学习德语的成年人使用现在完成时的情况进行研究,结果发现他们在学习的初级阶段回避使用现在完成时,而是使用"情态动词 + 动词"结构来代替。为什么会出现这种回避行为? Pienemann 认为,这是由于现在完成时处于较后的第五个习得阶段,学习者心理语言上还没有作好学习现在完成时的准备，超前教学既没有帮助学习者掌握这一规则，也没有帮助学习者跨越所处的语言发展阶段，反而引起了学习者使用上的回避行为，从而阻碍了正常的语言习得过程。（蒋祖康，1999：168）

另外，还有一些研究结果表明，如果课堂教学的语言对象不属于发展性语言特征，那么即使超越习得阶段也能取得比较好的效果，Pienemann (1984)的研究发现，处于不同语言发展阶段的学习者经过德语系动词的教学后都提高了使用这些系动词的正确率。他指出，"简单"的语言结构不受习得发展规律的制约，针对它们的课堂教学可以取得积极的效果。

思考和练习

1. 可教性假设的主要内容是什么？
2. 课堂教学超前会带来什么样的后果？
3. 为什么变异性特征的教学不受发展阶段的影响？如何理解这一现象？

第十一章　第二语言习得的认知模式

20 世纪 70 年代，随着认知心理学的兴起，在第二语言习得研究领域，许多学者开始从认知的角度来研究第二语言习得过程，他们把第二语言习得看作一个认知过程(cognitive process)。不少从事认知心理和计算机研究的学者开始用认知模型和计算机模拟来进行第二语言习得研究，而且提出了许多基于认知科学的第二语言习得理论。

从认知角度研究语言习得的学者们认为，语言知识和其他知识没有什么差别，语言学习的发展与其他学习类型相关并需要其他学习类型的参与。而从语言学角度研究语言习得的学者则认为，语言知识与其他知识系统相分离，语言知识是一个独立的系统。瑞士心理学家皮亚杰和乔姆斯基曾在 1980 年就此进行过一次争论。这两种不同观点构成了第二语言习得研究两个不同的研究领域，即基于认知观点(cognitive perspective)的第二语言习得研究和基于语言学观点(linguistic perspective)的第二语言习得研究。

本章主要介绍基于认知观点的第二语言习得研究的模式和理论。

第一节　思维适应性控制模型

John R. Anderson(1983b)的思维适应性控制模型(Adaptive Control of Thought model，简称 ACT 模型)于 1983 年提出。早在 1972 年，Anderson (Anderson and Bower，1972)就提出自由回想联结网络模式(free recall in an associative network，简称 FRAN)。由于此模式在应用上限制颇大，所以

Anderson 1973 年与 Bower(Anderson and Bower,1973)共同提出适应性更大的人类联结记忆模式(human associative memory,简称 HAM),这是 ACT 模型的前身。在早期的 ACT 模型里只包含命题网络,Anderson 又将 ACT 修正为 ACT*(*表示修正过的 ACT 模型),在这个网络模型中,包含了物件图像、次序关系、瞬时信息。(Sternberg, 1999)。1998 年 Anderson (Anderson and Lebiere,1998)把 ACT 模型发展到 ACT-R 模型(Adaptive Control of Thought-rational),ACT-R 模型由多个模块组成,比如知觉—运动模块、目标模块和陈述性记忆模块等。这些模块被整合在一起产出关联的认知。本节关注的是这些 ACT 模型的共同点,统称为 ACT 模型。

ACT 模型是关于人的认知结构的模型,用以理解个体在进行认知活动时的知识结构内部的运作过程。该模型强调高级思维的控制过程,试图揭示思维定向与思维转移的控制机制和控制原则。ACT 模型假设复杂的认知由相对简单的知识单位组成,这些知识单位根据相对简单的原则被习得。虽然人类的认知是非常复杂的,但是这种复杂性类似于计算机根据简单的计算原理所产出的复杂的聚合行为(aggregate behavior)。ACT 模型为发展不同认知任务的计算模型提供了框架。

一、ACT 模型的重要概念

(一)陈述性知识和程序性知识

"陈述性知识"(declarative knowledge),是关于事实的信息,人们可以了解并报告出来,比如:3+4=7、华盛顿是美国总统、由词汇语素构成的语言知识(单词"树")。陈述性知识是用由许多初始知识的小单位组成的网络来表现的,这些小单位被称作"陈述性知识块"(chunks),所有的陈述性知识块都被存储在公用的陈述性记忆(declarative memory)里。

"程序性知识"(procedural knowledge),是关于如何完成不同认知任务的知识,比如:解决数学问题的技能、由建构句子的方式组成的语言知识(功能词"the")。程序性知识通过大量的类规则的单位来表现,这些单位被称为"产出规则"(production rules)。产出规则是根据条件起作用的单位,根据不同的认知活动提出不同问题的解决方案。产出系统(production system)里的思维步骤与产出规则的序列相对应。理解一种语言既要涉及陈述性知识又要涉及程序性知识。

(二)学习假设和行为假设

学习假设是关于新的知识如何被习得的假设,行为假设是关于如何用习得的知识完成认知任务的假设。

(三)符号层和子符号层

符号层涉及离散知识结构,子符号层涉及类神经的激活过程,子符号层决定了符号层的可用性。

ACT-R 模型主要是建立在对陈述性知识和程序性知识区分的基础上的:

1. 陈述性知识的掌握是有或无(all-or-none)的状态,必须被完整地获得,程序性知识的掌握可能是部分的。

2. 学习者通过被告知可以突然获得陈述性知识,程序性知识是通过技能练习而逐渐获得的。

3. 陈述性知识可以被学习者意识到,能从口头上来交流,程序性知识一般不被学习者意识到,不能从口头上来交流。

二、陈述性知识和程序性知识的习得方式

陈述性知识的习得方式有两种:一种是对环境信息进行编码,具有被动性和接受性,比如教师在课堂上向学生传授知识,对于学生来说就是被动的、接受性的;另一种是对以往目标的结果进行存储,具有主动性和建构性。比如初学英语单词时学习者会把音标注上汉字,用汉字的发音来记单词的读音。

程序性知识的习得方式:类推。类推在这样的情况下发生:首先,有一个需要解决的目标;其次,学习者需要有能力解决这个目标的事例。ACT 模型的类推机制,即对已有事例进行抽象,得出能在当前情况下应用的原则,并形成包含这个原则的产出规则。一旦某种产出规则形成,它也能用到其他情况中去。所以,ACT 模型认为,参考过去问题的解决方案,同时积极地解决新问题,这是习得程序性技能的途径。所以 ACT 模型是一个通过实践来学习的模型,也是一个通过事例来

学习的模型。

三、目标结构

在ACT模型中，每个任务可以看成是一个目标，这些目标都会被分解成子目标(sub-goal)序列，由子目标序列构成的结构是目标结构。ACT模型包含了大量的目标，新添加的子目标一旦被完成，就会被存储在记忆里。最新添加的子目标需要及时解决，如果实现了就会从目标结构里删除掉。子目标的等级组织和有限的处理给选取知识和使用技能的方式赋予了较强的有序性。

四、ACT模型的核心概念——产出系统

产出系统(production system)由产出规则组成，每个产出均表述为"如果—那么"(if-then)的规则，也可以表述为"条件—行动"(condition-action)对。规则中的"如果"部分指明规则运用的"条件"，"那么"部分表示规则运用产出的"行动"。比如：

如果天下雨，那么带上你的雨伞。

如果光线暗，那么打开灯。

英语复数名词形式的产出(Anderson，1983b)：

"如果目标是产出一个名词的复数形式，而且这个名词词尾是硬辅音[1](hard consonant)，那么产出名词+s的形式。"

英语SVO语序的产出(Anderson，1983a)：

"如果目标是用SVO语序来进行交际，那么会产生三个子目标：首先描写施事主语，然后描写S、V和O之间的关系，最后描写宾语。"

一种产出规则产生新的子目标，而这些新的子目标会被其他产出规则所实现。这种产出反映了语言的产出是动态的产出，而不是静态的产出。

① 硬辅音：对某些语言作语音描写时常用来指凭印象感觉的缺乏腭化的辅音。

五、ACT 模型对三种记忆形式的区分

1. 陈述性记忆。用于储存信息，被储存的信息以命题或概念的形式存在。陈述性知识存储在陈述性记忆里。

2. 程序性记忆。由用于检查陈述性记忆使用规则是否正确的处理过程组成。程序性知识存储在程序性记忆里。

3. 工作记忆。用于执行产出规则，并利用陈述性记忆和程序性记忆的交互作用。

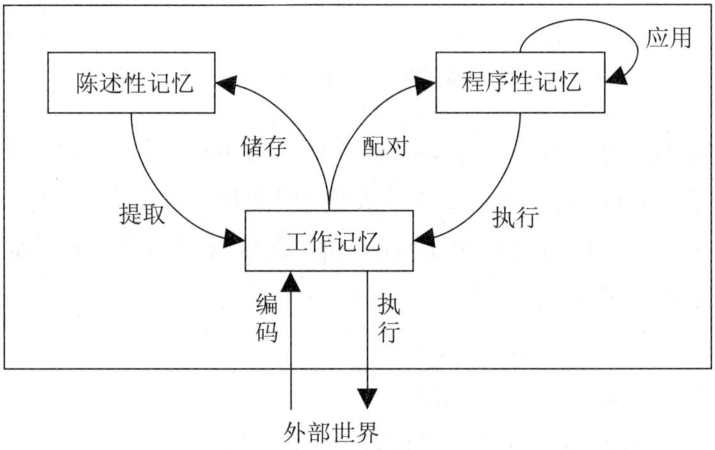

图 11－1：ACT 模型结构图（Sternberg 改编；见 Sternberg，1999）

“工作记忆”包括对外在世界信息的编码，“提取”陈述性记忆的知识，以及来自程序性记忆的适当指示，这些信息处于待激活状态，通过“执行”反映在行为上。“储存”是将工作记忆形成的暂时性知识结构，储存回陈述性记忆，可以强化知识结构的表征强度。“配对”是将条件—行动对里的条件传回程序性记忆。“执行”是配合程序性记忆里的条件的行动，并传到工作记忆。“应用”是一种学习机制，经过条件—行动的配对，学习新的条件—行动对，再通过配对和执行，传回工作记忆。

六、事例理解的重要性

在 ACT 模型里仅简单地给学习者提供事例,并不能充分保证产出规则的习得,因为产出规则的习得依赖于对事例的理解。事例的理解以两种方式影响学习:(1)事例的理解可以影响哪个事例被检索出来用于类推。当一个目标不能被现有的产出规则解决时,ACT 就会寻找以前遇到过类似目标的事例。表现以前事例的方式以及当前的目标会影响哪个事例就会被检索到。比如:解决代数问题所用到的事例和解决步骤就不会被解决评估电话公司等级的问题所检索到。(2)事例的理解可以影响通过事例的类推而习得的产出。比如:多位数减法,我们可以把 8－3＝5 的个位数减法理解为左边的数减右边的数,或者是较大的数减较小的数,前一种理解能够得出正确的产出规则,后一种理解得到的产出规则是有问题的。Chi 等(1989)发现物理学得好的人都更仔细地研究事例,并尝试理解这些事例。所以充分地理解事例对学习者而言是十分重要的。

七、ACT 模型强调练习是十分重要的

Anderson and Fincham(1994),Anderson,Fincham and Douglass(1997)曾描述过练习是怎样使规则逐渐起作用的。他们的实验结果认为,一条规则通常要被练习 40 次才能成为可靠的规则。

DeKeyser and Karl Sokalski(1996),DeKeyser(1997)用 ACT 模型来研究人工语言的 4 个句法语素和 32 个单词的学习,有三组被试分别接受了理解训练、产出训练和理解与产出的混合训练。通过 8 周的训练,被试接受了单项任务测验(只测试理解或产出)和双向任务测验(理解和产出一起测试)。DeKeyser 发现语言的学习随时间逐渐发展,被试对句法语素和单词的反应速度和正确率都得到了改进,但是接受理解训练的被试组导致了理解技能的增加,接受产出训练的被试组导致了产出技能的增加,接受混合训练的被试组在理解技能和产出技能上都分别等同于其他两个接受单一训练的被试组,接受混合训练的被试组在理解技能上要优于只接受产出训练的组,在产出技能上

要优于只接受理解训练的组。由此，DeKeyser 认为，理解和产出不依赖于同一个知识系统和加工机制，这些技能必须通过练习才能获得。

八、激活过程

在 ACT 模型里，基本的信息加工步骤是，陈述性知识被检索用以解决问题，然后激活了产出规则，即激活过程（the activation process）。被检索的陈述性知识块的激活水平和实施检索的产出规则的效力决定了检索过程的速度和成功，也决定了学习者表现的熟练程度。知识的熟练程度是一个重要的教育目标，因为：(1)高级能力的发展以基本能力的熟练程度为基础，(2)熟练的表现会鼓励学习者继续学习下去。

九、语言学习经历的三个阶段

（一）第一阶段——陈述性阶段（declarative stage）

陈述性阶段有时也称为认知阶段。很多事例（examples）作为陈述性事实被存储在记忆当中。当学习者开始学习一个新的产出规则时，因为没有现成的激活程序，就完全依赖于陈述性知识。比如初学驾车的人要记住换挡这条规则，就要学习压离合器、转动点火器钥匙和放开手闸等陈述性知识。学习者要学习动词过去式这条规则，刚开始能意识到“drowned”是由“drown + ed”构成的，但是却不能在说话时正确地产出“drowned”。只具备陈述性知识，如果不激活程序性知识，就无法正确地产出。

（二）第二阶段——联合阶段（associative stage）

联合阶段实际上是知识编辑阶段，即以两种方式对记忆所存储的陈述性知识进行编辑。一种是合成（composition），把几个产出合成为一个产出。另一种是程序化（proceduralization），把普遍的规则运用于特例。比如：第二语言学习者在第一阶段已学习了“drown + ed”构成“drowned”和“save + d”构成“saved”，他就认为动词过去式是由动词 + ed 构成，于是就把动词 + ed 运用到所有的环境里，于是产出了像“go + ed”这类的形式。另外，母语为非汉语的学习者学习汉语“了”时，会在某一阶段认为过去发生的事情都应带“了”，因此就会造出诸如“我很早就打算了来中国”等类似的病句。Anderson(1983b)指出,偏误最有可能发生在联合阶段。

(三)第三个阶段——自动化阶段(autonomous stage)

语言产出的自动化阶段,即语言的产出调整阶段,使产出程序变得更加自动化,产出规则才能得以浮现。思维不但继续归纳产出,而且更明确区分特定的产出所应用的环境。比如:学习者修正了在第二阶段所形成的过去时态的产出设置(把动词 + ed 运用到所有的环境里),针对不同的动词类产出相应的过去式。在这个阶段学习者意识不到自己的程序性能力,说不出自己究竟运用了哪些产出规则。这是因为,学习者运用的是隐含的程序性知识。

O'Malley and Chamot(1990)的研究认为,第二语言学习经历了 Anderson 所说的三个阶段:在陈述性阶段,学习者专注于新的语言形式并努力使它们有意义。在联合阶段,学习者发展了程序性知识,减少了对新语言的关注。在自动化阶段,学习者逐步改进自动化处理能力。

Anderson 也常常用第二语言课堂学习来解释 ACT 模型。第二语言学习者的学习开始于教师提供的规则性(注意:这不是产出规则)的陈述性知识。在学习的过程中,学习者按照程序使用普遍的规则,这些程序曾被应用于以前学过的规则,而不像我们在母语中那样不假思索地说话。(Anderson,1983b)学习者学习第二语言的过程实际上就是一个逐渐从陈述性阶段向自动化阶段过渡的过程。Anderson 认为第一语言和外语学习的差别仅是到达阶段的不同,第一语言学习者几乎都达到了自动化阶段,而外语学习者只能达到联合阶段。尽管外语学习者通过练习可以达到一定程度的程序化,也可以无意识地运用第二语言,但他们还不能完全地达到自动化。

ACT 模型强调陈述性知识的重要作用,因为陈述性知识是学习的起点,是形成抽象的基础。用于类推的陈述性知识也是习得程序性知识的起点。ACT 模型认为即使产出规则被编辑好之后,陈述性知识的检索仍很重要。因为,大量的练习使陈述性知识的检索速度可能比程序性知识的检索速度更快。ACT 模型认为技能的运用既能以规则为基础,也能以事例为基础。

思考和练习

1. 在实际的语言习得中，如何区分陈述性知识和程序性知识？

2. 请利用 ACT 模型来讨论第二语言学习者在学习汉语“了”时所经历的三个学习阶段。

第二节 节奏变量

20 世纪 50 年代，节奏变量就被运用于母语的发展过程以及停顿的心理语言过程的研究（Lounsbury，1954；Goldman，1968）。60 年代，通过 Goldman（1968）较有影响的研究使节奏变量的使用得到了较大的发展。早期多用行为主义理论对迁移概率进行考察，并局限于单一语言语境里的停顿研究。70 年代，节奏变量被运用于跨语言比较（Grosjean and Deschamps，1972，1975）。80 年代起，节奏变量又被运用于第二语言产出的研究（Dechert and Raupach，1980a，1980b，1987）。Möhle and Raupach (1987)和 Raupach (1987) 把节奏变量放进 Anderson 的 ACT 模型里来研究。Towell 等（1996）用节奏变量考察第二语言言语的发展过程，和 Levelt 的产出模型结合在了一起。根据目前的研究来看，节奏变量是衡量第二语言言语流利性的一个重要标准。

一、言语流利性

Lennon（1990）认为流利性是纯粹的言语表现行为。如果说话人的言语计划和言语产生的心理语言过程的运作有效且毫不费力，就能给听话人造成表达流利的印象。从某种程度上讲，流利性反映的是说话人通过言语使听话人的注意力集中于信息的能力，而不是让听话人的注意力集中到说话人言语产生机制的运作当中。广义的流利性是口语水平的总称；狭义的流利性强调说话时的语速，通常与准确性相对立存在。但是很难将流利性从口语能力的其他部分中完全分离出来。Schmidt（1992）基本赞同 Lennon 的观点，认为流利性是一种“自动化程序性技能”（procedural skill），是使用语言时对语言的加工能力，这要和程序性知识区分开。也就是说，流利性首先是一种时间性现象。他把流利性的研究限定在产出性过程，即言语计划和言语表达。要考察口语的流利性，首先要考察节奏变量，节奏变量是第二语言学习者程序性技能的体现。

有趣的是 Towell 提出语言知识的习得和对语言的控制（程序性技能）是可以相互独立发展的。Ellis(1990a)为了考察语言控制的发展（测量节奏变量）和语言知识的发展（测量语序规则的习得和标准化水平测试）之间的关系。考察了 39 个学习德语的成人课堂学习者，发现他们语速的提高和语序规则习得呈显著的负相关，而且语言控制和语言发展之间的相关性很低。这说明只注重语言知识学习的人，在程序化技能上可能不会提高，甚至会下降。反过来，只注重流利性的学习者，语言知识不一定完全掌握了。Schmidt(1992)举了一个例子，一个说话人虽然说的是洋泾浜式中介语，但说得非常流利。这也可以说明知识的习得和程序性技能的发展是可以分离的。

二、影响流利性的主要因素——言语计划

"言语计划"(speech planning)有关语言形式和语言意义的激活和提取。言语计划这个概念被广泛用于言语产出模型里。Crookes (1991)指出，大部分言语计划都分成"宏观计划"(macro-planning)和"微观计划"(micro-planning)。宏观计划关注较大的言语语块的句法和语义的组织，微观计划只关注言语的局部功能，比如标注从句边界和选择词语。第二语言言语计划体现了学习者如何运用自己的现存知识。Foster and Skehan(1996)研究了言语计划和任务类型对结构复杂性、准确性和流利性的影响，发现言语计划和任务类型对流利性的影响最大。在实现计划和任务熟悉的情况下，流利性会有显著提高。

第二语言学习者言语计划的能力是随时间而变化的（言语计划的发展性）。德国 Kassel 大学的研究者(Dechert, Mōhle and Raupach, 1984)把对言语计划的研究作为考察学习者的程序性技能的本质工具，也是区分联合阶段陈述性知识的应用（水平较高的第二语言说话者的言语特征）和自动化阶段的

程序化(母语说话者言语的特征)的方法之一。

言语计划有两种基本类型(Wiese, 1984):节奏变量和迟疑现象。它们都可以作为考察言语流利度的变量。

(一) 节奏变量

1. 语速(SR,speaking rate),可以表示为一个言语样本的音节总数和产生该样本所需的时间总量(包括停顿)之比。时间单位以秒来表示。通常的做法是将所得结果乘以60,表示每分钟发出的音节数。

2. 发音时间量(PTR, phonation/time ratio),表示为发音时间的总量和用于产生该言语样本所需的时间总量(包括停顿)之比。

3. 发音速度(AR,articulation rate),指用于发出所有音节的总时间内平均每秒发出的音节数,表示为言语样本的音节总数和用于发出这些音节所需的时间总量之比(不包括停顿)。注意,和语速不同的是,发音速度是不包括停顿的。

4. 平均语流长度(MLR, mean length of run),指所有每两次达到或超过0.2秒(一般以0.2秒为基准)的停顿之间的语流平均长度。表示为言语样本的音节总数和所有达到或超过0.2秒的停顿的总次数(不包括句首句尾的停顿)之比。

以上的这些变量都和时间有关,所以称之为节奏变量或时间变量。

(二) 迟疑现象

1. 填充停顿(filled pauses)是指在语流中使用"嗯"、"啊"等语气词以表停顿。

2. 重复(repetition)是指无句法和语义功能的言语在语流中的重复出现。

3. 自我纠正(corrections)是指在较长的语流中对前面的言语进行修改。

本节重点讨论的是节奏变量,对迟疑现象不再详细说明。

三、Levelt 的言语产出模型

Levelt 的模型本来是用于表示成人母语说话者的言语产出模型,de Bot (1992)把这个模型用于解释第二语言的发展。言语产出模型里的知识部分有两种:陈述性知识和程序性知识。这两种知识在图 11－2 中分别用圆圈和方块表示。

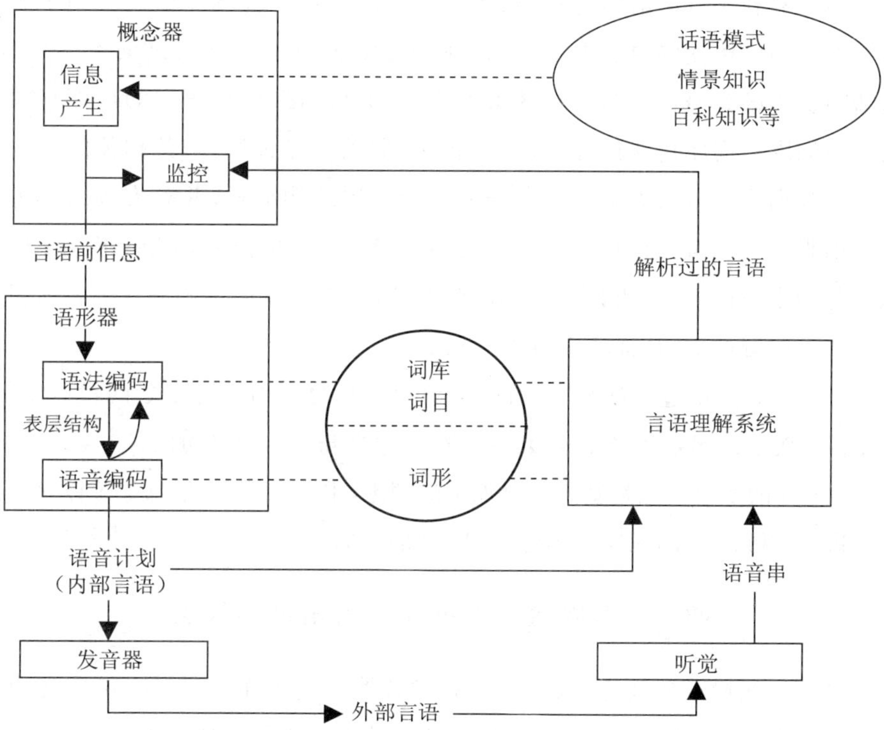

图 11－2:Levelt 的言语产出模型(Levelt,1989:9)

如图 11－2 所示,陈述性知识是关于是什么的知识,包括百科知识、情境知识、会话知识以及言语产出所需的概念和词汇知识;程序性知识是关于怎么做的知识。程序性知识是流利表达等熟练行为的基础。Levelt 认为,由于受大脑的工作记忆容量小、时间短等特点的制约,而且由于正常的言语产出速度较快,言语产出越流利就越需要程序性知识。概念器、语形器和发音器都包含了程序性知识,每一种功能都要通过使用不同的陈述性知识来实现。

在概念器里,程序性知识体现为以成对出现的条件—行动为表征的产生式(production),形成命题内容。说话人选择与所要表达意图相关的陈述性知识，然后按一定次序将这些陈述性知识组织为“言语前信息”(pre-verbal message)。言语前信息表现为命题内容，被输出到形式合成机制中。

语形器利用言语前信息的语义和语用意义，从心理词库里搜寻用于表达命题内容的可接受的语法形式。词库所包含的形式和意义对是词条。de Bot (1992)认为第二语言学习者有两个形式合成机制，但两种语言的词汇存储于同一个词库。词库包含词目和词形（音）。词条一经选择，与其相关的语法信息马上被提取。语法编码形成言语的一套表层结构形式，并对表层结构进行语音编码。音形编码也在此进行。语形器把表层结构信息和语音形式编码信息转化为言语计划，言语计划被输出到发音器，发音器通过调动各类言语肌动系统执行语音计划，从而实现外部言语。

整个言语产出过程都是连续的，在言语前信息和语音计划之间没有反馈。这是因为为了满足言语产出速度的要求，程序性知识必须自动化。

Levelt 的产出模型是基于信息加工的理论，主要特点是：信息加工以序列的方式进行；低层次加工较之高层次加工更加自动化。

四、节奏变量和 Levelt 的言语产出模型

语速的快慢需要概念器、语形器和发音器一起工作。说话人两次完成同一言语任务或用第一语言和第二语言完成同样的任务会造成语速的加快，这也是程序化的表现。发声速度主要和发音器有关，发声速度的提高是发音器程序化的表现。

停顿是节奏变量中一个比较重要的问题。停顿受言语的任务类型和说话者的个人因素的影响而具有不同的类型。例如广播访谈的发音时间就比描述卡通漫画的要长。这是因为说话人把一部分时间用来思考要说什么话和怎么表达。造成停顿的原因有这样几点：(1)决定下一步要说什么，这种停顿的位置一般处于短语之间和小句之间；(2)如何表达自己的言语，这种停顿的位置一般在短语和小句之中；(3)注意句子结构的需要；(4)平衡输出成分长度的需要。(Chafe，1980)除了言语任务和个人因素的影响外，不同类型的停顿可以说明在概念器里出现了困难，或是在语形器里出现了困难，或者是概念器和语

形器里都发生了一些困难。

如果学习者的口语语速随时间而逐渐加快,说明学习者在把更多的知识程序化了。如果平均语流长度有显著性增加,这说明语形器的程序化也在显著性增加。

五、相关的实验研究

Towell(1987)对一个学习法语的英国学生进行了4年的研究。每年对这个学生进行三次访谈录音。目的是为了考察学习者言语通道控制(channel control)的发展。Towell 对学习者在第一年和第三年讲的同一个小故事的节奏变量信息进行测量,发现学习者的语速增加了65%,发音时间量提高了37%,发音速度提高了20%,平均语流长度提高了95%。而且平均句长也大大增加了。Lennon(1989)测量了在英国呆了6个月后的德语母语者英语的节奏变量,发现流利性大大提高了。

Raupach(1987)对6个学习法语的德国人进行了研究,比较了其中一个学生到法国一段时间之后和之前的谈话录音。发现总体发音时间量从之前的132.3秒增加到了之后的283.28秒;停顿时间量从之前的37.56%降到之后的30.39%;平均语流长度从之前的6.56个音节增加到之后的7.61个音节;迟疑的次数减少了。这些结果表明,到法国之前,德语母语者依赖于第一语言程序性知识的迁移。到法国之后,更多地依赖于第二语言的程序性知识。

Towell(1996)对12个学习法语的英国大学生进行长达4年的研究,目的是考察他们语言知识的习得和语言处理。被试要完成的是口头任务和书面任务,第四年他们在法语国家呆了6个月。数据收集的时间是这些学习者学习法语的第二年、第三年和从国外回来的第四年。为了和他们的母语英语进行比较,第四年时,把被试要复述的故事用英语录了音。研究者对数据进行了定量和定性分析。发现语速的提高是因为平均语流长度的显著增加造成的,除了发音时间比和平均停顿长度,第二语言(法语)的其他节奏变量的各项数据还是落后于母语(英语)。研究的结果表明,节奏变量的这些变化可以归因于语形器的变化和语言知识的程序化。平均语流长度最能体现流利性的发展。

陈默、王建勤(2008)以及陈默(2007)对在中国学习汉语的韩国人和汉语母语者的汉语口语语料库和汉语朗读语料库进行了语料转写和实验语音分析,重点比较韩国人和汉语母语者的节奏变量特征和迟疑特征。结果发现:韩国人无声停顿和填充停顿的次数明显多于汉语母语者;韩国人停顿前后音节的音域设置明显高于汉语母语者;汉语母语者的平均语流长度明显比韩国人长;韩国人和汉语母语者无声段的时长和停顿前音节的时间延长量无显著差异。另外,通过对停顿设定位置的研究发现,韩国人主要把无声停顿作为提取词汇句法结构知识的言语策略,而汉语母语者主要把无声停顿作为划分语法结构和强调语义语用信息的言语策略。而韩国人和汉语母语者都把填充停顿"嗯"、"啊"作为提取语言知识的言语策略。

思考和练习

1. 第二语言的言语计划是如何影响第二语言的言语流利性的?

2. 如何利用 Levelt 的言语产出模型来解释第二语言的口语产出?

3. 第二语言学习者节奏变量的变化是否意味着第二语言知识存储形式的变化?

第三节 信息加工模型

一、信息加工模型的一般原理

信息加工理论兴起于20世纪50年代,它将人脑和计算机进行类比,把人脑看成类似计算机的信息加工系统。信息加工系统是现实的物理符号系统;符号的功能是代表、标志或指明外部世界的事物;符号和符号结构是外部事物的内部表征(representation);信息加工系统都是由感受器(receptor)、效应器(effector)、记忆和处理器(processor)组成的。感受器接受外界信号,效应器

作出反应，处理器对符号进行处理，建立符号结构，决定基本信息过程的序列。（王甦，汪安圣，2006）

McLaughlin 首先把信息加工模型运用于第二语言习得研究（McLaughlin，Rossman and McLeod，1983）。第二语言习得的信息加工模型有两个中心理论原则：（1）信息加工的限制性，（2）信息重构（restructuring）的必要性。

信息加工模型把人的心理看作是一个容量有限的处理器，心理的结构和资源都存在局限性。第二语言学习者在信息加工的容量上，受到两个条件的制约：（1）任务所需注意力的多少，（2）个人信息加工的能力。学习者不可能同时关注语言输入里的所有信息，有些信息成为注意的焦点，有些信息只受到选择性的注意，有些信息没被注意。为了使信息加工的能力最大化，学习者就要使自己的语言技能程序化。

二、注意与信息加工的局限性

“注意”在本节用来指信息加工的选择性。William James（1890）强调注意的含义是：

> 每个人都知道注意是什么。它是心理接受信息的过程。如果我们以一种清晰和生动的形式来看，它是从同时呈现的几个物体或思维序列中选择一个对象的过程。意识的集中与专注是注意的核心。

注意的选择性正是人类大脑处理信息的局限性所需的。

注意可以分成“集中注意”（focused attention）和“分散注意”（divided attention）两类。（Eysenck and Keane，2003）集中注意是指向学习者同时呈现两个或更多刺激输入，学习者只对其中一个作出反应的情况。对集中注意的研究可以弄清楚学习者怎样有效地选择某些刺激输入，而不是另外一些刺激。分散注意是指同时呈现至少两个刺激，学习者注意所有输入刺激，并作出反应的情况。对分散注意的研究可以提供个体信息加工局限性方面的有价值信息。一般来讲，学习者个体能决定进行集中注意还是分散注意。

三、记忆和信息加工

记忆有三种形式(Atkinson and Shiffrin, 1968):

1. 感觉储存(sensory store):每一种感觉储存保持的时间都非常短暂,而且只局限于一种感觉通道。

2. 短时储存(short-term store):储存容量很有限。

3. 长时储存(long-term store):储存容量相对无限,保持时间也可以很长。

感觉储存首先接受来自环境中的信息。这些储存信息是局限于一种感觉通道的(如视觉的或听觉的)。语言信息在感觉储存中保持的时间很短暂,其中一部分引起注意并被短时储存进一步处理。经短时储存的那部分语言信息被转移到长时储存之中。语言信息的长时储存常常依赖于复述(rehearsal),短时储存的复述量与所储存的记忆痕迹的强度存在直接关系。

四、三种信息加工

Shiffrin and Schneider(1977)以及 Schneider and Shiffrin(1977)认为可以对信息控制和自动化的过程作理论性区分。这种理论范式的主要观点是:"控制性处理"(controlled processing)具有能量有限的特征,需要注意参与,并且能够在变化的环境中被灵活运用;"自动化处理"(automatic processing)不受能量有限的影响,不需要注意参与,而且一旦学会就很难被纠正;自动化过程是通过练习发展起来的,但是练习可能只是导致所涉及的处理过程的速度有所提高,或者因其处理过程本身的特点发生明显变化而已。Cheng(1985)使用"重构"(restructuring)这一术语描述后一种情况。练习虽然导致自动化,但不一定表明相同的处理会更高效,或者全新的过程被采纳。Cheng认为 Shiffrin 和 Schneider 关于自动化的大部分事实都是基于重构的。Mclaughlin 把以上观点加以改造,运用到第二语言习得研究中。

(一)控制性处理

控制性处理较慢,以序列方式运作。因为它是临时性的,而且大都受到集中注意的控制,受信道容量(channel capacity)的限制。控制性处理可以灵活地用于变化着的环境。最初，一种技能只能通过控制性处理才能运用。控制性处理不是一个学习反应，而是在一个思维序列上对节点的临时激活。临时激活受到学习者的注意力的控制。受到注意后，学习者才能不受干扰，一次只能控制一个信息序列。(McLaughlin, Rossman and McLeod, 1983)

(二) 自动化处理

自动化处理迅速而且大都受到分散的注意，以并行处理方式运作，是通过练习建立起来的，受信道容量(channel capacity)的限制很少，一旦形成就很难改变。和控制性处理不同的是，自动化处理时如果有合适的语言输入，记忆里的某些节点每次都会被激活，但缺乏灵活性。程序化(routinization)帮助学习者减轻了信息加工容量所承载的负担。当学习者有机会操练控制性处理的信息时，程序化很可能会发生。程序化增加了自动化处理利用的信息块的数量，从而使学习者的中介语产生量变。如果应用的是自动化处理的话，注意可以成功地在几个语言输入或语言任务中间进行分配。也就是说，假如在两个同时进行的任务中，至少有一个任务包含自动化处理，那么两个任务就能顺利进行。但是，两个控制性处理的任务则难以同时顺利地进行，因为两者都需要应用资源或注意。另一方面，当需要将注意集中于某些信息输入时，控制性处理还需排除另一些信息输入，这时自动化处理过程对不需要的信息作出的反应会给任务带来干扰，降低任务水平。所以控制性处理的任务水平受到自动化处理的影响。(王甦，汪安圣，2006)

(三) 重构

信息重构是指任务的各部分被协调、整合或重组为新的单位，使涉及新成分的更有效的程序代替涉及旧成分的程序。(Cheng, 1985) Lightbown(1985)指出第二语言习得不是简单的线性累积过程，有时学习者的学习会发生倒退或丢掉某些似乎已经掌握的语言形式。这种倒退可以归因于信息重构。Meisel 和他同事的研究发现母语不是德语的移民工人在习得德语语序移位规则时，会暂时丢掉以前掌握了的语言成分。(Meisel, Clahsen and Pienemann, 1981)也就是说被试移动一些成分时会省略某些成分，比如省略做宾语的名词短语，或者颠倒主语或谓语。被试对某些成分的简化使其他成分得到了发展，从而信息得到重构。

McLaughlin(1990)在研究中发现，就算是高级的第二语言学习者，有时在阅读中也不利用语境或语义线索，而采用词形线索。这说明学习者的信息重构过程并未发生。信息重构使中介语产生质的变化。这种质变与学习者大脑里知识的表征方式和学习者采用的策略有关。知识表征的变化涉及从基于示例的表征到基于规则的表征的转变。例如对非英语母语者的过去时态学习的研究发现，如果学习者的母语和英语的特征一致，开始，学习者会以母语作为示例的基础，正确地运用目的语特征。而后，以规则为基础，产生了发展性的目的语规则。最后，以正确的目的语规则取代发展性规则(McLaughlin，1990)。Fillmore(1979)对母语为西班牙语的儿童习得英语的研究发现，最初儿童把公式化的表达形式(formulaic speech)作为整体的不可分析的形式来使用，后来开始对公式化表达形式进行分析，抽象出某些规则，最后根据规则产出建构新的句子。所以，公式化表达也不是基于规则的表达，新句子的出现就是重构的过程。另外，学习者灵活地使用学习策略有助于信息的重构。McLaughlin的研究发现有经验的语言学习者比没有经验的语言学习者使用更多的重构规则，这样做可以避免出现某些类型的偏误。

学习者学习第二语言时，从需要集中注意的控制性处理开始。控制性处理管制着信息从短时储存向长时储存流动的过程，是自动化处理和重构的基础。当学习者对情景更加熟悉时，任务对注意力的需要会减少，自动化处理得到发展，语言表达会改进，并允许其他控制性处理和自动化处理并行进行，重构会发生。信息加工模型的控制性处理、自动化处理和重构与Anderson的关于学习的三个阶段(陈述性阶段、联合阶段和自动化阶段)类似。二者的共同之处在于：新信息作为大量的未经整理、未经吸收的信息块储存在大脑中。学习就是寻找更经济、更有效的信息储存方式。(Cook，1993)

五、不基于有意识和无意识区分的信息加工方式

控制性处理和自动化处理既可能是有意识的，也可能是潜意识的。也就是说，虽然控制性处理一般来说比较慢，但有些控制性处理的速度也很快，可

能是潜意识产生的，这依赖于学习者注意的焦点。例如初学开车的人要集中注意关于开车技能的每一部分。而儿童通过与他人交际学会语法规则，仅需要分散注意。有些自动化处理虽然很快，但不一定非是无意识产生的。例如一个老练的司机在有冰的路面上专心地开车，这就是对某种已经自动化的技能故意集中注意。而成人用母语进行表达，是不需要集中注意的，所以可以把注意力分配给别的任务，可以边开车边说话。

六、第二语言知识的组成

第二语言知识可以分成"外显知识"(explicit knowledge)和"内隐知识"(implicit knowledge)。它们和控制性处理、自动化处理都有交互作用。外显知识是通过学习者有意识地关注语言形式得来的知识，可以用言语来表达，形式练习(formal practicing)可以促进外显知识的发展。内隐知识是通过交际来使用语言从而无意识地获得发展的知识，完全不能用言语表达出来，功能练习(functional practicing)可以促进内隐知识的发展。

Ellis(1994)认为，在信息加工模型里，第二语言知识由以下知识组成：

1. 控制性的外显知识。语言的规则和项目受到集中注意，是正式地学会的，而且表达这些语言规则和项目需要控制性处理。

2. 自动化的外显知识。语言规则和项目受到集中注意，是正式地学会的，这些语言规则和项目可以通过自动化处理使用。使用起来比较容易和快捷。

3. 控制性的内隐知识。语言规则和项目受到分散注意，是被无意识地学会的，而且表达这些语言规则和项目需要控制性处理。

4. 自动化的内隐知识。语言规则和项目受到分散注意，是被无意识地学会的，这些规则和项目可以通过自动化处理使用。使用起来比较容易和快捷。

需要注意的是，McLaughlin也十分强调练习的作用。他认为练习在信息加工模型中的作用是很重要的。练习有两个作用：(1)使技能自动化，从而改进语言学习；(2)使学习者重组内在表征框架，促进信息重构，减少语言学习负担。(McLaughlin，1990)

控制性处理通过练习可以逐渐转变成自动化知识，自动化处理可以使外显知识和内隐知识变得自动化。但是外显知识要转变成内隐知识就要受到不少学习因素的制约,例如多元发展模型中的言语加工策略。重构所涉及的知识表征由基于示例的表征向基于规则的表征的转变,不能等同于外显知识向内隐知识的转化。

七、相关的实验研究

许多认知心理学实验的结果显示,第二语言学习者在执行各种认知任务时的速度比第一语言学习者要慢,随着第二语言学习经验的增加,执行认知任务时的速度会提高。这支持了 McLaughlin 的第二语言学习的信息加工模型。例如 Lambert(1956)发现,学习者对第二语言词语的反应时间比母语者要长,母语为非英语的学习者对"blue"、"left"等单词的反应时间比英语母语者长。Henning(1974)认为,水平较高的第二语言学习者很少在词语的语音上犯错,偶尔在词语的语义上会犯错;水平不高的第二语言学习者在词汇的语音和拼写上常犯错,语义上也常犯错。这说明水平较高的学习者的语音和拼写已经达到自动化,帮助了语义的自动化;水平不高的学习者没有达到语音和拼写的自动化。Magiste(1979)发现,用第二语言进行图画和数字识别比用母语进行识别花费更多的时间,就算学习者学习了至少 5 年以上的第二语言,识别速度的改进也是缓慢的。Favreau and Segalowitz(1982)也发现,甚至是熟练的双语者(bilinguals)用第二语言进行阅读,速度还是比用母语慢很多。母语为芬兰语的学习者用第二语言(英语)口头进行语法判断,判断的反应时间比英语母语者慢 0.81 秒。

Wolfe(1981)考察了 55 个母语为英语的儿童学习法语的情况。研究者让儿童阅读一段话,这段话可能使用英语或法语或两种语言混合。然后向被试展示一个目标句,这个目标句可能使用英语或法语。让被试辨别目标句的意义和使用的语言是否和段落里的句子相同。结果发现法语水平较高的儿童识别意义变化的正确率高于水平低的儿童,但在辨别使用哪种语言时的正确率低于水平低的儿童。这说明水平高的儿童在语言形式方面达到了自动化。Cziko(1980)研究了母语为英语的学习者学习法语的阅读情况,发现水平高的学习者依赖于语境和语义信息来替换词语,如用"dollars"或"dimes"来替换"money";而水平低的学习者更依赖于词形信息，如用“many”替换“money”。水平高的学习者在词形方面已经达到自动化。

八、信息加工模型和第二语言教学

信息加工模型认为，针对儿童的第二语言教学，应该给儿童提供可接受的输入，不能太简单，也不能太难。这就需要让儿童在有意义的交际中学习，从而获得具体易懂的语言输入，儿童主要直接受刺激输入的影响，即用自下而上的加工（bottom-up processing）来处理这种输入。针对成人的第二语言教学，不仅要提供有意义的交际练习，还要给成人提供抽象的语言规则的教学。成人需要较高层次的语言知识辅助新信息的处理，即用自上而下（top-down processing）和自下而上的加工来处理这种规则性知识的输入。

由于有些学习者善于学习规则，有些学习者善于从语言材料中进行归纳（Hatch，1974），所以教师最好根据学习者个人的学习风格来选择对学习者最适合的语言输入（McLaughlin，1980）。

思考和练习

1. 你认为第二语言学习者可以达到语言知识的自动化吗？请谈一下你的理由。

2. 请你比较“陈述性知识”、“程序性知识”和“内隐知识”、“外显知识”这两对概念的区别和联系。

3. Anderson 的 ACT 模型从本质上来说与 McLaughlin 的三种信息加工方式有什么关系？

第四节　竞争模型

“竞争模型”（competition model）是由 MacWhinney and Bates（1978）提

出的一种认知与功能主义理论。像其他功能主义模型一样,竞争模型是关于语言表达(performance)而不是语言能力(competence)的模型。竞争模型不同于普遍语法这种语言模型,竞争模型认为学习者的认知机制是普遍的。学习者的语法是一种浮现特征(emergent property),这种浮现特征是通过语言输入和认知机制的相互作用产生的。

一、竞争模型的核心

形式和功能的映射(form-function mappings)是竞争模型的核心。正如MacWhinney,Bates and Kligel(1984)所说:

> 自然语言的形式是由于交际功能的需要创造的,并受其控制和约束,同时也是为了交际而习得和运用。

任何一种形式可能实现几种功能,任何一种功能可能被几种形式实现。第二语言学习者的任务就是要发现目的语中形式和功能的映射关系。在这个方面,竞争模型类似于变异理论。(Ellis,1985c)

不同的语言,形式和功能的映射关系也不一样。例如"施事"功能就有几个可能的形式成分:

1. 语序。及物动词句里第一个名词可以作为施事者,如"Mary kissed John."。

2. 一致性。具有施事功能的代词、名词或名词短语要和动词保持数的一致,句子的宾语对动词形式没有影响。如"She likes ice-cream.""They like ice-cream."。

3. 格。具有施事功能的代词、名词或名词短语常常在形式上有一定的标记。如英语的施事通过主格来标记,宾语通过宾格来标记。如"She kissed him."。

4. 生命性。具有施事功能的代词、名词或名词短语通常是有生命的,具有受事功能的代词、名词或名词短语通常是没有生命的。如"This book Mary likes a lot."。

任何一种语言都会用几种形式来实现"施事"这一功能,但是赋予这些形式不一样的权重。任何语言的学习者都会使用其中的一些线索作为判断句子施事的主要手段。不同语言的学习者用来判断句子施事的主要提示线索各不相同。例如英语就利用以上四种形式来实现"施事",但主要依赖语序来表示施事,俄语主要用格标记来表示施事,汉语、日语主要用生命性来表示施事。

二、竞争的含义

从以上看出,竞争就是指各种语言线索在提示语言功能时的竞争关系。学习者在语言形式与功能对应关系的认知过程中,各种语言提示线索通过竞争取得主导地位,并引导学习者顺利完成二者对应关系的认知。这种认知过程是通过语言线索的竞争来实现的,所以这种模式被称作竞争模式。例如:

这本书我非常喜欢。

从语序角度讲,"书"有可能成为句子的施事,因为在汉语中施事主语通常位于句首。"我"作为有生命的人也可能成为句子的施事。那么,哪种提示线索更具有竞争力呢?学习者会依据哪些线索来判定句子的施事呢?汉语母语者,通常会根据是否"有生命"来判断句子的施事,而不是通过语序。因为有生命的"我"更有竞争力。由此,句子的主语(形式)与其语义角色(施事)的对应关系就确定了。"有生命"的"我"在竞争中获胜了。

三、竞争模型的研究方法

竞争模型强调进行跨语言比较,被试包括各年龄段的儿童、成人、失语症病人、双语者和第二语言学习者。所涉及的语言线索类型也很多,例如名词的格标记、语序模式、重音模式、名词—动词一致性标记、代词和主动被动态。所涉及的语言也非常广,如阿拉伯语、保加利亚语、汉语、荷兰语、英语、法语、希伯来语、印地语、匈牙利语、意大利语、俄语、日语、土耳其语、西班牙语等语言。(MacWhinney,2002)

收集语料的方法是让被试解释句子(sentence-interpretation),即让学习者辨别第一语言和第二语言句子里的不同线索的功能,这些线索可能是合作关系也可能是竞争关系。例如让学习者回答"The boy is chopping the logs."

这个语法和语义都合法的句子里动作的施事是什么,“The logs are chopping the boy.”这个语义不合法的句子里动作的施事是什么。后者生命性线索和语序线索相互竞争,而一致性线索和语序线索则互相合作。然后比较具有不同语言背景的被试对句子的反应。

四、语言线索在竞争模型中的地位

竞争模型依赖于语言线索的可靠性和可用性,把第二语言学习中语言功能对语言形式的作用进行量化。

(一)语言线索和语言理解

语言输入对语言学习和语言处理进行控制,表现出一定的分布特征(distributional properties),竞争模型的一个目的是要对这些分布特征进行量化。语言理解基于对一系列线索的发现以及决定线索强度的可靠性和可用性。竞争模型与生成语法有尖锐的对立,体现在生成语法把语言看作是在普遍的深层结构里通过树形图建立起来的,而竞争模型则承认表层短语结构(surface phrase structure)的重要性,所有的句子处理都与线索的发现和线索的解释有关。可靠性和可用性最强的线索和其他线索相比,控制语言理解的能力最强,也最先被学习者习得。

为了弄清楚线索和语言理解的关系,需要说明语言是如何在句子里分布线索的。竞争模型里大部分的跨语言研究,都集中在辨别施事的线索使用的研究,用以解释表层线索标记语法功能的方式。例如“The boy is annoying the parrots.”竞争模型把这个句子看作由七条线索组成的语言输入:

1. 语序线索:动词前名词可以作为施事者。“the boy”在“is annoying”前的位置。

2. 一致性线索:具有施事功能的名词或名词短语要和动词保持数的一致,句子的宾语对动词形式没有影响。标记“is”在数上要与“the boy”一致,而不是与“parrots”一致。

3. 句首位置:句首的名词或名词短语可以做施事。“the boy”处于句子的开始位置。

4. 格标记：具有施事功能的代词常常在形式上有主格标记。如"I"和"me"。

5. 定冠词：使用定冠词"the"。

6. "by"：介词"by"标记施事处在被动句里。

7. 被动语态：动词出现了标记被动语态的语素。

"动词前位置"、"一致性"、"句首位置"和"定冠词"这四条语言线索战胜了"主格"、"by"和"被动语态"这三条语言线索。这是因为这个句子不是被动句，而且"boy"是一个名词，英语名词没有格标记。

（二）语言线索和语言产出

学习者的语言产出也基于语言线索之间最终的竞争结果。功能和形式之间存在着非线性联系。例如当线索 A 对线索 B 有正面作用，而对线索 C 有反作用，这时就产生了形式和功能之间的非线性关系。如在英语的主动语态里，动作者赢得动词前位置，而在有"by"被动语态中，动作者只能位于"by"后。所以动词被动语态的曲折变化这一线索会产生动作者两种位置线索的变化。还有上面举过的例句"The boy is annoying the parrots."里，有"boy"和"parrots"两个名词来竞争施事。动作者（actor）、话题（topicality）、视角（perspective）、已知信息（givenness）和有定性（definiteness）这五条线索获胜。所以在语言产出里，"boy"赢得了施事的地位。

（三）语言线索的合作与竞争

在竞争模型里，不同的线索既存在合作关系又存在竞争关系。合作关系——例如一个句子的话题通常是施事、已知信息、有定性和视角，这五种功能构成了一种共存和互相包容的关系，并激活了动词前位置和无标记重音这些平行的线索。没有单一的形式来表达单一的功能，形式和功能之间的关系是复杂易变的，形式之间也有关联。竞争关系——如果句子里只有一个名词短语，它可能是施事也可能是受事。这意味着施事标记和受事标记之间会进行直接竞争。这种竞争关系在语言处理的各个层次上都存在——字词为了词汇的激活而互相竞争；短语为了句法顺序位置而互相竞争；音位为了嵌入音节中的空位而互相竞争。

(四)决定语言线索强度的因素

在寻找语言线索时,第二语言学习者要发现:(1)在目的语里用哪种形式实现哪种功能;(2)形式所具有的不同竞争性。即学习者要发现目的语形式和功能的匹配关系。

语言输入为学习者提供了四种线索类型:a.语序;b.词汇;c.形态;d.语调。提示线索的强度的决定因素有四个:

1. 任务频次(task frequency)。某种语言项目出现频次的高低。例如几乎在每个及物动词句里都要决定动词的施事。

2. 线索的可用性(cue availability)。提示线索在语言输入中的出现频率。

3. 线索的可靠性(cue reliability)。即在多大程度上,提示线索总是将相同的形式匹配到相同的功能上,或者说提示线索提示形式和功能匹配关系的可靠程度。

4. 线索的有效性(cue validity)。提示线索在竞争环境里取得胜利的频率。

例如非英语母语者了解英语里通常位于动词前的名词或名词短语是施事(线索的可靠性),接收到的语言输入里有充足的例子表现出了这种匹配关系(线索的可用性),而且语序这一线索比其他线索更重要(一致性线索除外)。所以在"Mary bit the dog."里,学习者尽管怀疑"the dog"是一个可能的施事,但仍会把"Mary"作为施事(线索的有效性)。

(五)母语语言线索的迁移

竞争模型的研究发现,第二语言句子加工线索的学习是一个逐渐的过程。学习者中介语对线索权重的设置开始时接近母语的设置,随着进一步学习,线索权重的设置会接近第二语言母语者。例如荷兰语的句子加工线索主要是格标记线索,英语的句子加工线索主要是语序线索。学习荷兰语的英语母语者对语序线索的使用逐渐减少,而格标记线索的使用逐渐上升;学习英语的荷兰母语者则正好相反,格标记线索的使用逐渐下降,语序线索的使用逐渐上升。(McDonald,1987)

五、语言学习环境的作用

竞争模型十分重视环境。它认为儿童如果生在一个与外界隔绝的环境里，语言习得是十分困难的。(Curtiss,1977)环境充当了儿童的脚手架，帮助儿童习得语言。(Snow,1995)第二语言学习者与习得母语的儿童所处的环境很不一样。在课堂教学环境里，学习者不能控制环境，而较成功的学习策略无非是注意教师、记好笔记和完成好任务。这样做的目的是将自己获得的语言输入最大化，得到产出言语的机会。另外，学习者在多媒体教室里，学习者也可以获得视频、音频等语言材料的输入。在自然的环境里，第二语言学习者尤其是成人，所获得的语言输入的质量并不高。(Locke,1995;Snow,1995)在某些情况下，学习者会被目的语母语社团所排斥。为了弥补这个缺陷，学习者可以发展一个"自支持"(autosupport)系统，使语言学习效果达到最佳。例如可以通过看电视、电影，听收音机、磁带，练习词汇和学习语法等方法，让成人学习者保持与语言输入的接触，提高大脑复述、记忆和学习的功能。

六、相关的实验研究

Harrington(1987)以 36 个英语母语者、日语母语者和学习英语的日语母语者为被试，考察语序、生命性和重音对信息加工策略(processing strategies)的作用。三组被试要回答 81 个测试句，每个句子里两个名词之中哪个是逻辑主语(即施事)。被试并不知道这些句子里的线索可能是竞争关系或合作关系，有些句子是不合语法的或是不自然的。Harrington 认为这样设计句子的原因是线索的竞争和合作对信息加工策略的影响很难从自然言语中发现。结果的分析基于"选择"(choice)和"反应时间"(latency)，即选择名词做主语所花费的时间。实验结果很复杂，体现出被试之间和不同语言之间的变异。以语序线索为例，英语母语者把 NVN* ①句子里的第一个名词和 NNV 与 VNN 句子里的第二个名词作为施事；日语母语者对语序线索不敏感，多根据生命性

① NVN*：N 指名词，V 指动词。

线索判断施事;学习英语的日语母语者判断 NVN 句子里的施事的百分比处于其他两组的中间,但还是对生命性线索更敏感,而判断 NNV 与 VNN 句子里的施事的百分比则更接近日语母语组。这证明了第二语言学习者受到第一语言加工策略的影响,当学习者解释第二语言句子时,第一语言的加工策略会迁移到第二语言中去。第二语言所使用的加工策略可能会处于以目的语为母语者使用的策略和学习者自己的母语加工策略之间的某个位置上。

表 11-1 Harrington(1987)实验把第一个名词作为施事的结果

实验组	标准句子	非自然句子	
	NVN	NNV	VNN
英语母语者组	81%	35%	33%
日语母语者组	59%	56%	54%
中介语组	68%	59%	56%

Kilborn(1987)研究了学习英语的德语母语者。结果发现,水平较高的学习者在语序线索的使用上,比学习英语不久的学习者更接近英语母语者。但是学习者语言线索的重建涉及的是策略而不是形式;即不是第二语言形式代替第一语言的形式,而是第二语言的加工策略代替第一语言的加工策略。

Liu, Bates and Li(1992)比较了汉语母语者学习英语和英语母语者学习汉语的句子加工策略,发现在关键期之后学习英语的汉语母语者把生命性线索的使用迁移到英语学习里,在关键期之后学习汉语的英语母语者把语序线索的使用迁移到汉语学习里。而在关键期之前学习第二语言的学习者则不受母语线索的干扰,但有意思的是,第二语言线索却会干扰母语线索。

有证据显示有些线索比另外一些线索更有普遍性。例如 Gass(1987)发现母语为英语的人在学习意大利语时很少使用基于英语句法的策略(语序线索);而母语为意大利语的人学习英语时使用意大利语的词汇和语义策略(生命性线索)。Sasaki(1991)比较母语为英语的人学习日语,母语为日语的人学习英语的表现。发现两组学习者都主要使用语义语用策略(生命性线索)。这说明第一语言策略的使用要依赖于策略的普遍性,策略越普遍,越有可能被迁移。

McDonald(1986)提出一个第一语言习得的 Learning-on-error 模型。这个模型认为儿童最初对那些显著的易觉察的线索进行反应(如语序),一旦这些线索建立起来,儿童又注意包含具有竞争关系的线索的句子(如"The person we all love."语序和一致性这两条线索相互冲突)。最终,这些句子帮助儿童建立占支配地位的线索模式。McDonald 认为从依赖线索可靠性和线索可用性向依赖线索冲突有效性的转变可以解释第一语言习得的发展转变。

总之,竞争模型为理解第二语言学习提供了几个工具:(1)可以直接预测语言输入对第二语言习得过程中的言语理解和产出的作用;(2)依赖认知神经科学的研究结果,描述学习者的认知能力的特征;(3)详尽阐述了第二语言习得的社会和环境的概念,以理解语境的作用。竞争模型把第一语言习得和第二语言习得都看作是构建性的(constructive)、材料驱动的认知过程(data-driven process),这种认知过程不依赖于语言结构的普遍性,而依赖于认知结构的普遍性。竞争模型把语言的发展归因于学习和迁移,而不是普遍语法的原则和参数。(Chomsky, 1965)

思考和练习

1. 请利用竞争模型来讨论,第二语言学习者在学习汉语"把"字句时可能会利用的语言线索以及它们之间的关系。

第十二章　第二语言学习者个体差异因素研究

在语言教学中我们经常发现，同一个班级的学生存在很多差异，有的学习效率高，有的较低；有的语言交际能力好，有的应试能力强；有的听说能力好，有的读写能力突出；有的喜欢独立完成课程任务，有的喜欢集体协作完成；有的理解能力强，有的表达能力强。此外，学习者的态度、动机、学习兴趣、方法策略也都不尽相同。这些差异的存在对学习者第二语言习得水平产生了很大影响。因此，影响第二语言学习者个体差异因素的研究，即所谓“个体差异研究”(Individual Difference)已成为第二语言习得研究的一个重要领域。

第一节　影响第二语言学习者个体差异的一般因素

按照 Ellis(1994)的观点，影响第二语言学习者个体差异的一般因素可以看作是由不变因素和可变因素构成的连续体。不变因素指那些不被外部环境控制的因素，如第二语言学习者的年龄、性格、语言学能等；可变因素指那些因外部因素影响而变化的因素，如第二语言学习者的态度、动机等。还有一些因素介于二者之间，如第二语言学习者的认知风格。本节主要介绍影响第二语言学习者个体差异的年龄、性格、认知方式以及语言学能等因素。

一、年龄

影响第二语言习得的因素很多，而年龄作为一种个体差异，对第二语言习得有一定影响。学者们一般认为，儿童学第二语言比成人快，年龄愈小愈有优势。这是依据儿童处在语言学习的关键期以及神经功能具有很大可塑性的理论假设得出的结论。但此结论还存在较大争议。不同年龄的个体在语言学习方面到底有什么差异？产生这些差异的原因是什么？儿童第二语言习得的优势主要体现在哪些方面？成人第二语言习得是否比儿童更有优势？国内外语言学家和神经学家在这些方面进行了广泛的探索和研究。

（一）年龄对第二语言习得的影响

年龄对第二语言习得的影响首先表现在其对习得速度方面的影响。Krashen，Long and Scarcella（1979）对此进行了考察，认为成人在第二语言习得速度方面优于儿童，年长儿童比年少儿童习得更快。这些结论在 Snow and Hoefnagel-Höhle（1978）的研究中得到支持。她们在 10 个月里调查了 96 名英语母语者，了解他们在自然环境下习得荷兰语的过程。被试按年龄分为三组：儿童（8—10 岁），青少年（12—15 岁）和成人。儿童和青少年都在荷兰学校读书；部分成人在荷兰语环境中工作，而且荷兰同事的英语很流利；部分成人为学生家长，待在家里没有工作，与其他被试相比，他们同荷兰人接触的机会较少。研究者按照被试到达荷兰后的居住时间进行了三次测验，3 个月、6 个月、9—10 个月。测试内容包括发音、形态、模仿、翻译。研究结果表明，在词法和句法方面，青少年学得最好，成人次之，儿童最差；发音方面，差异很小；语法方面，成人开始学习时有优势，但一段时间后儿童会赶上来。

其他人的一些实验研究也证明成人在短期学习中表现得比儿童好。Olsen and Samuels（1973）发现，经过 10 次 15—25 分钟的德语发音训练课后，说美式英语的青少年和成人的德语发音比儿童强得多。但是，也有相反的结果，至少在发音方面成年人并不总是比儿童进步得快。Cochrane（1980）考察了 54 个日本儿童和 24 个日本成人辨别英语/r/和/l/的能力。成人自然接触英语的平均时间为 245 小时，儿童为 193 小时。最后儿童习得的结果好于成人，不过在之后的课堂音位辨别教学中，成人比儿童获益更大。以上研究在一定程度上说明，相对语音来说，成人在语法方面更能体现出学习速度上的优势。

年龄影响第二语言习得的另一表现是年龄对第二语言熟练程度的影响。

学习者第二语言的熟练程度能否达到母语者的水平，一直是个有争议的问题。这个问题涉及“关键期假说”(the critical period hypothesis)。所谓“关键期”，又称“临界期”，是指人生发展的某个特定阶段。在这个阶段，人可以在没有外部干预、不需要教授的条件下，轻松、快速地习得一门语言。最早提出这个观点的是著名神经外科医生 Penfield。Lenneberg(1967)发展了该观点，并以儿童语言习得能力与大脑有关作为依据，提出了颇有影响的自然语言习得关键期假设。他认为自然语言习得的关键期是 2 岁开始至青春期(约十二三岁左右)到来之前。此阶段人的大脑具有可塑性，语言习得能够自然而轻松地进行。这一假说基于神经生理研究，青春期以前的儿童似乎有一种语言“转换机制”，如果他的左半球言语中枢因意外事故、肿瘤、手术受到损害，言语中枢就会转移到右半球，恢复语言功能，不过要从头再学语言。青春期到来之后，人大脑的语言功能侧化(lateralization)已经完成，固定在大脑左侧，人脑已经充分发育成熟，神经系统不再有这样的弹性，学习语言也越来越难，语言功能一旦丧失便难以恢复。语言习得关键期假说虽然是针对母语习得而提出的，但许多心理学家和语言学家证实这一假设也适用于第二语言习得。

在第二语言习得研究领域，支持关键期假说而且最具代表性的研究是 Johnson and Newport(1989)的实验。他们对在不同年龄段开始学英语的 46 名中国人和朝鲜人进行了考察，这些人都是美国大学的学生或者教职员工，连续在美国生活 3 年以上。实验还包括 23 名英语母语者作为对照组。实验要求被试判断一些句子是否符合语法，以此考察他们对英语词法和句法方面十二条规则的掌握情况，如动词时态、名词复数、动词一致、词语顺序、造疑问句、冠词和代词的用法。被试听录音机播放的句子，然后指出每个句子是否正确。播放的句子有一半符合语法，另一半不符合语法。Johnson 和 Newport 在对该测验打分的时候发现，到美国的年龄是学好英语的重要指标。他们打分时把被试分成两组，第一组被试在 3 到 15 岁就来到美国，第二组被试在 17 到 39 岁时才来到美国。通过对两组被试成绩的比较，研究者再次发现开始学习第二语言的年龄大小与该语言的最终获得水平之间存在紧密联系。此外，他们还注意到一个现象，15 岁以前学习第二语言的被试，特别是 10 岁以前就学习第二语言的被试，与母语者之间的语言能力几乎没有差异。年龄较大的二语者最终达到的语言水平参差不齐，而且也很难达到母语者的语言水平。

学习者的年龄除了与第二语言语法掌握程度有关外，还有研究表明学习者年龄与第二语言发音准确性有关。Oyama(1976)调查了60名移居美国的意大利男性移民，他们于6—20岁之间到达美国，居住了5—18年。她让被调查者完成一些大声朗读和自由谈话的任务，然后分别从中抽取时间长度为45秒的录音片段，并让两位成年英语母语者评判其地道性。结果发现只有在12岁之前到达美国的人讲起话来带美国人口音，年龄小的移民对语音的掌握与母语者完全一样，而在美国的居住时间长短对口音却无影响。

支持关键期假说的研究不少，而反对者也大有人在。Neufeld(1978)的研究常被用来反驳“关键期假说”。Neufeld选取了20个以英语为母语的成年人作为实验对象，用18个小时的时间精心教授他们中文和日文发音。为了测试他们发音的地道性，学习结束时，学习者接受了一次模仿测试，他们的发音情况按照从“正确、地道”到“方音很重”5个等级划分。结果被试中有9人的日语发音被列为“地道”，而其中中文发音被列为“地道”的有8人。该研究表明，在适当条件下，就发音而言，成人可以获得和母语者相同的能力。

Coppieters(1987)的研究进一步指出虽然成人在语音方面可以达到母语者水平，但他们的语法能力跟母语者有差异。Birdsong(1992)做了与此相似的实验，选择两组被试：一组为20个英语母语者，他们在青春期后才开始学习法语，而且法语口语能力基本接近母语者水平；另一组为20个法语母语者。结果在语法判断测试中发现两组被试没有很大差别，许多非母语者表现出与母语者相同的能力。这项研究表明，青春期后才开始学习第二语言的人也有可能获得一种和母语者同等水平的语言能力。

目前对第二语言习得关键期问题还没有达成比较一致的研究结果，年龄问题今后仍将是研究重点，因为这方面的成果会对教育政策的制定、教育策略的选择产生重大影响。(Larsen-Freeman and Long，1991)如果证明年龄小的学习者比年龄大的学习者成绩优秀，那就有必要把语言教育的起始年龄提前；如果证明儿童和成人学习途径不同，教师就应有意识地调整对不同年龄学习者的教学方法。

(二) 年龄影响第二语言习得的原因

年龄对第二语言习得的影响显而易见,这些影响造成了学习者第二语言习得的个体差异。那么,年龄影响第二语言习得的原因有哪些呢? 概括地说,年龄对第二语言习得的影响主要有三个方面的原因:

1. 生理原因。常被用来解释第二语言习得年龄选择问题,它的依据就是关键期假说。首先,大脑的两半球在青春期左右变得功能专门化,即大脑侧化。关键期之前,大脑更有弹性,如果大脑的一侧功能受到损伤,该功能可能转移至大脑的另一侧。其次,二语习得能力随着神经弹性的丧失而衰退,所以儿童在神经功能上有更大弹性。

2. 社会原因。儿童因为不容易受到同伴的压力,自我认识方面没有形成模式化思想,所以更容易接受外部信息。而成人即使在短期的外语学习中也会受到自我认识方面的威胁而影响外语学习。另一方面,儿童的情感屏障(affective filter)弱于成人,一般不像成人那样过于计较他人对自己的态度,所以儿童愿意练习使用所学的语言。

3. 认知原因。儿童和成人的二语习得可能涉及不同过程,前者使用语言习得机制,第二语言习得如同母语习得,后者使用一般的问题解决能力。成人抽象思维能力可能非常有利于成人解决抽象问题,但他们不能使用语言习得机制来习得第二语言。成人比儿童更自觉地去学习语言,他们把语言理解成一个非常正规的体系,他们通过有意识地学习语言规则来了解语言,通过运用这些规则来使用语言。对于儿童来说,语言只是他们表达意思的工具,儿童看到的只是语言的相似点,缺乏灵活思考能力,而且以自我为中心,这些恰好是自动语言习得的先决条件,所以儿童在认知上对另外一门语言持“开放”态度。但另一方面,由于儿童认知水平有限,抽象思维能力尚未形成,学习第二语言时一般不能利用所学的语言规则监控语言输出。

二、性格

“性格”(personality),一般指人对现实的态度和行为方式中稳定、具有核心意义的个性心理特征。许多人认为第二语言习得成功与否与学习者的性格特点有很大关系。在性格因素中诸如焦虑、抑制、自尊、冒险精神等会对二语习得有一定影响，它们使学习速度不同，使最终获得的第二语言水平产生差异。来自教学观察中的印象常使人觉得，良好的性格特征，如积极上进、持之以恒、认真严谨、审慎果断、外向好奇、乐于模仿等会产生积极作用，促进第二语言学习。反之，自卑自贱、懦弱寡断、不求甚解、不善交际等不良性格，就会产生消极作用，阻碍第二语言学习。有关的实证研究表明，性格与第二语言习得水平之间的关系并不像人们想象的那样密切，但也无法完全否定性格对第二语言习得的影响。

心理学上把性格分为外向型和内向型。内向型的特点是心理能量常常指向内心世界。这种类型的人缄默、害羞、不好动、缺乏自信、不善交际，比较难以适应环境。外向型的特点是心理能量指向外部世界。这种类型的人开朗、热情、自信、勇于进取、富于冒险、容易适应环境的改变。荣格(1976)认为，每个人生来就具有某种适应方式，外向与内向之间是连续体的关系，也就是说，不同的人可能表现出相对于他人或多或少的外向性格。人的性格既表现在潜意识之中，也表现在意识之中。但是表现形式不同，凡在意识中外向的，在潜意识中则是内向的，反之亦然。

第二语言习得与外向/内向性格的关系主要有两个假说。一是外向型学习者在交际能力上优于内向型学习者。因为与外向性格有关的特征如健谈、善于作出反应、喜欢群体活动等能促进学习者与别人进行更多交流，能帮助他们获得更多的语言输入，也有利于学习者获取更多的机会来使用语言，从而有助于语言习得的发展。二是内向型学习者在认识、学习语言能力上优于外向型学习者。原因是他们愿意花更多时间和精力去研究和练习语言形式，如阅读和写作，他们对语言结构的理解可能更全面、准确，因而会取得更多学习成果。然而，究竟哪一类型的学习者第二语言学得更好些，至今尚无定论，很有可能两种类型学习者都具有各自第二语言学习的优势。

焦虑也是影响二语习得的重要性格因素。弗洛伊德在 1899 年从本能决定论的观点出发，认为社会与人的本性是对立的，在这种情况下，人总是处于被压抑当中，因而使人的心理能量得不到释放，形成种种焦虑。焦虑不仅是各种精神病患者常见的一种精神症状，而且也是正常人在遇到紧张、刺激、挫败时表现出的不安和忧虑心态。焦虑的实质是由外在模糊的危险刺激引起的一种强烈、持久的消极情感，由期待、烦乱、恐惧等感受组成的不愉快的情绪体验。第二语言习得中的语言焦虑是一种现实焦虑，也是一种状态焦虑。所谓现实焦虑是指处于该现实情况下，任何人都会自然产生的焦虑；而状态焦虑是焦虑的暂时被动状态，它随着自主神经系统的唤醒，表现出对当时情境的忧虑和担心。二语学习者在参加考试、课堂学习、面对公众讲话的过程中都可能出现焦虑。引起语言焦虑的原因有多种，学习者的竞争天性、教师的提问、在目的语中"失去自我"的恐惧和体验、考试失败等。焦虑与二语学习之间的关系错综复杂。首先，焦虑与二语学习并非线性关系，适当焦虑促进学习，过分焦虑阻碍学习。考试中一点焦虑都没有的学习者恐怕很难取得好成绩。这里有必要区分两种焦虑，促进性焦虑和退缩性焦虑。前者使学习者产生动力，迎接新的学习任务；后者使学习者知难而退，逃避任务。其次，处理焦虑的方式因人而异。在二语学习中，有的人产生促进性焦虑，有的则产生退缩性焦虑。第三，焦虑对二语学习的影响程度随着二语水平的变化而变化。对于那些二语水平不高的学习者，焦虑阻碍学习。但是对那些优秀的二语者，焦虑反而会促进学习。

此外，影响二语习得的性格因素还有歧义容忍度（tolerance of ambiguity）、移情（empathy）、冒险精神、自尊等。歧义容忍度主要指学习者对具有歧义性、陌生性、异质性的学习材料或对象所持有的一种态度，这种态度涵盖着从主动接受到消极抵制之间的不同层面，如第二语言学习中遇到的语义不明、所指不清、发音含混等现象。没有容忍度就会增强焦虑感，有一定容忍度的学习者往往更能坚持学习。所谓移情就是能够体会他人的情感。移情首先是一个理解的心理过程，消除隔阂，在情感上充分理解他人的经历和感受，从而接受他人的思想，以达到对他人情感的理解和认同。其根本的问题是要设身处地为他人着想，从而达到情感方面的沟通并预测相互间某种行为可能对他人带来的影响。

在第二语言学习中，教师需要根据学生的性格差异因势利导，尤其在语言输出方面。特别是性格内向的学生在语言输出遇到障碍时，一定要帮他们树立克服困难的信心。总的来说，对不同性格的学习者可采取的办法有两个：一是针对不同的学习任务在不同的场合注意发挥他们各自的长处；二是促使不同性格的学习者向相反的方向作些转变，让他们适应各种不同的学习环境和任务。美国人本主义心理学家罗杰斯(Rogers)认为：人的认知活动总是伴随着一定的情感因素，当情感因素受到压抑甚至抹杀时，人的自我创造潜能就得不到发展和实现。只有对学生个体的内心世界持尊重和理解的态度，才能激发起学生的学习热情，增强他们的自信心。

三、认知方式

认知方式是指人们对信息和经验进行加工时表现出来的个别差异，是个人在感知、记忆和思维过程中经常采用的态度和方式。语言和认知是不可分的，自然语言是人的智能活动的结果，又是人类认知的一个组成部分。人脑的生理机制是认知的基础，外部世界包括的语言现象都要通过人脑的加工处理来将它们分析、判断、归类，实现理解和认知的目的。由于人的大脑工作能力、工作方式、以往的信息处理经验、心理感受和生理感觉等方面存在极大差异，所以认知能力和认知方式也表现出很大区别。具有不同认知方式的学习者在语言学习中往往采取不同的方式，因而最终的学习结果也有很大差异。

(一)"场依存"型与"场独立"型的认知方式

"场独立"(Field independence)和"场依存"(Field dependence)是两种不同类型的认知方式，它们对第二语言学习者的语言习得会产生不同影响。

"场独立"型认知方式是美国心理学家 Witkin 在上世纪 40 年代首先发现的。他认为，倾向场独立型认知方式的人认识事物时，很少受环境和他人影响；而倾向场依存型认知方式的人认知事物时受环境和他人影响较大。换句话说，场独立的个体倾向于以分析方式看待事物，场依存的个体则倾向于以整体方式看待事物，这两种人在学习方法和策略上也存在较大差异。在实际语言习得过程中，场依存者较容易接受别人的暗示，学习努力程度往往受外来因素影响，在诱因来自外部时学得更好。场依存者学习外语课文时较擅长整体背诵和完整模仿句子，对人文学科和社会科学更感兴趣。他们能注意到学习环境的社会性，对具有社会内容的材料表现积极，也容易受到其他人积极的影响。这类学习者喜欢集体学习，需要得到及时的反馈信息，易受环境影响，易受负强化影响，有时情绪波动较大。场独立者在内在动机作用下学习，时常会产生更好的学习效果，喜欢发现式学习，在学习未充分组织好的材料时有较大优势。场独立型学习者在学习外语课文时常常进行分析，背诵课文和模仿句子时常会遗漏部分内容，但一般能找出歧义句的各种意思。他们对客观事物作判断时，常利用自己内部的参照，不易受外界因素影响和干扰，倾向于对事物独立作出判断。有时比较固执，较难接受别人意见。以上两种方式各有优缺点，场依存与场独立不是绝对的概念，对学习者个体来说并不是绝对一成不变的。在不同情况下，学习者可以变换自己的风格，某一具体的学习者可能既具有场依存特点，也具有场独立特点。

(二)"审慎型"与"冲动型"认知方式

"审慎型"(reflectivity)与"冲动型"(impulsivity)认知方式又被称为"概念化速度"(conceptual tempo)，是卡根(Kagan)等人于1964年提出的，是指在不确定条件下个体作出决定时速度上的差异。"概念化速度"存在着非常明显的个体差异，主要可以分为两种不同类型：一类在简短地考察各种可能性后迅速作出决定，被称为"认知冲动型"；另一类在进行反应前深思熟虑，仔细考虑所有可能性，被称为"认知审慎型"。

审慎型与冲动型认知方式是用一种叫做"熟悉图案配对测验"(Matching Familiar Figures Test)来进行测量的。测量时，实验者出示一个标准图案和数个相互之间有一点细微差别的模仿图案(facsimiles)，要求受试者从模仿图案中挑出一个与标准图案匹配的图案。反应时间长于平均值而错误低于平均值的受试者属于审慎型，反应时间短于平均值而错误高于平均值的受试者属于冲动型。

在第二语言学习过程中，冲动型学习者可能迈出许多快捷的步子；审慎型学习者在某些阶段停留的时间会稍长一点，但是从一个阶段跨入另一个阶段的步子可能要大一些。根据课内外观察不难发现，审慎型的学生在完成需要对细节作分析的学习任务时，学习成绩较好。与冲动型的人相比，审慎型的人更加倾向于场独立。审慎型学生注意广度（attention span）小，显得冷静自若，常常抱着小心谨慎的态度，作出选择比较精确，但速度要慢些。

学习者的逻辑思维方式、记忆的途径与模式、获取新信息的方式、信息发送方式等也都存在广泛的个体差异。值得特别注意的是，认知的个体差异决不是非此即彼的单维度差异，更为普遍的情况是不同类型的交叉、混合。不同学习任务、不同学习环境、不同情感状态都可能导致学习者改变认知策略。因此，判定学习者的认知特点也是一项极其复杂、挑战性极强的工作。

四、语言学能

（一）语言学能的内容及特征

Carroll 和 Sapon 被认为是现代语言学能测试的先驱。Carroll 从上世纪 50 年代初开始对语言学能进行研究，Carroll（1990）认为，语言学能是整体智力（general intelligence）中负责语言学习的一个特殊部分，由几个相互独立的能力构成，其中最为明显的是：（1）语音编码能力。就是辨别语言声音或音串的能力，并能将其存储于长期记忆中，这也包括拼写能力和处理语音文字材料的能力。（2）语法敏感性。指对句子模式和句子成分语法功能的敏感程度。听别人讲解语法并不能明显提高这种能力，因为它涉及如何解释语言的能力。（3）归纳能力。该能力与一般推理能力有相似之处，但更具体地说是一种仔细观察语言材料，并从中辨认语言意义和语法形式联系的能力。（4）机械记忆能力。就是将刺激同反应联系在一起的能力。

Carroll 认为，语言学能不仅在人一生中相对稳定，而且很难以任何具体方式改变，所以训练和实践不能提高一个人的语言学能。他还认为语言学能不同于智力（intelligence），甚至不同于语言智力（verbal intelligence）。因为他在调查中发现，语言学能与二语学习成绩的相关程度、智力等其他因素与第二语言学习成绩的相关程度并不一致，当然，它们之间也存在一定程度的重叠。Carroll 还认为，语言学能不是二语习得的先决条件（例如所有的学习者，不管语言学能高低如何，都能达到一定程度的二语水平)，但作为一种能力，语言学能可以帮助提高第二语言学习速度、降低学习难度，因此它能预测第二语言学习速度。

(二) 语言学能的测量

1. 现代语言学能测试。1959 年 Carroll 与 Sapon 等出版了《现代语言学能测试》(*Modern Language Aptitude Test*)，简称 MLAT。MLAT 共五部分：第一部分是"数字学习"。用录音教授受试者一种生疏的数字系统，然后让受试者听 15 个数字后写下阿拉伯字母，旨在测验联想记忆。第二部分是"音标记忆"。该部分测量音位编码能力，首先让受试者学习英语音位的一种注音系统，然后测验他们是否学会。第三部分是"拼写线索"。有 5 个词不达意、拼写得像英语单词、但又不正确的词汇(如用 peple 代表 people)，要求在每个词汇下面的五个备选英语单词中按意义与联想选出最有可能正确的答案。此项既测英语词汇知识，又测语言代码化的能力。第四部分是"句中词"。受试者看到 45 个标准英语句子，每句都有一个用大写字母拼写出来的词，在下面有 1 到 4 个句子，每个句子中有 5 个词打了下划线，让受试者识别哪一个带下划线的词在语法功能上相当于标准句中的大写词。此项测验语法敏感性能。第五部分是"词语对应联想"。先给受试者 24 个库尔德语(Kurdish)词及其英语对应词，让学生用 2 分钟记忆，然后有 2 分钟练习，最后用五项选择的方式测验这 24 个库尔德语词的词义。此项是考查死记能力。

2. 皮姆斯纽语言学能测量表。1959 年，外语教育者 Pimsleur(皮姆斯纽)决定采用一种新方法来考察语言学习不擅长者所缺乏的某些特定能力，以此来研究第二语言学习能力，通过几年努力，他与同事们于 1966 年制订了皮姆斯纽语言学能测量表(Pimsleur Language Aptitude Battery)，简称 PLAB。PLAB 共分六部分：第一部分是"学分平均数"。要求受试者口头汇报出自己最近一学年的英语、数学、自然科学和历史(或社会科学)的学分。第二部分是"兴趣"。要求受试者在一个二级量表上标出自己对第二语言学习的兴趣，也是采用口头汇报方式。第三部分口是"词汇测试"。第四部分是"语言分析测试"。第五部分是"语音辨别"。第六部分是"语音标识"。

Pimsleur(1966)认为,学习语言的天赋包括三大成分:一是语言智力,包括对词汇的熟悉程度和对语言材料的分析;二是学习语言的动力;三是听觉能力。该量表尤其适宜测量初级语言学习者如,初中学生,该量表另一个特征是把学生过去的学习情况及对第二语言的学习兴趣包括进来。Pimsleur 等的语言学能测量表与 Carroll 等的《现代语言学能测试》存在一个明显的差异,前者把动机当做语言学能整体的一部分而后者认为动机独立于语言学能之外,另一个差异是语言智力在语言学能中所占的比重不同。Pimsleur 认为语言智力在语言学能中占有重要分量,而 Carroll 虽然承认在 MLAT 中拼写线索部分依赖语言智力和词汇知识,但他并不认为语言智力是语言学能中必需的一部分。

3. 其他语言学能测试。其他的语言学能测试还有国防部语言学能测量表,该量表使用听觉和视觉材料测试学习者学习一门人工语言的能力,主要适用于测量语言学能较强的学习者。另一种语言学能测试——约克语言学能测试则主要测量学习者使用推理法来生成一种不被了解的语言形式的能力。

目前,关于语言学能研究还存在很多争议。虽然人们期望语言学能测试能够测量出所预期的内容,但语言学能测试中各部分任务的测试效度并不一致,如《现代语言学能测试》中拼写线索一项在很大程度上取决于社会和地区方言。语言学能不仅与社会阶层以及父母的教育密切相关,而且还与外语水平有相当高的相关。另外,尽管语言学能测试能成功预测第二语言学习结果,但仍有人认为《现代语言学能测试》无法测量语言习得的天生能力。因此,在语言学能研究中还需要重新审视目前的语言学能概念,语言学能中的四种能力需要吸收其他学科的研究成果来重新修订。语言学能测试的视角应更宽广,测试内容应包含语言学习和语言表现,应能反映出交际能力模式中的内容,如话语能力、社会语言学能力、策略能力等,而不仅仅是简单的语言能力。语言学能是二语习得中一个重要的认知变量,但语言学习者的情感变量、学习方式、学习策略也是解释语言学习效果的重要因素,因此语言学能研究还应与其他变量相结合进行。

思考和练习

1. 为什么要研究学习者的个体差异？个体差异是通过哪些方面反映出来的？

2. 你认为外向性格的人比内向性格的人在语言学习方面一定有优势吗？

3. 什么是语言学习的临界期？临界期假设有哪些依据？

4. 什么是语言学能？当今主要的语言学能测试有哪些？

第二节　第二语言学习者的态度与动机研究

一、第二语言学习者的态度及其对第二语言习得的影响

在第二语言习得研究中，态度和动机的区别并不总是那么清楚。态度主要通过动机影响语言学习过程。态度是一种心理和神经的准备状态，它通过经验得以组织，在与此经验有关的所有目标和情形中，对个人所作出的反应产生方向性和动态的影响。根据社会心理学家的观点，学习者的态度是由三个方面构成：一是认知(cognitive)，学习者对所学内容价值方面的认识，对某一目标的信念。二是情感(affective)，学习者在感情和情绪上对所学内容的反应，对某一目标的好恶程度。三是意动(conative)，认知和情感在行动上的表现，即学习者的行为倾向，对某一目标的行动意向及实际行动。显而易见，态度作为一种情感因素，它对某一目标的具体实施和最终达到的成功程度是极为重要的。一旦我们知道某个人对某事物的态度，我们就能更好地了解和预测他在此事物中的行为。态度易受社会环境和个人经历的影响，所以在不同的研究环境下，调查结果可能会有很大的不同。

有学者认为，态度是语言学习者对说母语者及其文化的看法。由此区分了语言学习中的三种态度：(1)对目的语社团和本族语者的态度；(2)对学习目的语的态度；(3)对语言和学习语言的一般态度。态度与第二语言/外语学习是紧密相关的。学习者对所学目的语以及目的语社团持有一种看法，这种看

法影响着他们的学习。正如 Lambert(1974)所说,“学习者对以他所学外语为本族语的民族所持的态度和他自己民族中心感的相信,决定着他学此语言能否成功。”

Camiciottoli(2001)调查了 182 名意大利大学生的英语泛读频率、对英语和母语的阅读态度。多元回归分析显示,有两个因素对学生的阅读频率和态度起决定性作用。一个是学生的母语阅读习惯,另一个是学生在英语国家的经历。Yamashita(2004)以日本大学生为研究对象,分析了母语和英语泛读态度之间的关系,以及泛读态度与学习者阅读成绩之间的关系。结果表明学习者的情感因素、对阅读作用的认识和阅读能力的自我评价对二语阅读态度起决定性作用。此类研究虽然不多,但为进一步在二语环境中研究泛读态度和频率之间的关系以及他们的决定因素奠定了基础。

语言态度是人类语言生活中的一个重要组成部分,它常常通过语言使用来体现;而语言使用,又往往对语言能力的大小发生决定性的影响;语言能力转而影响到人们使用语言的频率,通过使用语言的效果,不知不觉地改变着人们的语言态度。学习态度就是学习者对学习的认识、情绪、情感、行为的倾向。态度与学习者的价值观密切联系,也与学习情绪有关,情绪本身就是态度。态度与学习表现是一致的,态度是内心的倾向,表现是外显的行为,学生的内心态度如何,唯有通过他们的学习表现去推知和了解。

二、第二语言学习者的动机及其对第二语言习得的影响

在传统的心理学概念中,动机是内驱力(如本能、意志、意愿和精神力量)的反射,或是由刺激和强化决定的,通常被理解为完全静态的心理、情感状态,或某一个目标。第二语言/外语学习动机的研究在国外已有四五十年历史,主要理论依据是社会心理学和主流动机心理学。社会心理学通过研究个人的社会态度来解释行为的社会功能,而主流动机心理学派主要研究引发个人行为的内在动力,其最广为人知的理论之一是内在/外在动机学说(intrinsic/extrinsic motivation)。

(一)内在动机和外在动机

传统的内在与外在模式中,内在动机是为了从参与活动本身获得愉快和满

足,它取决于外语学习者个体的内在需要。外在动机则是达到某一目标的途径,如获得外在奖励(父母的赞同、奖赏,考试取得高分等)、避免惩罚等。相对而言,内在动机与长期成功有联系,外在动机与短期成功相关。

(二)融合型动机和工具型动机

融合型动机(integrative motivation)是指学习者对目的语社团有所了解或有特殊兴趣,希望与之交往或亲近,或期望参与、融入该社团的社会生活。例如对某个国家的文化兴趣浓厚,渴望了解该国历史文化及社会知识都会促使语言学习者抱着积极态度努力学习该国语言。工具型动机(instrumental motivation)是指学习者的目的在于获得经济实惠或其他好处,如通过一次考试、获得奖学金、胜任一份工作、提职晋升、出国、在学业上进一步深造等。有研究表明,受融合型动机驱动的学习者多运用功能练习、会话等学习策略,而受工具型动机驱动的学习者更倾向于使用语言形式等练习策略。

(三)Gardner的经典社会教育模式

Gardner和Lambert是二语/外语学习动机研究领域的开拓者。在他们提出二语动机学说之前,人们普遍认为学习外语要有天赋,语言学能(language aptitude)是影响学习效果的决定因素。但是,Gardner和Lambert在对加拿大学生(以英语为母语)学习法语的研究中发现,除了语言学能优势这一不可控因素外,还有人的能动因素——社会性动机(social motivation),于是提出了态度能直接影响人们二语习得效果的假设,并在后来的研究中逐渐构建了以社会心理学为依据的基于融合型动机学说的社会教育模式(Gardner教育模式示意图,详见第七章第三节)。

社会教育模式关注第二语言学习/习得中,学习动机在态度和学习成绩之间的重要中介作用。整个模式以融合型动机框架为基础,体现了早期Gardner及其同事的主张,即融合型动机是最主要、也是最重要的语言学习动机,与语言成绩关系最为密切。融合型学习者要比工具型学习者在学习中更加主动,成就更大。于是他们认为,融合型要优于工具型。

社会教育模式较为突出的特点是涉及的所有变量都是从实证研究结果中提炼出来的,并且在实际操作中进行界定和评估,变量之间的关系也是在大量实证研究中获得的或是得以验证的。Gardner 等设计的语言学习动机调查表，即态度/动机测验量表 AMTB(Attitude/Motivation Test Battery)，从动机、融合性、对学习环境的态度、语言焦虑及其他因素等五个维度进行实证测量，成为当时一种广泛应用的标准化第二语言学习动机调查工具。

表 12-1 **Gardner and MacIntyre(1993)的态度/动机测验量表**

测量维度		测量项目
动机 motivation	获取目标的愿望 获取目标的努力程度 对任务的满足感	二语学习的愿望 动机强度 对二语学习的态度
融合性 integrativeness	对目的语社团的积极态度	对目的语者的态度 学习外语的兴趣 融合性取向
对学习环境的态度 Attitudes toward the learning situation	对语言学习环境的反应	对二语教师的评估 对二语课程的评估
语言焦虑 Language anxiety	运用目的语时对环境表现出的焦虑程度	二语课堂焦虑度 二语运用焦虑度
其他	获取目的语的实用或功利性目的 家长的鼓励程度 获取目的语的目的	工具性取向 家长的鼓励程度 取向指数

Gardner 等人的动机研究在上个世纪 80 年代末受到挑战。由《现代语言》(*The Modern Language Journal*)在 90 年代发起的 Gardner 与其他外语学习动机研究者之间的直接对话将这种挑战推向高潮，使外语学习动机研究进入了一个多元化时代。争论的焦点是：在外语学习动机研究中，应该重视外语学习的宏观社会与文化环境，还是将动机研究更紧密地同学校教育有机结合起来。概括地说，对于 Gardner 等人外语学习动机研究的批评主要集中在以下几个方面：

1. 文化局限性。社会教育模式是在加拿大二语学习环境中发展起来的，大量实证研究也主要是在那里进行，该模式不一定完全适用于外语学习环境。

2. 因果关系的不确定性。社会教育模式中，语言态度、动机是因，学习成绩是果。但不少研究者认为成绩有可能是态度的原因而不是结果。

3. 对教学关注的缺乏。社会教育模式虽然强调了学习环境的重要性，但不足以为教学提供实际指导意义。他们关注的是对第二语言学习动机的个人差异的理解，而不是更改教学或学习语言的方法。后来的研究者认为第二语言学习动机研究成果的实践者和受益者应该是语言教学和学生，所以学习动机研究应该更紧密地与学校教育有机地结合起来，以便进一步探索和激发学习者第二语言学习动机的途径与策略。

（四）Trambley 和 Gardner 的扩展动机理论

该理论基于 Gardner1985 年的社会教育模式理论，又融入了主流动机心理学的期望值理论和目标理论，既保持了 Gardner 动机理论体系严谨的一贯特点，又增添了新的内容。

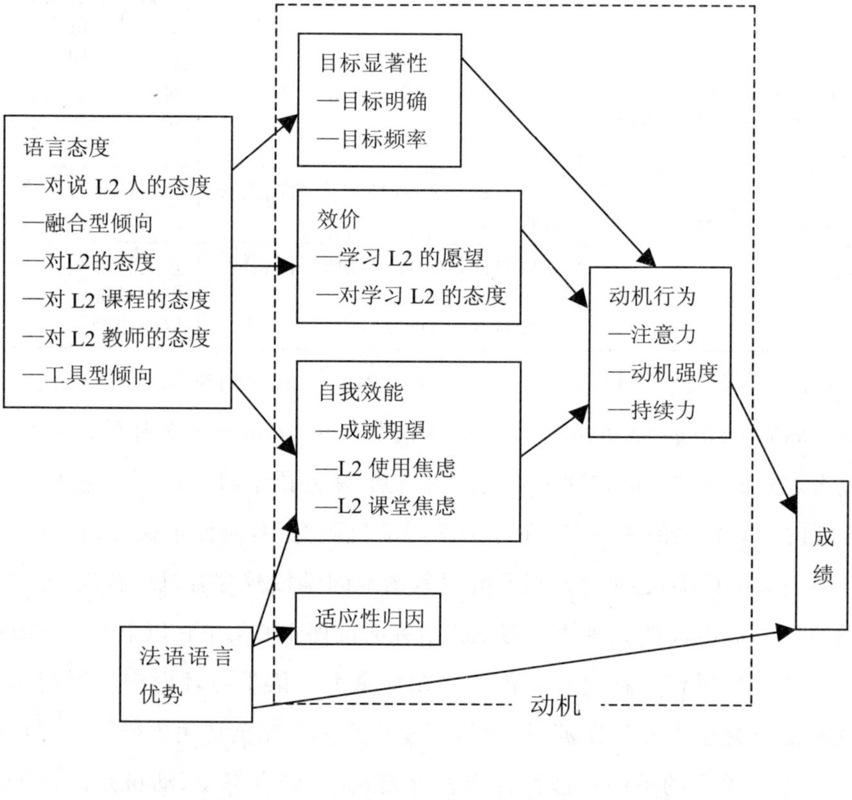

图 12－1 Trambley 和 Gardner(1995)第二语言动机模式

该模式反映了 Gardner 等人的对语言态度、动机行为、学习成绩三大因素之间线性关系的一贯立场，同时又在态度与动机之间增加了目标显著性(Goal

Salience)、效价(Valence)及自我效能(Self-Efficacy)三个中间变量。

模式中的目标显著性是一个便于测量的概念，主要涉及目标理论，包括目标设定理论和目标倾向理论。目标设定理论(Goal-Setting Theory)认为在像语言学习这样长期、持续的活动中，近期目标的设定有利于达到最终的远期目标(如掌握一门新语言)，提高学习者的自我效能。明确而有难度的目标优于不明确、偏容易的目标，能更好地激发学习者的积极行为。目标倾向理论(Goal-Orientation Theory)主要用来解释学校教育情境下学习者个体的学习成绩。该理论强调两个对立的成绩目标倾向，一种是注重学习内容的掌握型倾向(Mastery Orientation)，另一种是注重展示个人能力、获得高分、胜过其他学生的表现型倾向(Performance Orientation)。这两种倾向体现了不同的学习原因与成功标准。掌握型倾向注重个人的成长与完善，并相信付出的努力会得到回报，更能激发强烈的学习动机；表现型倾向认为学习只是完成目标并得到社会认可的手段而已。(高一虹，2004)

效价是价值的一种标志，包括成就价值、内在价值、外在使用价值、付出代价四个部分。成就价值指学习者根据自身基本的价值标准与需要完成某项任务的主观重要性。内在价值指任务给学习者带来的快乐。外在使用价值指任务完成对将来目标实现的实效价值。付出代价指消耗的精力、体力、时间以及为此付出的情感代价(如对焦虑、失败的恐惧)。前三个部分构成了任务的正效价，而代价是任务的负效价。一项任务的价值最终取决于以上四个部分相互作用的总和，并决定完成任务的行为动机的强弱。(高一虹，2004)

自我效能是学习者对自我能力的一种判断，这种判断将决定他对活动的取舍、愿望的强烈程度、付出努力的多少及持久性，其中的认知因素可以包括他人的看法、反馈、评价、鼓励与强化，过去的经历与受到的培训，对任务完成策略的了解等。自我效能与自信相似，但自我效能主要与学习者对其将来完成某种特定任务可达到水平的信念相关。(高一虹，2004)

(五) Dörnyei 的外语学习动机三层次说

Gardner 主要在加拿大研究双语学习环境中的不同语言学习动机，而 Dörnyei 的研究主要集中在匈牙利——语言学习者无法大量接触目的语的单语环境。他与 Clément 等人合作,吸收了主流动机心理学研究的有关理论,在长期实证研究基础上,提出了外语学习动机三维建构模式。

表 12-2 **Dörnyei**(1994)的外语学习动机组件

语言层面	融合型动机子系统
	工具型动机子系统
学习者层面	成就需要
	自信心
	*语言使用焦虑感
	*外显的 L2 能力
	*因果归因
	*自我效能
学习情境层面	兴趣
课程特定动机组件	相关性
	期望
	满足
教师特定动机组件	亲和动力
	权威类型
	动机的直接社会化过程
	*示范
	*任务陈述
	*反馈
集体特定动机组件	集体的目标定向
	行为规范和奖励体系
	凝聚力
	课堂目标结构

该模式最大的特点是体现了语言学习动机与教学情景的有机结合,包含了 Gardner 模式中没有涉及的一些因素(如对学习者所在学习集体内部凝聚力的评价等),为在学校教育情景中动机研究的效度提供了实证支持。Dörnyei 根据多年研究,于 1994 年提出了外语学习动机构成模式。该模式从语言、学习者和学习情境三个层面来界定和测量外语学习动机。该模式最详尽、也是最引人注目的部分,是对与外语学习情境相关的动机因素的界定与测量。其中的课程特定动机组件指与大纲、教材、教学方法及学习任务相关的动机因素。其中包含了学习者对该课程的内在兴趣、教学与学生个体需要及目

标的相关性、学生对学好该课程成功程度的期望值，以及学生对活动效果的满意程度。教师特定动机组件则与教师的行为、个性及教学风格相关，其中包括学生取悦教师亲和动力(affiliative drive)、权威类型(独裁的还是民主的)，以及学生动机的直接社会化等。最后，学习集体特定动机组件与学习者所在学习小组的集体动力有关，其中包括目标定向、规范和奖励体系及课堂目标结构(竞争型、合作型、个性型)等。该模式最大特点就是强调了语言学习动机的多维性质，使动机研究更广泛、更深入，并紧密同课堂教学实际相联系，具有更积极的教育学意义。正如Dörnyei本人所意识到的那样，这一模式只指出了构成外语学习动机的层次、成分和要素，但并未揭示出这些成分和要素之间的内部联系，因此很难说是一个严格意义上的理论模式。同时，所列项目之间的差异过大，缺乏内部一致性，难以进行实证检验。最后，语言层面上的融合—工具两分法也是对语言学习动机中所涉及社会因素的简单处理。

进行外语学习动机研究可以帮助我们理解外语学习的心理过程、社会因素及个体差异，其更重要的意义是探索激发学生外语学习动机的途径与策略。激发学生语言学习动机，提高语言教学效率的关键就在于创造和谐并充满个性化的语言学习环境，培养学生的学习兴趣，让他们树立明确的语言学习目标和语言学习信心。在一定程度上，我们实际上不能“教”给学生一门外语，而只能为学生创造一个适宜的语言学习环境。

思考和练习

1. “态度”的基本含义是什么？

2. 什么是“语言态度”？什么是“语言学习态度”？

3. 社会教育模式、扩展动机理论、外语学习动机三层次模式有何异同？

第三节　第二语言学习者的学习策略

20世纪60年代末和70年代初是学习策略研究的起步阶段。Carton(1966,1971)认为,语言学习是一个解决问题的过程,学习者所具有的推理性和推理能力不尽相同;并详尽讨论了推理策略,把推理策略划分为语内线索、语间线索和语外线索三种推理线索。70年代初,学者们对学习者的特点以及这些特点对第二语言习得的影响进行了研究。如Gardner and Lambert(1972)对学习态度和学习动机的研究。70年代中后期对成功的语言学习者的研究,分析归纳了成功外语学习者的一系列特征。(Naiman等,1978)20世纪80年代以后,学者们把第二语言学习策略置于认知理论的框架中去研究,努力发现学习策略对语言习得的影响。O'Malley等(1987)提出了具有深远影响的学习策略三分法。20世纪90年代,研究者通过大量的实验发现不能只从学习策略的角度来分析语言学习的成功,因为,训练学习者使用学习策略的理论还存在一定的问题。这一节,我们将围绕学习者的学习策略展开讨论。

一、学习者学习策略的含义和特点

(一)学习策略的含义

Stern(1983)认为学习策略是语言学习者采用的普遍倾向或方法。Weinstein and Mayer(1986)把学习策略看成学习者在学习过程中的行为和想法,并用以影响学习者的编码过程。Chamot,O'Malley,Kupper and Impink-Hernandez(1987)认为学习策略是学习者用以辅助学习的技能、方法和有意识的行为。Rubin(1987)认为学习策略有助于学习者语言系统的发展,并直接影响学习。Oxford(1989)认为学习策略是指学习者为了使语言学习更成功、更自主和更有趣味性所采取的行为。我们采用一种更普遍全面的定义——学习策略是指学习者在整个语言习得或语言使用过程中,与某个特定阶段相关联的心理行为或行动。(Ellis,1994)

（二）第二语言学习策略的特点

第二语言学习策略包括学习者在第二语言学习中使用的普遍的方法和具体的行为或技巧。学习者利用学习策略解决语言学习中的问题，所以学习者通常能够意识到自己所运用的学习策略，并能确认学习策略的组成部分。学习者既可以利用语言行为学习策略（要求被告知物体的名称），也可以利用非语言行为学习策略（身势语）。由于学习策略可能是行为的也可能是心理的，所以有些可以被直接观察到，而有些则不能被直接观察到。学习策略对第二语言学习的作用可能是直接的（背诵词汇或语法规则），也可能是间接的（提供材料）。另外，由于学习任务和个人偏好的差异，学习策略的使用也各有不同。

二、研究学习策略的方法

有些教师常常在课堂教学环境里观察学习者，以获得学习者在完成任务时所运用的学习策略。但是这种观察法只能观察到较少的行为策略，而且往往不能观察到学习者使用的心理策略。研究者常用以下几种方法来研究学习策略：

（一）结构化的访谈和问卷

研究者要求学习者报告或回忆通常所用的学习方法和具体的行为。

1. 让学习者报告在语音、词汇、语法以及听说读写四项技能中所使用的普遍策略。例如：问学习者学习语音通常使用的方法是什么。

2. 让学习者评述自己具体的学习行为。例如：可以让学习者先填写一个日常的学习活动表，然后再具体报告每一项活动，最后详细回答有关学习策略的问题。（Wenden，1987）

（二）日记研究

让学习者以日记的形式，按时间顺序，当天回顾当天的学习行为和心理过程。这种方法要求记录得越详细越好。

（三）边想边说

让学习者完成一项学习任务时，观察自己大脑的工作情况，并把脑子想的什么都讲出来。边想边说（think aloud）也是一种内省的方法（introspection），而且这种方法存在的变异性很大。

（四）小组讨论

让学习者两个人为一个小组，用边想边说的方式讨论对具体学习任务的解决方式。虽然这种方法获得的材料是丰富的，但是依然有很大的变异性。

（五）内省和回忆方式的结合

通过访谈让学习者回忆完成一件具体任务的心理过程和行为，并让学习者通过边想边说的方式来报告完成任务的过程。

三、学习策略的分类

由于研究者的研究目的、被试的个人差异和环境等因素的不同，造成了学习策略的多样性，学习策略分类的角度也不尽相同。主要有以下三种分类：

（一）Skehan(1989)的分类

1. 根据学习者处理学习情景的能力来分

(1)主动参与策略(Active Task Approach)

学习者主动寻找学习机会，并参与练习活动，反应积极。

(2)解释与确认策略(Clarification and Verification)

学习者利用查字典和意译的方式，获得词语等的应用实例，并从句子里确认词语等的意义。

2. 根据学习者的方法素质来分

(1)跨语言比较策略(cross lingual comparisons)

学习者把母语和目的语进行对比，推论出二者的同和异。

(2)归纳策略(induction)

对语言形式进行归纳分析，找出一定规律。

3. 根据学习者的评价能力来分

(1)监控策略(self-monitoring)

学习者验证自己的假设，自我纠正，注意错误产生的原因。

(2)自我评价策略(self-evaluation)

根据精确性和完整性来检验自己语言学习的成果。

(二) O'Malley 等(1987)的分类

O'Malley 等根据信息加工模型把学习策略分成三类。

1. 认知策略(cognitive strategy)

学习者对学习材料进行直接的分析、转换或综合以解决问题。这些策略都具有认知处理的功能。

(1) 重复策略(repetition)

学习者通过练习和不出声的复述,反复模仿语言结构。

(2) 记笔记策略(note-taking)

学习者把口头呈现的重要的语言点记录下来。

(3) 关联策略(elaboration)

学习者把新信息和记忆里的旧信息相联系。

2. 元认知策略(metacognitive strategy)

学习者利用认知处理知识,通过计划、监控和评价来管理语言学习。这类策略具有执行功能。

(1) 直接注意策略(directed attention)

学习者对语言输入里某些方面进行集中注意,从而忽略干扰事物。

(2) 自我管理策略(self-management)

学习者了解哪些条件可以有助于学习,并可以自己创造安排这些条件。

3. 社会/情感策略(social/affective)

学习者自己选择与其他学习者或目的语母语者进行接触的方式。

(1) 合作策略(cooperation)

学习者与其他学习者合作学习,以获得更多的反馈,并共同分享信息,模仿语言行为。

(2) 要求解释策略(question for clarification)

学习者向教师或目的语本族语者要求重复、意译和解释某种语言现象。

(三) Oxford 的分类(1990)

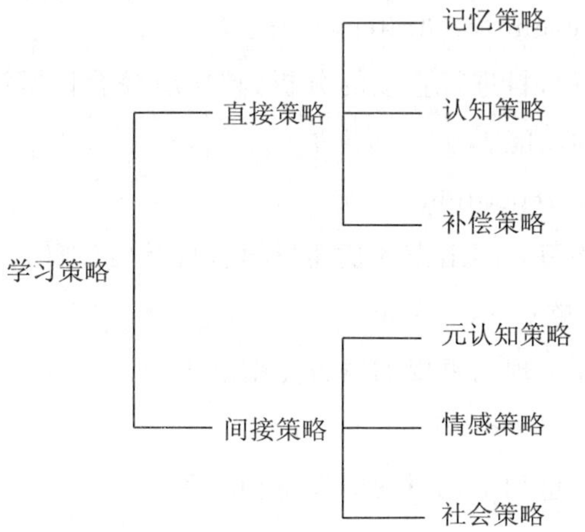

图 12-2 Oxford(1990:16)的学习策略系统

Ellis 认为 Oxford 的分类是最好理解的,如图:

1. 直接策略(direct strategies)

直接影响语言学习,需要对语言进行心理操作。

2. 间接策略(indirect strategies)

通过集中注意、计划、评价自我、控制焦虑感和增加与他人合作机会等间接影响语言学习。

以上对学习策略的分类为研究学习策略对语言学习的影响奠定了基础,但是他们都存在一个共同的问题——分类的推论性太强,即研究者本身要对学习策略的确认进行大量的解释。

四、影响学习策略选择的因素

学习者使用学习策略的频率和类型都存在着很大的差异,这是因为影响学习者策略选择的因素较多也较复杂。学习者的个人差异和不同的情景因素决定学习者对学习策略的选择,并最终影响习得速度和习得水平。学习的结果又反过来影响学习策略的选择(如图 12－3)。

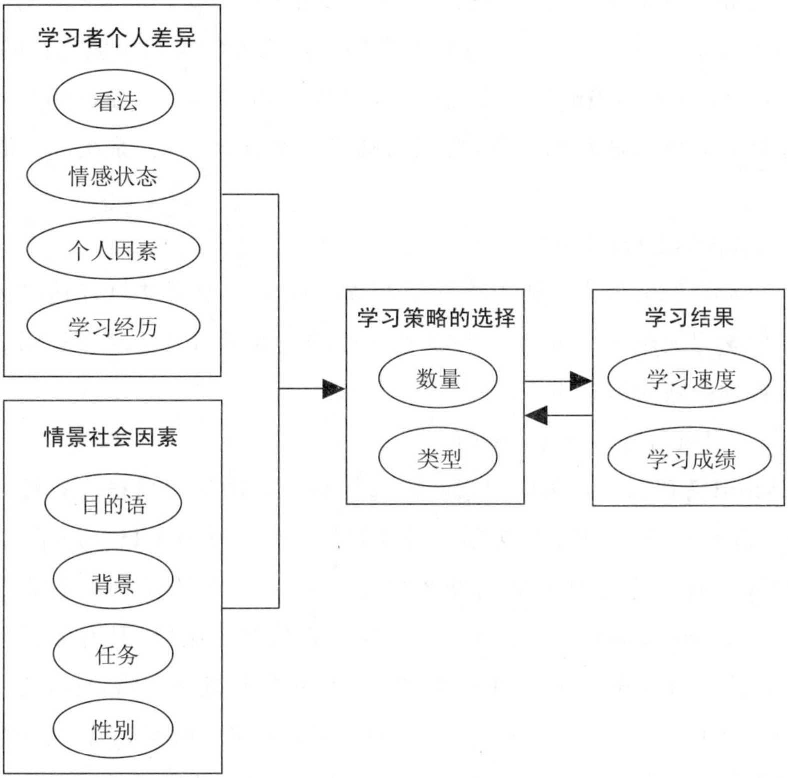

图 12－3　学习者个人差异、情景因素、学习策略和学习结果的关系(Ellis, 1994)

(一)学习者个人差异

1. 对语言学习的看法(beliefs about language learning)

Bialystok(1981)发现母语为英语的人在学习法语时，有的学习者认为语言学习是形式练习，有的学习者认为语言学习是功能练习，二者所选择的学习策略也各不一样。Wenden(1987)发现重视语言学习的学习者常常使用认知策略，认知策略可以帮助他们理解和记忆具体的语言项目；而重视语言使用的学习者常常使用交际策略，很少使用学习策略。

2. 学习者个人因素(learner factors)

(1)年龄

幼儿和青少年以及成人所使用的学习策略不同。幼儿常采用针对具体任务的学习策略,而且策略很简单;而青少年以及成人常采用一般化策略(generalized strategies),策略较复杂,使用起来较灵活。Brown 等(1983)发现儿童的复述策略往往是死记硬背,而成人则更多地涉及主动、系统和关联的策略。

(2)语言学能(aptitude)

Skehan(1989)发现解析上下文语篇能力强的学习者能更好地描述自己所使用的学习策略。Leino(1982)发现理性较强的学习者比理性较弱的学习者能更好地描述学习策略。

(3)学习风格(learning style)

Oxford 等(1989)认为学习策略的选择和个人的学习风格有较强的相关性。Willing(1987)把英语作为第二语言的学习者的学习风格分成了四类,每种学习风格的学习者对策略的选择也不一样。比如具有形象化学习风格(concrete learning style)的学习者喜欢采用直接学习策略,具有分析性学习风格(analytic learning style)的学习者则关注演绎推理的策略,具有交际性学习风格(communicative learning style)的学习者常采用社交策略,具有请教性学习风格(authority-orientated learning style)的学习者会经常用合作策略和解释策略。

(4)动机

动机强的学习者使用多种学习策略,比如与形式练习、功能练习、一般化学习和谈话/输入诱导有关的学习策略。而动机弱的学习者使用的学习策略较少,也不灵活。动机类型的不同也会影响学习者策略的选择,例如属于工具型动机的学习者常采用形式练习策略和一般化学习策略,属于融合型动机的学习者常采用交际策略。

(二) 学习者个人背景(personal background)

Ehrman(1990)发现受过语言学训练的学习者比未经受语言学训练的学习者使用的学习策略更多更频繁。而且学习时间长的学习者比学习时间短的学习者更多地使用功能性学习策略。Chamot 等(1987)发现高级水平的学习者比初级水平的学习者使用更多的学习策略。Nation and McLaughlin(1986)发现多语和双语学习者比单语学习者更擅长使用内隐学习策略(implicit learning strategies)。

(三) 情景社会因素(situational and social factors)

1. 情景因素

(1)所学的语言

学习某些语言会比学习另一些语言使用更多的学习策略。Chamot 等(1987)发现学习俄语的学习者比学习西班牙语的学习者使用更多的学习策略。Politzer(1983)发现学习法语和德语的学习者比学习西班牙语的学习者使用更多的学习策略。

(2)学习环境

处于课堂教学环境里的学习者与处于自然环境里的学习者在策略的使用上不一样。Chamot 等(1988)发现前者很少使用社交情感策略,Wong-Fillmore(1976)发现后者则使用大量的社交策略。处于外语教学环境(在本国学习外语)的学习者和处于第二语言教学环境(在目的语国家学习目的语)的学习者在策略的使用上也不一样。前者比后者更多地使用复述、翻译、记笔记、替换和解析上下文学习策略;后者比前者更多地使用认知策略(Chamot,O'Malley,Kupper and Impink-Hernandez,1987;O'Malley,Chamot,Stewner-Manzanaraes,Kupper and Russo,1985)。

(3)学习任务

O'Malley,Chamot,Stewner-Manzanaraes,Kupper and Russo(1985)发现英语作为第二语言的学习者在词汇和口语练习任务上使用学习策略的频率最高,而在听力理解、推论、作报告和交际任务上使用学习策略的频率最低。Chamot,O'Malley,Kupper and Impink-Hernandez(1987,1988)发现学习者在词汇任务上,经常使用认知策略中的求助参考材料策略和关联策略,以及元认知策略中的自我监控和自我评价策略;在听力任务上,学习者常采用认知策略中的记笔记、关联、推论和总结策略,以及元认知策略中的选择性注意、自我监控和问题确认策略。

2. 社会因素

社会因素中除了性别因素对学习策略的影响有一些研究外，其他社会因素涉及的较少。Oxford and Nyikos(1989)发现女性比男性使用更多的谈话输入诱导策略(conversation input elicitation)。Ehrman(1990)发现女性比男性使用更多的学习策略。

五、成功学习者学习策略的运用

通过比较成功的第二语言学习者和不太成功的第二语言学习者，研究者发现成功学习者在学习策略的使用上有以下特点：

(一) 既关注语言形式，也关注语言意义

成功的学习者把语言作为一个系统来看待，将目的语和母语进行跨语言比较，并监控自己和他人的语言表达，常常进行自我纠正。(Naiman, FroHlich, Stern and Todesco, 1978)同时成功的学习者也努力地参与真实的交际；注重培养语言的流利性。(Abraham and Vann, 1987)

(二) 积极主动地参与语言学习

成功的学习者仅把教师作为一个领路人，而不会完全依赖教师。(Pickett, 1978)善于自己设立目标，自己管理语言学习；在与他人的谈话中不断地产生新的话题；注意倾听教师和目的语母语者的谈话，并进行复述和不出声的练习。(Reiss, 1985)

(三) 意识到语言学习的过程

成功的学习者的元语言意识发展得很好，可以清楚明白地谈论自己的学习；可以有意识地采用自己所偏爱的学习风格；可以利用元认知知识来评价自己语言学习的需要和进步，指导自己的学习；可以更好地控制语言学习。(Reiss, 1983)

(四) 灵活地运用学习策略

成功的学习者所使用的学习策略多种多样；可以根据具体的任务来选择学习策略；学习策略的使用目的性很强；利用大量的第二语言知识和一般知识

对语言意义和语言形式进行监控。（Chamot，Kupper and Impink-Hernandez，1988）

六、学习策略研究存在的问题

有不少研究者认为，在语言教学中进行学习策略的训练是必要的。但目前关于学习策略的研究还存在一系列问题。（Ellis，1994）比如说：教师应该给学习者训练哪些学习策略；学习者自己所偏爱的学习策略是什么；如何让学习者意识到学习策略的训练是必要的；初学者的学习策略的训练是否要用他们的母语来进行；学习者是否应该意识到所训练的学习策略。这些问题还需要继续对学习策略的作用进行深入的研究。

思考和练习

1. 第二语言学习策略的研究方法有哪些？你认为哪几类方法更能收集到真实的数据。

2. 你认为影响第二语言学习策略选择的因素有哪些？

3. 成功的语言学习者和不成功的语言学习者在学习策略的使用上有哪些不同之处？

参考文献

Abraham, R. and R. Vann. Strategies of two language learners: a case study. In Wenden and Rubin (eds.)1987

Achiba, M. Learning to request in a second language: Child interlanguage pragmatics. Clevedon, England: Multilingual Matters. 2002

Adjemian, C. On the nature of interlanguage systems. Language Learning. 1976

Aljaafresh, A. and J. P. Lantolf. Negative feedback as regulation and second language learning in the Zone of Proximal Development. Modern Language Journal 78. 1994

Anderson, J. R. A spreading activation theory of memory. JVLVB, 22. 1983a

Anderson, J. R. The architecture of cognition. Cambridge, MA: Harvard University Press. 1983b

Anderson, J. R. and G. H. Bower. Human associative memory. Washington, D C: Winston. 1973

Anderson, J. R. and G.H. Bower. Recognition and retrieval processes in free call. Psychological Review, 79. 1972

Anderson, J. R. and J. M. Fincham. Acquisition of procedural skills from examples. Journal of Experimental Psychology: Learning, Memory, and Cognition, 20. 1994

Anderson, J. R., J. M. Fincham and S. Douglass. The role of examples and rules in the acquisition of a cognitive skill. Journal of Experimental Psychology: Learning, Memory, and Cognition, 23. 1997

Anderson, J. R. and C. Lebiere. The atomic components of thought. Mahwah, NJ: Erlbaum. 1998

Anderson, R. Pidginization and Creolization as Language Acquisition. Rowley, Mass.: Newbury House. 1983

Arthur et al. The register of impersonal discourse to foreigners: verbal adjustments to foreign accent. In Larsen-Freemen (ed.) Discourse Analysis in Second Language Research. Rowley, Mass.: Newbury House. 1980

Atkinson, R. C. and R. M. Shiffrin. Human memory: A proposed system and its control processes. In K. W. Spence and J. T. Spence (eds.)The psychology of learning and motivation (Vol.2). London: Academic Press. 1968

Ayoun, D. The role of negative and positive feedback in the language acquisition of the passé composé and imparfait. Modern Language Journal, 85. 2001

Bachman, L. F. Fundamental Considerations in Language Testing. Oxford: Oxford University Press. 1990

Bailey, N., C. Madden and S. Krashen. Is there a "natural sequence" in adult second language learning? Language Learning, 21. 1974

Ball, P. and H. Giles. Do I choose to master your language? Polycom, 30. 1982

Bardovi-Harlig, K. Evaluating the empirical evidence: Grounds for instruction in pragmatics? In G. Kasper and K. R. Rose (eds.) Pragmatics in Language Teaching. 13 – 32. New York, NY: Cambridge University Press. 2001

Bardovi-Harlig, K. Exploring the interlanguage of interlanguage pragmatics: A research agenda for acquisitional pragmatics, Language Learning, 49. 1999

Bardovi-Harlig, K. and B.Hartford. Learning the rules of academic talk: A longitudinal study of pragmatic development. In Studies in Second Language Acquisition, 15. 1993

Bardovi-Harlig, K. and B.Hartford. Saying "no" in English: Native and nonnative rejections. In L. Bouton (ed.) Pragmatics in Language Learning, monograph series 2. Urbana-Champaign, IL: Division of English as an International Language, University of Illinois at Urbana-Champaign. 1991

Barron, A. Acquisition in Interlanguage Pragmatics, Amsterdam: John Benjamins. 2003

Beck, M. L. L2 acquisition and obligatory head movement: English-speaking learners of German and the local impairment hypothesis. Studies in Second Language Acquisition, 20. 1998

Beck, M. L. Regular verbs, past tense and frequency: Talking down a potential source of NS/NNS competence differences. Second Language Research, 13. 1997

Beebe, L. Social and situational factors affecting the communicative strategy of dialect code-switching. International Journal of Sociology of Language. 1981

Beebe, L. Sociolinguistic variation and style-shifting in second language acquisition. Language Learning, 30. 1980

Beebe and Zuengler. Accommodation theory: an explanation for style shifting in second language dialects. In Wolfson and Judd (eds.)1983

Bialystok, E. On the relationship between knowing and using forms. Applied Linguistics, 3. 1982

Bialystok, E. Symbolic representation and attentional control, In Kasper, G. and Blum-Kulka, S. (ed.) Interlanguage Pragmatics. 43 – 57. New York: Oxford University Press. 1993

Bialystok, E. The role of linguistic knowledge in second language use. Studies in second language acquisition. 1981

Birdsong, D. Ultimate attainment in second language acquisition. Language, 68. 1992

Bley-Vroman, Fleix and Ioup. The accessibility of universal grammar in adult language learning. In Second Language Research, 4. 1988

Bloomfield, L. Language. New York: Holt. 1933

Blum-Kulka, S., J. House and G. Kasper. Cross-Cultural Pragmatics: Requests and Apologies. Norwood, NJ: Ablex. 1989

Bodman, J. and M. Eisenstein. May God increase your bounty: The expression of gratitude in English by native and non-native speakers. Cross Currents, 15.1 – 21. 1988

Bohannon, J. N. et al. No negative evidence revisited: beyond learnability or who has to prove what to whom. Developmental Psychology, 26. 1990

Boping Yuan. Variability and systematicity in the performance of the four Chinese tones by English SLA of Chinese.《世界汉语教学》,1. 1995

Bourgerie, D. S. Acquisition of modal particles in Chinese second language learners. In S. McGinnis (ed.) Chinese Pedagogy: an Emerging Field. Columbus, OH: Ohil State University Foreign Language Publications. 1996

Brooks, N. Language and Language Learning. New York: Harcourt Brace and World. 1960

Brown, A., J. Bransford., R. Ferrara and J. Campione. Learning, remembering and understanding in Flavell and Markman (eds.)1983

Brown, P. and C. Fraser. Speech as markers of situation in Scherer and Giles. 1979

Brown, R. A First Language: the Early Stages. Cambridge, Mass.: Harvard University Press. 1973

Burstall, C. Factors affecting foreign-language learning: a consideration of some relevant research findings. Language Teaching and Linguistics Abstracts, 8.105 – 125. 1979

Burt, M. Error analysis in the adult EFL classroom. TESOL Quarterly, 9. 1975

Camiciottoli, B. C. Extensive reading in English: habits and attitudes of a group of Italian University EFL students. Journal of Research in Reading, 24. 2001

Canale, M. From communicative competence to communicative language pedagogy. In J. C. Richards and R. W. Schmidt (eds.) Language and Communication, 2 – 28. London: Longman. 1983

Cancino, H., E. Rosansky and J. Schumann. The acquisition of English negatives and interrogatives by native Spanish speakers. In Hatch (ed.) 1978

Carroll, D. W. Psychology of Language. (second edition). Brook/Cole Publishing Company. Pacific Grove, California. 1994

Caroll, J. Cognitive abilities in foreign language aptitude: Then and now. In T. Parry & C. Stansfield (eds.) 1990

Carroll, J. and S. Sapon. Modern Language Aptitude Test. New York: The Psychological Corporation. 1959

Carton, A. Inferencing: A process in using and learning language. In Primsleer, P. and Quinn, T. (eds.) The psychology of second language learning. Cambridge: Cambridge University Press. 1971

Carton, A. The method of inference in foreign language study. The research foundation of the city of New York, 1966

Cazden, C., E. Cancino., E. Rosansky and J. Schumann.Second language Acquisition in Children,Adolescentsand Adults.Final Report.Washington D.C.;National Institute of Education. 1975

Chafe, W. L. Some reasons for hesitating. In H. W. Dechert and M. Raupach(eds.) 1980a

Chamot, A., J. O'Malley., L. Kupper and M. Impink-Hernandez. A study of learning strategies in foreign language instruction: First year report. Rosslyn, Va.: Interstate research associates. 1987

Chamot, A., L. Kupper and M. Impink-Hernandez. A study of learning strategies in foreign language instruction: Findings of the longitudinal study. Mclean, Va.: Interstate research associates. 1988

Chen, G. Pitch range of English and Chinese speakers. Journal of Chinese Linguistics, 2 (2). 1974

Chen, S. An exploratory cross-sectional study of interlanguage pragmatic development of expressions of gratitude by Chinese learners of English, Ph.D. dissertation, University of Iowa. 2005

Cheng, P. W. Restructuring versus automaticity: Alternative accounts of skills acquisition. Psychological Review, 92. 1985

Chi, M. T. H., M. Bassok., M. Lewis., P. Reimann and R. Glaser. Self-explanations: How students study and use examples in learning to solve problems. Cognitive Science, 13. 1989

Chomsky, N. Aspects of the theory of syntax. Cambridge, MA: MIT Press. 1965

Chomsky, N. Barriers. Cambridge, MA: MIT Press. 1986a

Chomsky, N. Knowledge of Language, Its Nature, Origin, and Use. New York, NY: Praeger. 1986b

Chomsky, N. Lectures on Government and Binding. Dordrecht: Foris. 1981

Chomsky, N. New Horizons in the Study of Language and Mind. Cambridge: Cambridge University Press. 2000

Chomsky, N. Reflections on Language. New York: Pantheon. 1975

Clahsen, H. The acquisition of German word order: a test case for cognitive approaches to L2 development. In Anderson (ed.) Pidginization, Creolization and Language Acquisition. Rowley, Mass.: Newbury House. 1981

Clahsen, H. and P. Muysken. The availability of universal grammar to adult and child learners—the study of the acquisition of German word order. Second Language Research, 2. 1986

Cochrane, R. The acquisition of /r/ and /l/ by Japanese children and adults learning English as a second language. Journal of Multilingual and Multicultural Development, 1. 1980

Conrad, L. The effects of time-compressed speech on native and EFL listening comprehension. Studies in Second Language Acquisition, 11. 1989

Cook, V. Chomsky's Universal Grammar: An Introduction, 176. 1988

Cook, V. Linguistics and Second Language Acquisition. Beijing: Foreign Language Teaching and Research Press. 2000

Cook, V. Linguistics and Second Language Acquisition. New York: St.Martin's Press. 1993

Cook, V. and M. Newson. Chomsky's Universal Grammar: An Introduction (second edition). Blackwell Pulishers. 1996

Coppieters, R. Competence differences between native and near-native speakers. Language, 63. 1987

Corder, P. and E. Roulet (eds.) The Notions of Simplification, Interlanguages, and Pidgins and Their Relation to Second Language Pedagogy, Actes du 5 une colloque de Linguistique Appliqueede Neufchatel. IMAV/Didier, Paris. 1977

Corder, S. P. Error analysis. In Allen and Corder (eds.) 1974

Corder, S. P. Idiosyncratic dialects and error analysis. In IRAL, 9. 1971

Corder, S. P. Language distance and the magnitude of the learning task. Studies in Second Language Acquisition. 1978

Corder, S. P. The significance of learners' errors. International Review of Applied Linguistics, 5. 161 – 170. 1967

Coughlan and P. A. Duff. Same task, different activities: analysis of an SLA task from an activity theory perspective. In Lantolf, J. P. and Appel, G. (eds.) Vygotskian Approaches to Second Language research. Nordwood, NJ: Ablex Publishing Corporation. 1994

Crookes, G. Planning and interlanguage variability. Studies in Second Language Acquisition, 11. 1989

Crookes, G. Second language speech production research: a methodologically oriented review. Studies in Second Language Acquisition, 13. 1991

Curtiss, S. Genie: A psycholinguistic study of a modern-day wild child. New York: Academic Press. 1977

Cziko, G. A. Language competence and reading strategies: a comparison of first and second language oral reading errors. Language learning, 30. 1980

Dagut, M. and B. Laufer. Avoidance of phrasal verbs—a case for contrastive analysis. Studies in Second Language Acquisition, 7. 1985

de Bot, K. A bilingual production model: Levelt's "speaking" model adapted. Applied Linguistics, 13. 1992

Dechert, H. W. and M. Raupach (eds.) Psycholinguistic models of production. New Jersey Ablex. 1987

Dechert, H.W. and M. Raupach (eds.) Temporal variables in speech. New York Mouton. 1980a

Dechert, H.W. and M. Raupach (eds.) Towards a cross-linguistic assessment of speech production. Frankfurt lang. 1980b

Dechert, H.W., D. Mōhle and M. Raupach (eds.) Second language productions. Tubingen: Gunter Narr. 1984

DeKeyser, R. Beyond explicit rule learning: Automatizing second language morphosyntax. Studies in Second Language Acquisition, 19. 1997

DeKeyser, R. and Karl Sokalski. The differential role of comprehension and production practice. Language Learning, 46. 1996

de Villiers, J. and P. de Villiers. A Cross-sectional study of the development of grammatical morphemes in child speech. Journal of Psycholinguistic Research, 1. 299－310. 1973

Dickerson, L. The learner's interlanguage as a system of variable rules. TESOL Quarterly, 9. 1975

Dickerson, L. and W. Dickerson. Interlanguage phonology: current research and future directions. In Corder and Roulet (eds.) 1977

Donato, R. and D. McCormick. A sociocultural perspective on language learning strategies: the role of mediation. Modern Language Journal, 78. 1994

Dörnyei, Z. Motivation and motivating in the foreign language classroom. Modern Language Journal, 78. 1994

Dörnyei, Z. Teaching and Researching Motivation. 北京:外语教学与研究出版社.2005

DuFon, M. A. The acquisition of linguistic politeness in Indonesian as a second language by sojourners in a naturalistic context, unpublished doctoral dissertation at University of Hawaii, Dissertation Abstracts International, 60. 1999

Dulay, H. and M. Burt. Natural Sequences in child second language acquisition. Language Learning, 24. 1974a

Dulay, H. and M. Burt. Should we teach children syntax? Language Learning, 23. 1973

Dulay, H. and M. Burt. You can't learn without goofing. In Richards (ed.) Error Analysis. London: Longman. 1974b

Dulay, H., M. Burt and Hernandez, E. Bilingual Syntax Measure. New York: Harcourt Brace Jovanovich. 1973

Ehrman, M. The roles of personality type in adult language learning: an ongoing investigation. In Parry and Stansfield (eds.) 1990

Eisenstein, M.(ed.) The Dynamic Interlanguage: Empirical Studies in Second Language Variation. New York: Plenum Press. 1989

Eisenstein, M., N. Bailey and C. Madden. It takes two: contrasting and tasks and contrasting structures. TESOL Quarterly, 16. 1982

Ellis, R. Individual Learning styles in classroom second language development.In de Jong and Stevenson (eds.)1990a

Ellis, R. A response to Gregg. Applied Linguistics, 11. 1990b

Ellis, R. Interlanguage variability in narrative discourse: style-shifting in the use of the past tense. Studies in Second Language Acquisition, 9. 1 - 20. 1987

Ellis, R. Learning to communicate in the classroom: a study of two language learners' requests.Studies in Second Language Acquisition,14. 1 - 23. 1992

Ellis, R. Second Language Acquistion. Oxford: Oxford University Press. 1997

Ellis, R. Sources of variability in interlanguage. Applied Linguistics, 6. 1985c

Ellis, R. The effects of linguistic environment on the second language acquisition of grammatical rules. Applied Linguistics, 9. 257 - 274. 1988

Ellis, R. The L2=L1 Hypothesis: a reconsideration. System, 13. 1985b

Ellis, R. The Study of Second Language Acquisition, Oxford: Oxford University Press. 1994

Ellis, R. Understanding Second Language Acquisition. Oxford: Oxford University Press. 1985a

Ellis, R. and X. He. The role of modified input and output in the incidental acquisition of word meanings. Studies in Second Language Acquisition, 21. 1999

England, E. The role of integrative motivation in English as a second language learning among a group of foreign students in the United States.Paper presented at the TESOL Convention,Honolulu,Hawaii. 1982

Eubank, L. Negation in early German-English interlanguage: More valueless features in the L2 initial state. Second Language Research, 12. 1996

Everson, M. E. Word recognition among learners of Chinese as a foreign language: investigating the relationship between naming and knowing. Modern Language Journal, 82. 1998

Eysenck, M. and M. Keane.《认知心理学》高定国译,华东师范大学出版社,2003 年第

四版

Færch, C. Describing interlanguage through interaction: problems of systematicity and permeability. Working Papers on Bilingualism, 19. 1980

Fahmy, J. J. and L. Bilton. The sociocultural dimension of TEFL education. Journal of Multilingual and Multicultural Development, 13. 1992

Farrar, M. J. Negative evidence and grammatical morpheme acquisition. Developmental Psychology, 28. 1992

Favreau, W. and N. S. Segalowitz. Second language reading in fluent bilinguals. Applied psycholinguistics, 3. 1982

Ferguson, C. A. Absence of copula and the notion of simplicity. In D. Hymes (ed.) Pidginization and Creolization of Language. Cambridge:Cambridge University Press. 1971

Ferguson, C. Baby talk as a simplified register. In Snow and Ferguson (eds.) Talking to Children: Language Input and Acquisition. Cambridge: Cambridge University Press. 1977

Fillmore, L. W. Individual differences in second language acquisition. In C. Fillmore, and W. Wang (eds.) Individual differences in language ability and language behavior. New York: Academic press. 1979

Flynn, S. A parameter-setting approach to second language acquisition. In Ritchie, W. and Bhatia, T. (eds.) Handbook of second language acquisition. San Diego: Academic Press. 1996

Foster, P. and P. Skehan. The influence of planning and task type on second language performance. Studies in second language acquisition, 18. 1996

Frawley, W. and J.P. Lantolf. Second language discourse: A Vygotskian perspective. Applied Linguistics, 6. 19 - 44. 1985

Freed, B. Talking to foreigners vs. talking to children: similarities and differences. In Scarcella and Krasen (eds.) Research in Second Language Acquisition. Rowley: Newbury House. 1980

Gardner, R. and W. Lambert. Attitudes and motivation in second language learning. Rowley: Newbury House. 1972

Gardner, R. C. Social Psychology and Second Language Learning: The Role of Attitude and Motivation. London: Edward Arnold. 1985

Gardner, R. C. The socio-educational model of second-language learning: assumptions, findings, and issues. Language Learning, 38. 1988

Gardner, R. C. and P. D. MacIntyre. A student's contributions to second-language learning.Part II:Affective variables.Language Teaching,26.1 - 11. 1993

Gardner, R. C. and P. C. Smythe. On the development of the Attitude/Motivation Test

Battery. Canadian Modern Language Review, 37. 1981

Gardner, R. C., R.N. Lalonde and J. MacPherson. Social factors in second language attrition. Language Learning, 35. 1985

Gass, S. Language universal and second language acquisition. Language Learning, 39. 1989

Gass, S. The resolution of conflicts among competing systems: A bidirectional perspective. Applied Psycholinguistics, 8. 1987

Gass, S. and C. Madden (eds.) Input in Second Language Acquisition. Rowley: Newbury House. 1985

Gatbonton, E. Patterned phonetic variability in second language speech: a gradual diffusion model. Canadian Modern Language Review, 34. 1978

Gila, A. S. May you speak louder maybe? Interlanguage pragmatic development in requests. EUROSLA Yearbook, 4. 2004

Giles, H. and J. Byrne. An intergroup approach to second language acquisition. Journal of Multilingual and Multicutural Development, 3. 1982

Goldman-Eisler, F. Psycholinguistics Experiments in Spontaneous Speech. London Academic Press. 1968

Gregg, K. Krashen's Monitor and Occam's Razor. Applied Linguistics. 5. 79 – 100. 1984

Gregg, K. Second language acquisition theory: the case for a generative perspective. In Gass and Schachter (eds.) Linguistic Perspectives on Second Language Acquisition. Cambridge: Cambridge University Press. 1989

Gregg, K. The variable competence model of second language acquisition and why it isn't. Applied Linguistics, 11. 1990

Grosjean, F. and A. Deschamps. Analyse contrastive des variables temporelles de l'langlais et du français: Vitesse de parole et variables composantes, phénomenes d'hésitation. Phonetica, 31. 1975

Grosjean, F. and A. Deschamps. Analyse des variables temporelles du français spontané II. Comparaison du français oral dans la descripition avec l'anglais (description) et avec le français (Interview radiophonique). Phonetica, 28. 1973

Haegeman, L. Introduction to government and binding theory. Oxford: Basil Blackwell. 1991

Hakuta, K. A preliminary report on the development of grammatical morphemes in a Japanese girl learning English as a second language. Working Papers on Bilingualism. 1974

Han, Z. A study of the impact of recasts on tense consisitency in L2 output. TESOL Quarterly, 36. 2002

Harley, B. Age in Second Language Acquisition. Clevedon, Avon: Multilingual Matters.

1986

Harrington, M. Processing transfer: language-specific strategies as a source of interlanguage variation. Applied Psycholinguistics, 8. 351－378. 1987

Hatch and Wagner-Gough. Explaining sequence and variation in second language acquisition. Language Learning, Special Issue, 4. 1976

Hatch, E. Discourse analysis and second language acquisition. In Hatch (ed.) Second Language Acquisition. 1978a

Hatch, E.(ed.) Second Language Acquisition. Rowley: Newbury House. 1978b

Hatch, E. Second language acquisition-universals? Working papers on bilingualism, 3. 1974

Hawkins, R. and C. Chan. The partial availability of Universal Grammar in second language acquisition: the failed feature hypothesis. Second Language Research, 13. 1997

Hayes, E. Encoding strategies used by native and non-native readers of Chinese Mandarin. Modern Language Journal. 72. 1988

Hayes, E. The relationship between Chinese character complexity and character recognition. Journal of Chinese Language Teachers Association, 22(2). 1987

Hayes, E. The relationship between word length and memorability among L2 readers of Chinese Mandarin. Journal of the Chinese Language Teachers Association, 25(3). 1990

Henning, G. H. Remembering foreign language vocabulary: acoustic and semantic parameters. Language learning, 23. 185－196. 1974

Hill, T. The development of pragmatic competence in an EFL context. Unpublished doctoral dissertation, Temple University. 1997

Hilles, S. Access to Universal Grammar in second language acquisition. In Eubank (eds.) Point Counterpoint: Universal Grammar in the Second Language. Amsterdam: John Benjamins. 1991

Hilles, S. Interlanguage and the pro-drop parameter. Second Language Research, 2. 1986

Huang, J. (黄正德) Longical Relations in Chinese and the Theory of Grammar. Doctoral dissertation. MIT. Cambridge. 1982

Huang, J. (黄正德) On the distribution and reference of empty pronouns. Linguistic Inquiry, 15. 1984

Huang, J. and E. Hatch. A Chinese Child's Acquisition of English. In Hatch second language acquisition. Rowley: Newbury House. 1978

Huebner, T. A Longitudinal Analysis of the Acquisition of English. Ann Arbor: Karoma Publishers. 1983

Huebner, T. System and variability in interlanguage syntax. Language Learning, 35.

1985

Hulstijn, J. A cognitive view of interlanguage variability. In Eisenstein (ed.) 1989

Hulstijn, J. Onset and development of grammatical features: two approaches to acquisition order. Paper given at Interlanguage Conference. Trobe University, Melbourne. 1987

Hulstijn, J. and W. Hulstijn. Grammatical errors as a function of processing constraints and explicit knowledge. Language Learning, 34. 1984

Huth, T. and C. Taleghani-Nikazm. How can insights from conversation analysis be directly applied to teaching L2 pragmatics? Language Teaching Research, 10. 2006

Hyltenstam, K. Implicational patterns in interlanguage syntax variation. Language Learning, 27. 1977

Hymes, D. H. On communicative competence. In J. B. Pride and J. Holmes (eds.) Sociolinguistics. 269 - 293. Harmondsworth: Penguin. 1972

Ioup, G. and S.Weinberger (eds.) Interlanguage Phonology: the Acquisition of a Second Language Sound System. Rowley:Newbury House,Mass. 1987

Izumi, S. Testing the output hypothesis: effects of output on noticing and second language acquisition. Studies in Second Language Acquisition, 21. 1999

Izumi, S. and M. Bigelo. Does output promote noticing and second language acquisition? TESOL Quarterly, 34. 2000

James, William.The principles of psychology. New York: Holt. 1890

Jin, H. G. Pragmatization and the L2 acquisition of Chinese BA constructions. Journal of the Chinese Language Teachers Assocaition, 3. 1992

Jin, H. G. Topic-prominence and subject-prominence in L2 acquisition: evidence of English-to-Chinese typological transfer. Language Learning, 44(1). 1994

Johnson, J. and E. Newport. Critical period effects in second language learning: the influence of maturational state on the acquisition of ESL. Cognitive Psychology,21. 1989

Johnston, M. Second language acquisition research in the adult migrant education program. In Johnston, M. and M. Pienemann(eds.) Second Language Acquisition: a Classroom Perspective. New South Wales Migrant Education Service. 1986

Johnston, M. Syntactic and morphological progressions in learner English. Research report, Department of Immigration and Ethnic Affairs, Commonwealth of Australia, 1985

Karen, Lybeck. Cultural identification and second pronunciation of Americans in Norway. Modern Language Journal, 86. 2002

Kasper (ed.) Pragmatics of Chinese as Native and Target Language. Honolulu: University of Hawaii, Second Language Teaching and Curriculum center. 1995

Kasper, G. Classroom research on interlanguage pragmatics. In K. R. Rose and G. Kasper (eds.) Pragmatics in Language Teaching. 33 - 60. New York: Cambridge University Press. 2001

Kasper, G. Interlanguage pragmatics. In H. Byrnes (ed.) Learning Foreign and Second Languages-Perspectives in Research and Scholarship. New York: The Modern Language Association of America. 1998

Kasper, G. Participant orientations in German conversation-for-learning. The Modern Language Journal, 88. 2004

Kasper, G. Pragmatic transfer. Second Language Research, 8. 1992

Kasper, G. and Blum-Kulka, S. Interlanguage pragmatics: An introduction. In G. Kasper and S. Blum-Kulka (eds.) Interlanguage Pragmatics, 3－17. New York: Oxford University Press. 1993

Kasper, G. and M. Dahl. Research methods in interlanguage pragmatics. Studies in Second Language Acquisition, 13.215－247. 1991

Kasper, G. and C. Roever. Pragmatics in second language learning. In E. Hinkel (ed.) Handbook of research in second language teaching and learning. 317－334. New Jersey, Mahwah: Lawrence Erlbaum Associates, Inc. 2005

Kasper, G. and K. R. Rose. Pragmatics and SLA. Annual Review of Applied Linguistics, 19. 1999

Kasper, G. and K. R. Rose. Pragmatic Development in a Second Language, Oxford: Blackwell Publishing. 2002

Kasper, G. and R. Schmidt. Introduction: Interlanguage pragmatics in SLA. Studies in Second Language Acquisition, 18.149－169. 1996

Kasper, G. Four perspectives on L2 pragmatic development. Applied Linguistics, 22. 2001

Ke, C. Effects of language background on the learning of Chinese characters among foreign language students. Foreign Language Annals, 31(1). 1998a

Ke, C. Effects of strategies on the learning of Chinese characters among foreign language students. Journal of the Chinese Language Teachers Association, 33(2). 1998b

Kellerman, E. Towards a characterization of the strategies of transfer in second language learning. Interlanguage Studies Bulletin, 2. 1977

Kelly, P. Interlanguage, variation and social/psychological influences within a developmental stage. Unpublished doctoral theses, University of California at Los Angles. 1982

Khalil, A. Communicative error evaluations: native speakers' evaluation and interpretation of written errors of Arab EFL learners' TESOL Quarterly, 19. 1985

Kilborn, K. Sentence processing in a second language: second a performance definition of fluency. Unpublished thesis, University of California, San Diego. 1987

Kiriloff, C. On the auditory perception of tones. In Mandarin Phonetica, 20. 1996

Klein, W. Second Language Acquisition. Cambridge: Cambridge University Press. 1986

Kleinmann, H. The strategy of avoidance in adult second language acquisition. In Ritchie (ed.) 1978

Krashen, S. Individual variation in the use of the monitor. In Richards (ed.) Understanding Second Language and Foreign Language Learning: Issues and Approaches. Rowley: Newbury House. 1978

Krashen, S. Principles and Practice in Second Language Acquisition. Oxford: Pergamon. 1982

Krashen, S. Second Language Acquisition and Second Language Learning. Oxford: Pergamon. 1981

Krashen, S. Some issues relating to the Monitor Model. In Brown, H. et al. (eds.) On TESOL,77. Washington D.C.: TESOL. 1977

Krashen, S. The Input Hypothesis: Issues and Implications. London: Longman. 1985

Krashen, S. We acquire vocabulary and spelling by reading: additional evidence for the input hypothesis. Modern Language Journal, 73. 1989

Krashen, S., M. Long and R. Scarcella. Age, rate and eventual attainment in second language acquisition. TESOL Quarterly, 13. 1979

Kuo, J. Y. Strategies for learning classifiers. In B. Swierzbin et al. (eds.) Social and Cognitive Factors in Second Language Acquisition. Somerville, MA: Cascadilla Press. 2000

Labov, W. Sociolinguistic Patterns. Philadelphia: University of Pennsylvania Press. 1972

Lado, R. Linguistics Across Cultures: Applied Linguistics for Language Teachers. Ann Arbor, Michigan: University of Michigan Press. 1957

Laine, E. Variations in FL learning motivation: some theoretical considerations. Paper presented at AILA-84, Brussels. 1984

Lakshmanan, U. Morphological uniformity and null subjects in child second language acquisition. In Eubank (ed.) Point Counterpoint: Universal Grammar in the Second Language. Amsterdam: John Benjamins. 1991

Lambert, W. E. A social psychology of bilingualism. Journal of Social Issues, 23. 1967

Lambert, W. E. Culture and language as factors in learning and education. In F. Aboud and Meade (eds.)1974

Lambert, W. E. Development aspects of second language acquisition. Journal of social psychology, 43. 1956

Lambert, W. E. Psychological approaches to the study of language Part II: On second language learning and bilingualism. Modern Language Journal 14. 1963

Lantolf, J. P. Sociocultural Theory and Second Language Learning. Oxford: Oxford University Press. 2000

Lantolf, J. P. and G. Appel. Vygotskian Approaches to Second Language Research. Nordwood, NJ: Ablex Publishing Corporation. 1994

Lantolf, J. P. and S. Thorne. Sociocultural Theory and the Genesis of Second Language Development. Oxford: Oxford University Press. 2006

Larsen-Freeman, D. An explanation for the morpheme acquisition order of second language learners. Language Learning, 26. 1976

Larsen-Freeman, D. and M. Long. An Introduction to Second Language Acquisition Research. London: Longman. 1991

Lee, D. Universal grammar, learnability, and the acquisition of English reflexive binding by L1 Korean speakers. Unpublished doctoral dissertation, University of Southern California, Los Angeles. 1992

Leeman, J. Recasts and second language development: beyond negative evidence. Studies in Second Language Acquisition, 25. 2003

Lee-Wong, S. M. Politeness and face in Chinese culture.Frankfort am Main:Peter Lang. 2000

Leino, A. Learning process in terms of styles and strategies. Research bulletin No.59. Helsinki, Finland. 1982

Lenneberg, E. Biological Foundations of Language. New York: Wiley and Sons. 1967

Lennon, P. Introspection and intentionality in advanced language acquisition. Language learning, 39. 1989

Lennon, P. Investigating fluency in EFL: A quantitative approach. Language learning, 40. 1990

Levelt, W. J. M. Speaking: From intention to articulation. Cambridge, MA: MIT Press. 1989

Li, W. Second language acquisition of discourse and pragmatical Governed Word Order in Mandarin Chinese. Journal of the Chinese Language Teachers Association, 34(2). 1999

Lightbown, P. M. Great expectations: second language acquisition research and classroom teaching. Applied Linguistics, Vol. 6. No. 2. 1985

Littlewood, W. T. Language Variation and Second Language Acquisition Theory. Applied Linguistics, 11.150－158. 1981

Liu, H.,E. Bates and P. Li. Sentence interpretation in bilingual speakers of English and Chinese. Applied Psycholinguistics, 13. 1992

Locke, J. L. Development of the capacity for spoken language. In P. Fletcher and B. MacWhinney (eds.) The handbook of child language. Oxford: Basil Blackwell. 1995

Long, M. Input and second language acquisition theory. In Gass, S. M. and Madden, C. G. (eds.) Input in Second Language Acquisition. Rowley: Newbury House. 1985

Long, M. Input, interaction, and second language acquisition. Annals New York Academy of Sciences. 1981

Long, M. Native speaker/non-native speaker conversation and the negotiation of comprehensible input. Applied Linguistics, 4. 1983

Long, M. The role of the linguistic environment in second language acquisition. In Ritchie, W. C. and T. K. Bhatia (eds.) Handbook of Second Language Acquisition. San Diego: Academic Press. 1996

Long, M. et al. The role of implicit negative feedback in SLA: models and recasts in Japanese and Spanish. Modern Language Journal. 1998

Loshky, L. Comprehensible input and second language acquisition: What is the relationship? Studies in Second Language Acquisition, 16. 1994

Lott, D. Analysing and counteracting interference errors. English Language Teaching Journal, 37. 1983

Lounsbury, F. G. Transitional probability, linguistic structure and systems of habit-family hierarchies. In Osgood C. E. and T. A. Sebeok (eds.) Psycholinguistics: A survey of Theory and Research Problems. Indiana: Indiana University Press. 1954

Mackey, A. Input, interaction and second language development: an empirical study of question formation in ESL. Studies in Second Language Acquisition, 21. 1999

Mackey, A. and J. Philp. Conversational interaction and second language development: recast, responses and red herrings? Modern Language Journal, 82. 1998

Mackey, A. et al. How do learners perceive implicit negative feedback? Studies in Second Language Acquisition, 19. 2000

MacWhinney, B. The Competition Mode: The input, the context, and the brain. In Robinson, P. (ed.) Cognition and second language instruction. Cambridge: Cambridge University Press. 2002

MacWhinney, B. and J. Anderson. The acquisition of grammar. In Gopnik I. and M. Gopnik (eds.) From Models to Modules. Norwood, NJ: Ablex. 1986

MacWhinney, B. and E. Bates. Sentential devices for conveying givenness and newness: A cross-cultural development study. Journal of Verbal Learning and Verbal Behavior, 17. 1978

MacWhinney, B., E. Bates and R. Kligel. Cue validity and sentence interpretation in English, German, and Italian. Journal of Verbal Learning and Verbal Behavior, 23. 127 - 150. 1984

Maeshiba, N., N. Yoshinaga., G. Kasper and S. Ross. Transfer and proficiency in interlanguage apologizing. In Gass, S. M. and J. Neu (eds.) Speech Acts across Cultures: Challenges to Communication in a Second Language. 155 - 187. Berlin: Mouton de Gruyter. 1996

Magiste, E. The competing linguistics systems of the multilingual: a development study of decoding and encoding processes, JVLVB, 18. 1979

Major, R. A model for interlanguage pronunciation. In Ioup and Weinberger (eds.)1987

Maple, R. Social Distance and the acquisition of English as a second language: a study of Spanish-speaking adult learners. Unpublished doctoral theses, University of Texas at Austin. 1982

Mazurkewich, I. Syntactic markedness and language acquisition. In Studies in Second Language Acquisition, 7. 1985

Mazurkewich, I. The acquisition of dative alternation by second language lerners and linguistic theory. In Language Learning, 34. 1984

McCafferty, S. G., R. F. Roeuck and R. P. Wayland. Activity theory and the incidental learning of second-language vocabulary. Language Teaching Research, 10. 2001

McDonald, J. L. Sentence interpretation in bilingual speakers of English and Dutch. Applied Psycholinguistics, 8. 1987

McDonald, J. L. The development of sentence comprehension strategies in English and Dutch. Journal of Experimental Child Psychology, 41. 1986

McGinnis, S. Tonal distinction errors by beginning language students: a comparative study of American English and Japanese native speakers. In McGinnis (ed.) Chinese Pedagogy: an Emerging Field. Columbus: Ohio state university foreign language publications. 1996

McLaughlin, B. Restructuring. Applied linguistics, Vol.11, No.2. Oxford: Oxford University Press. 1990

McLaughlin, B. Theories of second language learning. London: Edward Arnold. 1987

McLaughlin, B. Theory and research in second language learning: an emerging paradigm. Language learning, 30. 1980

McLaughlin, B., R. Rossman and B. McLeod. Second language learning: an information-processing perspective. Language Learning, 33. 1983

Meara, P. Vocabulary in a second language. Vol. 3. Reading in a Foreign Language, 9. 109. 1992

Meisel, J. Linguistic simplification in Felix, S. (ed.) Second Language Development: Trends and Issues. Tübingen: Gunter. 1980

Meisel, J. The acquisition of the syntax of negation in French and German: contrasting first and second language development. Second Language Research, 13. 1997

Meisel, J., H. Clahsen and M. Pienemann. On determining developmental stages in natural second language acquisition. Studies in Second Language Acquistion, 3. 1981

Miracle, W. C. Tone production of American students of Chinese: a preliminary acoustic study. Journal of the Chinese Language Teachers Association, 25. 1989

Mitchell, R. and F. Myles. Second Language Learning Theories. (second edition) Hodder Arnold,202. 2004

Mõhle, D. and M. Raupach. The representation problem in interlanguage theory. In Lorscher, W. and R. Schulze (eds.)Perspective on language in performance. Tubingen Gunter Narr. 1987

Naiman, N., M. FroHlich., H. Stern and A. Todesco. The good language learner. Research in education series No 7. Toronto: The Ontario Institute for studies in education. 1978

Nation, R. and B. McLaughlin. Experts and novices: an information-processing approach to the "good language learner" problem. Applied Psycholinguistics,7. 1986

Nemser, W. Approximative systems of foreign language learners.In IRAL, 9. 1971

Neufeld, G. On the acquisition of prosodic and articulatory features in adult language learning. Canadian Modern Language Review, 34. 1978

Nguyen Thi Thuy Minh. Pragmatic development in L2 use of criticisms. In EUROSLA Yearbook, 5. 2005

Nicholas, H. The acquisition of language as the acquisition of variation. Australian Working Papers on Language Development, 1. 1986

Nobuyoshi, J. and R. Ellis. Focused communication tasks and second language acquisition. ELT Journal, 47. 1993

O'Malley, J., A. Chamot and C. Walker. Some applications of cognitive theory to second language acquisition. Studies in Second Language Acquisition, 9. 1987

O'Malley, J., A. Chamot., G. Stewner-Manzanaraes., L. Kupper and R. Russo. Learning strategies used by beginning and intermediate ESL students. Language Learning, 35. 1985

O'Malley, J.M. and A.U. Chamot. Learning Strategies in Second Language Acquisition. Cambridge: Cambridge University Press. 1990

Ohta, A. S. Rethinking interaction in SLA: development appropriate assistance in the zone of proximal development and the acquisition of L2 grammar. In Lantolf, J. P. (ed.) Sociocultural Theory and Second Language Learning. Oxford: Oxford University Press. 2000

Ohta, A. S. Second language acquisition in the classroom: Learning Japanese. Mahwah, NJ:Lawrence Erlbaum. 2001

Oliver, R. Negative feedback in child NS-NNS conversation. Studies in Second Language Acquisition, 17. 1995

Oller, J. W., A. J. Hudson and P. F. Liu. Attitude and attained proficiency in ESL: A sociolinguistic study of native speakers of Chinese in the USA. Language Learning, 27. 1977

Olsen, L. and S. Samuels. The relationship between age and accuracy of foreign language pronunciation. Journal of Educational Research, 66.263 - 267. 1973

Omar, A. How learners greet in Kiswahili: A cross-sectional survey. In F. L. Bouton (ed.) Pragmatics and Language Learning, monograph series, 2. 59 - 73. Urbana-Champaign, IL: Division of English as an International Language, University of Illinois at Urbana-Champaign. 1991

Oxford, R. Language learning strategies: What every teacher should know. Rowley: Newbury House. 1990

Oxford, R. Use of language learning strategies: a synthesis of studies with implications for teacher training. System, 17. 1989

Oxford, R. and M. Nyikos. Variables affecting choice of language learning strategies by university students. Modern Language Journal, 73. 1989

Oyama, S. A sensitive period in the acquisition of a non-native phonological system. Journal of Psycholinguistic Research, 5. 1976

Parker, K. and C. Chaudron. The effects of linguistic simplifications and elaborative modifications on L2 comprehension. University of Hawaii. Working Papers in ESL, 6, 1987

Patkowski, M. Age and accent in a second language: a reply to James Emir Flege. Applied Linguistics, 11. 1990

Patkowski, M. The sensitive period for the acquisition of syntax in a second language. Language Learning, 30. 1980

Peck, S. Child-child discourse in second language acquisition. In Hatch (ed.) Second Language Acquisition. 1978

Philp, J. Constraints on "noticing the gap": nonnative speakers' noticing of recasts in NS-NNS interaction. Studies in Second Language Acquisition, 25. 2003

Pica, T. et al. The impact of interaction on comprehension. TESOL Quarterly, 21. 1987

Pickett, G. The foreign language learning process. London: The British Council. 1978

Pienemann, M. Determining the influence of instruction on L2 speech processing. Australian Review of Applied Linguistics, 10/2. 1987

Pienemann, M. Is language teachable? Psycholinguistic experiments and hypotheses.

Applied Linguistics, 10. 1989

Pienemann, M. Psychological constrains on the teachability of languages. Studies in Second Language Acquisition, 6. 1984

Pienemann, M. and M. Johnston. Processing constraints and learnability. Unpublished manuscript. University of Sydney. 1988

Pienemann, M., M. Johnston and G. Brindley. Constructing an acquisition-based procedure for assessing second language acquisition. Studies in Second Language Acquisition, 10. 1988

Pimsleur, P. Pimsleur Language Aptitude Battery(PLAB). New York: Harcourt Brace Jovanovich. 1966

Polio, C. Acquiring nothing? The use of zero pronouns by non-native speakers of Chinese and implications for the acquisition of nominal reference. Studies in Second Language Acquisition, 17. 1995

Politzer, R. The exploratory study of self-reported language learning behaviors and their relation to achievement. Studies in Second Language Acquisition, 6. 54 - 67. 1983

Porter, J. A cross - sectional study of morpheme acquisition in first language learners. Language Learning, 27: 47 - 62. 1977

Raupach. M. Procedural knowledge in advanced learners of foreign language. In Coleman, J. and R. Towell (eds.) The advanced language learner. London: AFLS/SUFLRA/CILT. 1987

Reiss, M. Helping the unsuccessful language learner. Canadian Modern Language Review, 39. 1983

Reiss, M. The good language learner: another look. Canadian Modern Language Review, 41. 1985

Richards, J. A non-contrastive approach to error analysis. English Language Teaching Journal, 25. 1971

Ritchie, W. The right roff constraint in adult-acquired language. In Ritchie(ed.) Second Language Acquisition Research. New York: Academic Press. 1978

Ritchie, W. and T. Bhatia (eds.) Handbook of Second Language Acquisition. San Diego: Academic Press. 1996

Rosansky, E. Methods and morphemes in second language acquisition. Language Learning, 26. 1976

Rose, K. R. An exploratory cross-sectional study of interlanguage pragmatic development, Studies in Second Language Acquisition, 22.27 - 67. 2000

Rose, K. R. and G. Kasper (eds.) Pragmatics in Language Teaching. New York: Cambridge University Press. 2001

Rubin, J. Learning strategies: theoretical assumptions, research history and typology. In wenden and Rubin (eds.)1987

Sasaki, Y. English and Japanese interlanguage comprehension strategies: an analysis based on the competition model. Applied Psycholinguistics,12. 1991

Sato, C. Task variation in interlanguage phonology. In S. Gass &C.Madden (eds.) Input in Second Language Acquisition.181 - 196.Rowley MA:Newbury House. 1985

Saunders, N. Morphophonemic variations in clusters in Japanese English. Language Learning, 37. 1987

Scarcella, R. On speaking politely in a second language. In Yorio, C. A., K. Perkins and J. Schachter (eds.) On TESOL '79: The Learner in Focus, Washington D.C.: Teachers of English to Speakers of Other Languages. 1979

Schachter, J. An error in error analysis. Language Learning, 27. 1974

Schachter, J. Maturation and the issue of Universal Grammar in second language acquisition.In Ritchie,W.and T. Bhatia(eds.)Handbook of Second Language Acquisition.San Diego,CA:Academic Press. 1996

Schachter, J. Second language acquisition and its relationship to Univresal Grammar. Applied Linguistics, 9. 1988

Schachter, J. Testing a proposed universal. In Cass and Schachter (eds.) Linguistic Perspectives on second language Acquisition cambridge: Cambridge University Press. 1989

Schachter, J. and M. Celce-Murcia. Some reservations concerning error analysis. TESOL Quarterly, 11. 1977

Schmidt, M. Coordinate structures and language universals in interlanguage. Language Learning,30. 1980

Schmidt, R. Deconstructing consciousness in search of useful definitions for applied linguistics.AILA Review. 1994

Schmidt, R. Interaction, acculturation, and the acquisition of communicative competence: A case study of an adult. In N. Wolfson and E. Judd (eds.) Sociolinguistics and Language Acquisition. 237 - 274. Rowley: Newbury House. 1983

Schmidt, R. Psychological mechanisms underlying second language fluency. Studies in Second Language Acquisition, 14, 3. 357 - 385. 1992

Schmidt, R. Sociolinguistic variation and language transfer in phonology. Working Papers on Bilingualism, 12. 1977

Schmidt, R. The role of consciousness in second language learning. Applied Linguistics, 11. 1990

Schneider, W.and R.W. Shiffrin. Controlled and automatic human information processing: 1. Detection, search, and attention. Psychological Review, 84. 1977

Schumann, J. Extending the scope of the acculturation/pidginization model to include cognition. TESOL Quarterly, 24. 1990

Schumann, J. Research on the acculturation model for second language acquisition. Journal of Multilingual and Multicultural Development, 7. 1986

Schumann, J. Second language acquisition: the pidginization hypothesis. Language Learning, 26. 1976a

Schumann, J. Social distance as a factor in second language acquisition. Language Learning, 26. 1976b

Schumann, J. The acculturation model for second language acquisition. In Gingras (ed.) Second Language Acquisition and Foreign Language Teaching. Washington, D.C. Center for Applied Linguistics. 1978a

Schumann, J. The Pidginization Process: a Model for Second Language Acquisition. Rowley, Newbury House. 1978b

Seliger, H. On the nature and function of language rules in language teaching TESOL Quarterly, 13. 1979.

Selinker, L. Interlanguage, in IRAL, 10. 1972

Selinker, L. Rediscovering Interlanguage. London and New York: Longman. 1992

Selinker, L., M. Swain and G. Dumas. The interlanguage hypothesis extended to children: Language Learning, 25.139 - 152. 1975

Sergent, W. and M. E. Everson. The effects of frequency and density on character recognition speed and accuracy by elementary and advanced L2 readers of Chinese. Journal of the Chinese Language Teachers Association, 27(2). 1992

Sharwood Smith, M. Second Language Learning: Theoretical Foundations. London and New York: Longman. 1994

Shen, H. H. The interconnections of reading text based writing and reading comprehension among college intermediate learners of Chinese as a foreign language. Journal of the Chinese Language Teachers Association, 35. 2000

Shen, S. X. Toward a register approach in teaching Mandarin tones. Journal of the Chinese Language Teachers Association, 25(3). 1989

Shiffrin, R.W. and W. Schneider. Controlled and automatic human information processing: II. Perceptual learning, automatic attending, and a general theory. Psychological Review, 84. 1977

Skehan, P. Individual differences in second language learning. London: Edward Arnold. 1989

Snow, C. Issues in the study of input: Finetuning, universality, individual and developmental differences, and necessary causes. In Fletcher P. and B. MacWhinney (eds.) The handbook of child language. Oxford: Blackwells. 1995

Snow, C. and M. Hoefnagel-Höhle: The critical age for language acquisition: evidence from second language learning. Child Development, 49. 1978

Snow, C. E. Beginning from baby talk: twenty years of research on input and interaction. In Gallaway, C. and B. R. Richards (eds.) Input and Interaction in Language Acquisition. Cambridge: Cambridge University Press. 1994

Spolsky, B. Attitudinal aspects of second language learning. Language Learning, 19. 1969

Stauble, A. Decreolization: a model for second language development. Language Learning, 28. 1978

Stenson, B. Induced errors. In Schumann and Stenson (eds.) 1974

Stern, H. Fundamental concepts of language teaching. Oxford: Oxford University Press. 1983

Sternberg, R. J. Cognitive Psychology (second edition.). Orlando: Harcourt Brace College Publishers. 1999

Susan Gass and Larry Selinker: Second Language Acquisition: An Introductory Course Hillsdale, NJ: Lawrence Erlbaum Associates. 1994

Swain, M. Communicative competence: some roles of comprehensible input and comprehensible output in its development. In Gass, S. M. and C. G. Madden (eds.) Input in Second Language Acquisition. Rowley: Newbury House. 1985

Swain, M. Three functions of output in second language learning. In Cook, G. and B. Seidlhofer (eds.) Principle and Practice in Applied Linguistics: Studies in Honour of H. G. Widdowson. Oxford: Oxford University Press. 1995

Swain, M. and S. Lapkin. Interaction and second language learning: two adolescent French immersion students working together. Modern Language Journal, 82. 1998

Takahashi, S. Explicit and implicit instruction of L2 complex request forms. In Robinson, P., M. Sawyer and S. Ross (eds.) Second Language Acquisition in Japan. 73 – 100. The Japanese Association for Language Teaching. 2001

Takahashi, S. Pragmatic transferability. Studies in Second Language Acquisition, 18.189 – 223. 1996

Takahashi, T. and L. Beebe. The development of pragmatic competence by Japanese learners of English. JALT Journal, 8. 1987

Tarone, E. Interlanguage. In Mey, J. and R. E. Asher (eds.) Concise Encyclopedia of Pragmatics. 389 – 395. Amsterdam: Elsevier. 1998

Tarone, E. On the variability of interlanguage systems. Applied Linguistics, 4.143 – 163. 1983

Tarone, E. Systematicity and attention in interlanguage. Language Learning, 32. 1982

Tarone, E. Variability in interlanguage use: a study of style-shifting in morphology and syntax. Language Learning, 35. 1985

Tarone, E. and B. Parrish. Task-related variation in interlanguage: the case of articles. Language Learning. 38. 1988

Taylor, G. Errors and explanations. Applied Linguistics, 7. 1986

Teng, S. H. The acquisition of *le* in L2 Chinese.《世界汉语教学》,47(1). 1999

Thomas, J. Cross-Cultural pragmatic failure. Applied Linguistics, 4. 91 - 111. 1983

Thompson, E. Foreign accents revisited: the English pronunciation of Russian immigrants. Language Learning, 41. 1991

Tomiyana, M. Grammatical errors and communication breakdown. TESOL Quarterly, 14. 1980

Towell, R. Variability and progress in the language development of advanced foreign language. In Ellis (ed.) 1987

Towell, R., R. Hawkins and N. Bazergui. The development of fluency in advanced learners of French. Applied linguistic. Oxford University Press. 1996

Trambley, P. E. and R. C. Gardner. Expanding the motivation construct in language learning. Modern Language Journal, 79. 1995

Trosborg, A. Interlanguage pragmatics: requests, complaints, and apologies. Berlin: Mouton de Gruyter. 1995

VanPattern, B. From Input to Output: A Teacher's Guide to Second Language Acquisition. New York: The McGraw-Hill Companies Inc. 2002

Vogel, T. and J. Bahns. Introducing the English progressive in the classroom: insights from second language acquisition research. System, 17. 1989

Wagner-Gough, J. Comparative studies in second language learning. CAL-ERIC/CLL Series on Language and Linguistics, 26. 1975

Wardhaugh, R. The Contrastive Analysis Hypothesis. TESOL Quarterly, 4. 2002

Weinstein, C. and R. Mayer. The teaching of learning strategies. In Wittrock (ed.) 1986

Wen, X. Acquisition of Chinese aspect: an analysis of the interlanguage of learners as a foreign language. Review of Applied Linguistics, 1. 1997

Wen, X. Second language acquisition of the Chinese particle *le*. International Journal of Applied Linguistics, 5(1). 1995

Wen, X. Topic prominence in the acquisition of Chinese existential sentences by English speakers. International Journal of Psycholinguisitics, 10. 1994

Wenden, A. How to be a successful learner: insights and prescriptions from L2 learners.

In Wenden and Rubin (eds.) 1987

White, L. Implications of parametric variation for adult second language acquisition: an investigation of the pro-drop parameter. In Cook, V. (eds.) Experimental Approaches to Second Language Acquisition. Oxford: Pergamon. 1986

White, L. The pro-drop parameter in adult second language acquisition. Language Learning, 35. 1985

White, L. Universal Grammar and Second Language Acquisition. Amsterdam: John Benjamins. 1989

Widdowson, H. Explorations in Applied Linguistics. Oxford: Oxford University Press. 1979a

Widdowson, H. The significance of simplification. In Widdowson.1979a. 1979b

Wiese, R. Language production in foreign and native languages: same or different? In Dechert et al. (eds.) 1984

Willing, K. Learning styles and adult migrant education. Adelaide: National Curriculum Resource Centre. 1987

Wolfe, S. Bilingualism: one or two conceptual systems. Masters thesis, San Francisco State University. 1981

Wolfram, W. Systematic variability in second-language tense marking. In Eisenstein (ed.) 1989

Wolfson, N. and E. Judd (eds.) Sociolinguistics and Second Language Acquisition. Rowley: Newbury House. 1983

Wong-Fillmore, L. The second time around: cognitive and social strategies in second language acquisition. Unpublished PhD thesis. Stanford university. 1976

Wood, D., J. Bruner and G. Ross. The role of tutoring in problem solving. Journal of Child Psychology and Psychiatry, 17. 1976

Xu, L. J. (徐烈炯) Free empty categories, Linguistic Inquiry, 11. 1986

Yamashita, J. Reading attitudes in L1 and L2, and their influence on L2 extensive reading. Reading in a Foreign Language, 16. 2004

Yoshimi, D. R. Explicit instruction and JFL learners' use of interactional discourse markers. In K. R. Rose and G. Kasper (eds.) Pragmatics in Language Teaching. 223 - 244. New York: Cambridge University Press. 2001

Yoshioka, K. and T. Doi. Testing the Pienemann-Johnston model with Japanese: a speech-processing view of the acquisition of particles and word order. Paper presented at the 8th Second Language Research Forum, Hawaii, University of Hawaii, 1988

Young, R. Functional constraints on variation in interlanguage morphology. Applied Linguistics, 14. 1993

Young, R. Variation and the interlanguage hypothesis. Studies in Second Language Acquisition, 10. 1988

Yuan, B.（袁博平） The status of thematic verbs in the second language acquisition of Chinese: against inevitability of thematic-verb raising in second language acquisition. Second Language Research, 17. 2001

蔡整莹、曹文《泰国学生汉语语音偏误分析》,《世界汉语教学》2002 年第 2 期

曹秀玲《韩国留学生汉语语篇指称现象考察》,《世界汉语教学》2000 年第 4 期

陈晨《英语国家中高级汉语水平学生篇章偏误考察》,《中国对外汉语教学学会第七次学术讨论会论文选》,人民教育出版社,2002 年

陈默《韩国留学生汉语句子停延习得的实验分析》,《暨南大学华文学院学报》2007 年第 2 期

陈默、王建勤《汉语作为第二语言的口语产出韵律边界特征的个案研究》,《汉语学习》2008 年第 4 期

陈小荷《跟副词"也"有关的偏误分析》,《世界汉语教学》1996 年第 2 期

陈郁《对东西方学生学习动机及相关因素的调查和分析》,《语言与文化论丛》第二辑,华语教学出版社,2000 年

陈治安、袁渊泉《语际语用学研究的回顾与展望》,《外语教学》2006 年第 6 期

冯丽萍、卢华岩、徐彩华《部件位置信息在留学生汉字加工中的作用》,《语言教学与研究》2005 年第 3 期

弗洛伊德著,周艳红、胡惠君译《梦的解析》,上海三联书店,2008 年

高海洋《第二语言习得态度动机研究》,《中国对外汉语教学学会北京分会第二届学术年会论文集》,北京语言大学出版社,2001 年

高立群、孟凌《外国留学生汉语阅读中音、形信息对汉字辨认的影响》,《世界汉语教学》2000 年第 4 期

高立群、孟凌、刘兆静《日本留学生心理词典表征结构的实验研究》,《当代语言学》2003 年第 2 期

高宁惠《留学生的代词偏误与代词在篇章中的使用原则》,《世界汉语教学》1996 年第 2 期

高小平《留学生"把"字句习得过程考察分析及其对教学的启示》,北京语言大学硕士学位论文,1999 年

高一虹《中国大学生英语学习社会心理——学习动机与自我认同研究》,外语教学与研究出版社,2004 年

郝美玲、舒华《声旁语音信息在留学生汉字学习中的作用》,《语言教学与研究》2005 年第 4 期

何兆熊《新编语用学概要》,上海外语教育出版社,2000 年

何自然、冉永平《语用学概论(修订本)》,湖南教育出版社,2002 年

何自然《什么是语际语用学》,《国外语言学》1996 年第 1 期

何自然《语用学概论》,湖南教育出版社,1988 年

何自然《语用学与英语学习》,上海外语教育出版社,1997 年

洪岗《跨文化语用学语料收集方法研究》,外语教学与研究出版社,2005 年

洪岗《英语语用能力调查及其对外语教学的启示》,《外语教学与研究》1991 年第 4 期

洪岗《语际语用学研究》,《杭州教育学院学报》2000 年第 3 期

胡文仲《跨文化交际学概论》,外语教学与研究出版社,1999 年

黄月圆、杨素英《汉语作为第二语言的"把"字句习得研究》,《世界汉语教学》2004 年第 1 期

江新《不同母语背景的外国学生汉字知音和知义之间关系的研究》,《语言教学与研究》2003 年第 6 期

江新《第二语言习得的研究方法》,《语言文字应用》1999 年第 2 期,1999a

江新《第二语言学习的语言能力倾向》,《世界汉语教学》1999 年第 4 期,1999b

江新《汉语作为第二语言学习策略初探》,《语言教学与研究》2000 年第 1 期

江新、柳燕梅《拼音文字背景的外国学生汉字书写错误研究》,《世界汉语教学》2004 年第 1 期

江新、赵果《初级阶段外国留学生汉字学习策略的调查研究》,《语言教学与研究》2001 年第 4 期

蒋祖康编著《第二语言习得研究》,外语教学与研究出版社,1999 年

靳洪刚《语言获得理论研究》,中国社会科学出版社,1997 年

李大忠《"使"字兼语句偏误分析》,《世界汉语教学》1996 年第 1 期

李红印《泰国学生汉语学习的语音偏误》,《世界汉语教学》1995 年第 2 期

李军《汉语使役性言语行为的话语构造及其功能(上)》,《语文建设》1998 年第 5 期,1998a

李军《汉语使役性言语行为的话语构造及其功能(下)》,《语文建设》1998 年第 6 期,1998b

李军《汉语使役性言语行为核心行为语分析》,原载《中国语言学报》2003 年第 11 期,见李军《语用修辞探索》,100—117,广东教育出版社,2005 年

李军《使役方式选择与社会情景制约关系分析》,《现代外语》24,2001 年第 4 期

李萍、郑树棠《语际语用学研究述评》,《山东外语教学》2005 年第 5 期

李晓琪《中介语与汉语虚词教学》,《世界汉语教学》1995 年第 4 期

林勇明《泰国学生汉语定语顺序的偏误分析及其习得顺序》,北京语言文化大学硕士学位论文,2000 年

刘绍忠《国外语际语用学研究现状与我国语际语用学研究的思考》,《现代外语》1997 年第 3 期

刘绍忠、廖凤荣《海外汉语语用学研究:现状及启示——言语行为系列研究之一》,《外

国语》2006 年第 2 期

鲁健骥《外国人学习汉语的词语偏误分析》,《语言教学与研究》1987 年第 4 期

鲁健骥《外国人学习汉语的语法偏误分析》,《语言教学与研究》1994 年第 1 期

鲁健骥《中介语理论与外国人学习汉语的语音偏误分析》,《语言教学与研究》1984 年第 3 期

鲁健骥《中介语研究中的几个问题》,《语言文字应用》1993 年第 1 期

鹿士义《词汇习得与第二语言能力研究》,《世界汉语教学》2001 年第 3 期

鹿士义《母语为拼音文字的学习者汉字正字法意识发展的研究》,《语言教学与研究》2002 年第 3 期

吕必松《论汉语中介语的研究》,《语言文字应用》1993 年第 2 期

吕文华、鲁健骥《外国人学汉语的语用失误》,《汉语学习》1993 年第 1 期

罗青松《外国人汉语学习过程中的回避策略分析》,《第六届国际汉语教学讨论会论文选》,北京语言大学出版社,2000 年

梅丽《日本学习者习得普通话卷舌音声母的语音变异研究》,《世界汉语教学》2005 年第 1 期

梅立崇《对留学生汉语习得过程中的错误分析》,《语言教学与研究》1984 年第 4 期

钱旭菁《汉语阅读中的伴随性词汇学习研究》,《第七届国际汉语教学讨论会论文选》,北京大学出版社,2004 年

钱旭菁《日本留学生汉语趋向补语的习得顺序》,《世界汉语教学》1997 年第 1 期

钱旭菁《外国学生学习汉语时的焦虑》,《语言教学与研究》1999 年第 2 期

乔姆斯基序,黑龙江大学《外语学刊》编辑部编《乔姆斯基语言理论介绍》,黑龙江大学《外语学刊》编辑部,1982 年第 5 期

全香兰《汉韩同形词偏误分析》,《汉语学习》2004 年第 3 期

冉永平《语用学与二语习得交叉研究的新成果——〈第二语言中的语用发展〉评介》,《外语教学与研究(外国语文双月刊)》2004 年第 2 期

施家炜《国内汉语第二语言习得研究二十年》,《语言教学与研究》2006 年第 1 期

施家炜《外国留学生 22 类现代汉语句式的习得顺序研究》,《世界汉语教学》1998 年第 4 期

施正宇《外国留学生形符书写偏误分析》,《北京大学学报(哲学社会科学版)》1999 年第 4 期。入选《第六届国际汉语教学讨论会论文选》,北京大学出版社,2000 年

孙德金《外国留学生汉语"得"字补语句习得情况考察》,《语言教学与研究》2002 年第 6 期

孙德金《外国学生汉语体标记"le""着""过"习得情况的考察》,《第六届国际汉语教学讨论会论文选》,北京大学出版社,2000 年

孙德坤《外国学生现代汉语"了. le"的习得过程初步分析》,《语言教学与研究》1993 年第 2 期,1993a

孙德坤《中介语理论与汉语习得研究》,《语言文字应用》1993 年第 4 期,1993b

孙书姿《韩国留学生习得汉语双音节 VO 型离合词的言语加工策略》,北京语言大学硕士学位论文,2004 年

孙晓明《投入因素对欧美学生汉语词汇习得的影响》,《语言教学与研究》2005 年第 3 期

田善继《非对比性偏误浅析》,《汉语学习》1995 年第 6 期

佟惠君《外国人学汉语病句分析》,北京语言学院出版社,1985 年

王初明编著《应用心理语言学——外语学习心理研究》,湖南教育出版社,1990 年

王建勤《表差异比较的否定结构的习得过程》,《世界汉语教学》1999 年第 4 期

王建勤《"不"和"没"否定结构的习得过程》,《世界汉语教学》1997 年第 3 期

王建勤《第二语言习得研究的理论与方法》(讲义),未发表,2003 年

王建勤《关于中介语研究方法的思考》,《汉语学习》2000 年第 3 期,2000a

王建勤《历时回眸:早期的中介语理论研究》,《语言教学与研究》2000 年第 2 期,2000b

王建勤《外国学生汉字构形意识发展模拟研究》,《世界汉语教学》2005 年第 4 期

王建勤《中介语产生的诸因素及相互关系》,《语言教学与研究》1994 年第 4 期

王建勤、李珠《关于学生阅读理解失误的调查报告》,《语言教学与研究》1987 年第 2 期

王建勤主编《汉语作为第二语言的习得研究》,北京语言文化大学出版社,1997 年

王建勤主编《汉语作为第二语言的学习者语言系统研究》,商务印书馆,2006 年,2006a

王建勤主编《汉语作为第二语言的学习者习得过程研究》,商务印书馆,2006 年,2006b

王建勤主编《汉语作为第二语言的学习者与汉语认知研究》,商务印书馆,2006 年,2006c

王琼《语际语用学研究及其对外语教学的启迪》,《福建外语(季刊)》2001 年第 1 期

王珊《汉语中介语的分阶段特征及教学对策》,《世界汉语教学》1996 年第 1 期

王甦、汪安圣《认知心理学》(重排本),北京大学出版社,2006 年

王秀珍《韩国人学汉语的语音难点和偏误分析》,《世界汉语教学》1996 年第 4 期

王韫佳《也谈美国人学汉语声调》,《语言教学与研究》1995 年第 3 期

温晓虹《主题突出与汉语存在句的习得》,《世界汉语教学》1995 年第 2 期

吴勇毅、陈钰《新世纪对外汉语教学——互动与互补》,论文集(未发表),北京语言大学编,2004 年

肖奚强《韩国学生汉语语法偏误分析》,《世界汉语教学》2000 年第 2 期

肖奚强《外国学生照应偏误分析——偏误分析丛论之三》,《汉语学习》2001 年第 1 期

邢红兵《留学生偏误合成词的统计分析》,《世界汉语教学》2003 年第 4 期

熊文新《留学生"把"字结构的表现分析》,《世界汉语教学》1996 年第 1 期

徐烈炯《生成语法理论》,上海外语教育出版社,1988 年

徐学平《语际语用学中的习得研究——在国外学习环境中如何以言行事》,《现代外语(季刊)》2004 年第 4 期

徐子亮《外国学生汉语学习策略的认知心理分析》,《第六届国际汉语教学讨论会论文选》,北京语言大学出版社,2000 年

薛秋宁《留学生实施汉语请求言语行为调查及习得研究》,暨南大学硕士学位论文,2005 年

严彦《美国学生习得普通话第三声的声调变异研究》,北京语言大学硕士学位论文,2006 年

杨德峰《日语母语学习者趋向补语习得情况分析——基于汉语中介语语料库的研究》,《暨南大学华文学院学报》2004 年第 3 期,2004b

杨德峰《以朝鲜语为母语的学生趋向补语的习得顺序——基于汉语中介语语料库的研究》,《第七届国际汉语教学讨论会论文选》,北京大学出版社,2004 年,2004a

杨德峰《英语母语学习者趋向补语的习得顺序——基于汉语中介语语料库的研究》,《世界汉语教学》2003 年第 2 期

杨素英、黄月圆、孙德金《汉语作为第二语言的体标记习得》,Journal of the Chinese Language Teacher Association,Vol.34,No.1,1999

叶步青《汉语书面语的中介形式》,《世界汉语教学》1997 年第 1 期

余文青《留学生使用"把"字句的调查报告》,《汉语学习》2000 年第 5 期

余又兰《汉语"了"的习得及其中介语调查与分析》,《第六届国际汉语教学讨论会论文选》,北京大学出版社,2000 年

袁博平《第二语言习得研究的回顾与展望》,《世界汉语教学》1995 年第 4 期

张绍杰、王晓彤《"请求"言语行为的对比研究》,《现代外语》1997 年第 3 期

赵金铭《外国人语法偏误句子的等级序列》,《语言教学与研究》2002 年第 2 期

赵立江《留学生"了"的习得过程考察与分析》,《语言教学与研究》1997 年第 2 期

朱川《对外汉语中介音类型研究》,《第五届国际汉语教学讨论会论文选》,北京大学出版社,1996 年

朱川《外国学生汉语语音学习对策》,语文出版社,1997 年

后　记

“第二语言习得研究”一直是我为我校语言学与应用语言学专业的研究生开设的一门概论课。但这门课的讲义一直没有时间整理出来出版。大概是在2005年，商务印书馆和对外汉语专业本科系列教材编委会邀我主持编写这套系列教材中的《第二语言习得研究》一书。应该说，这是奉献给读者的一份迟到的礼物。

《第二语言习得研究》的编写思路和框架基本上是以我几经修改的讲义为蓝本的。在这个框架的基础上，编写人员还广泛参考了国内外已经出版的第二语言习得研究的相关文献。当然，本书并不是这些文献的简单汇编，其中融入了我们多年从事第二语言习得研究的心得和体会。

概括地说，本书主要有以下几个特点：(1)由于本书是面向对外汉语专业的本科生，因此，理论介绍力求通俗易懂，大多数术语都在理论叙述过程中给予了简要的说明。(2)理论介绍比较全面。第二语言习得研究中大多数重要的研究领域本书基本都涉及了，包括第二语言习得研究领域一些新近的理论，如维果茨基的“社会文化理论”、基于“最简方案”的第二语言习得研究等。(3)在介绍国外第二语言习得理论及相关研究的同时，尽可能地反映和介绍汉语作为第二语言的习得研究。

本书的分工：王建勤撰写第一、八、九三章，闻亭撰写第二、七两章，郦帅撰写第三章，梅丽撰写第四、五两章以及第十二章的前两节，严彦撰写第六章，李建成撰写第十章，陈默撰写第十一章和第十二章的第三节。此外，全书由王建勤通读，然后由编写人员进行修改，最后由王建勤逐章修改定稿。因此，书中舛误概由笔者负责。

本书的出版，应该感谢总主编赵金铭等教授一如既往的鼓励和鞭策，感谢商务印书馆副总编辑周洪波教授、编辑部主任袁舫的鼓励、宽容和耐心，感谢责任编辑王丽艳一丝不苟的敬业精神。

王建勤

2008 年 9 月 4 日